Revolución tecnológica y nueva economía

Revolución tecnológica y nueva economía

Todos los secretos contables de Apple, Google, Facebook y Amazon al descubierto

JOSÉ MARÍA GAY DE LIÉBANA

EDICIONES DEUSTO

Deusto es un sello editorial de Centro de Libros PAPF, SLU.
Av. Diagonal, 662-664
08034 Barcelona

www.planetadelibros.com

ISBN: 978-84-233-3128-1
Depósito legal: B. 1.246-2020
Primera edición: febrero de 2020
Segunda edición: febrero de 2020
Preimpresión: pleka scp
Impreso por Artes Gráficas Huertas, S.A.

Impreso en España - *Printed in Spain*

*A los doctores **Augusto Anguita**, **Antonio Alcaraz** y **Joan Carles Galcerán**, a todo el excelente cuadro médico e investigador y al fabuloso y entrañable equipo de enfermeras y demás personal que integran la Unidad de Investigación en Terapia Molecular de Oncología Médica del Hospital Vall d'Hebron.*

*A los doctores **Manuel** y **Gonzalo Galofré**, **José Ramón** y **Jordi Armengol**, **Paco** y **Eli Cedó**, del Hospital Quirón de Barcelona.*

Con todo el cariño del mundo, a quienes se ven golpeados por esta dura enfermedad que es el cáncer. Nuestro desafío es el de luchar con todas nuestras fuerzas, arropados por la excelencia investigadora, médica y sanitaria. Ése tiene que ser nuestro empeño.

Y, cómo no, a Memé y Pepe, simplemente, por tanto.

Y, claro, a mis alumnos que a lo largo de cuarenta años llevan soportándome y enseñándome muchas cosas. Su jovialidad veinteañera y ese entusiasmo contagioso que desprenden constituyen cada mañana, al pisar la Facultad, la brisa vital y refrescante que impulsa a exclamar ¡cuán bello es vivir! y me han inspirado para redactar este libro.

Sin todos ellos, estas líneas nunca se habrían escrito.

Y a dos personas, de las tantas que me han mostrado su apoyo: Roger Domingo, el editor, y Daniel Lacalle, economista prestigioso, admirado colega y amigo, que se brindó a redactar el prólogo de la obra.

Barcelona, 7 de septiembre de 2019

Sumario

Prólogo

La revolución tecnológica. Una revolución de modelo empresarial

Tal vez sepas que el mayor empleador privado de Estados Unidos es Walmart, una enorme cadena de centros comerciales con tiendas por todo el país. Imagina, por un momento, que esa empresa con ese porcentaje de empleo fuera española o europea, y que aparece un competidor como Amazon, que ofrece lo mismo vía internet y con un modelo disruptivo que pone en contacto a pequeños comercios, distribuidores y vendedores con millones de clientes en segundos y a precios globalmente competitivos. ¿Qué hubiera hecho la Unión Europea o el Gobierno español ante esa «amenaza» al mayor empleador del país? Probablemente poner todo tipo de trabas regulatorias, fiscales y administrativas a la amenaza digital, y no creo que me equivoque si digo que se añadirían unas suculentas subvenciones al incumbente para «defenderse» y «mantener el empleo». ¿Cuál habría sido el resultado? Que ni el incumbente ni su amenaza habrían prosperado.

Hoy, en Estados Unidos, Walmart y Amazon son más fuertes que nunca y las grandes empresas tecnológicas están en todos los titulares por su modelo disruptivo, por su capacidad de tomar mayor cuota de mercado y, a la vez, como ejemplo de que la digitalización y robotización no destruyen empleo. Estados Unidos, datos de octubre de 2019, tiene el menor índice de paro de los últimos cincuenta años y los salarios más bajos crecen más del doble que la media nacional.

La robotización, la digitalización, los gigantes tecnológicos y el cambio en general se nos presentan siempre en los medios de comunicación como amenazas. Como si esos gigantes tecnológicos fueran inexpugnables y perennes. Sin embargo, nadie se pregunta ¿qué ha pasado con Yahoo!, con Worldcom, etc.? ¿Sabes que Yahoo! rechazó comprar Google por una cantidad irrisoria? La mitología sobre la omnipotencia de los gigantes tecnológicos se desmonta con un click. Tú o yo no elegimos Google como buscador de internet por imposición o poder de mercado, sino porque la tecnología nos da poder a los consumidores. Cuando compras un ordenador o una tableta, el buscador de internet que viene preinstalado casi nunca es Google. Sin embargo, tanto tú como yo es posible que decidamos desechar el buscador que nos ofrece la marca del dispositivo por una sola razón. Es mejor y más cómodo. ¿Cuál es su poder de mercado? El que nosotros le damos, no el que esa empresa impone. Y si algún día, como ocurrió con Yahoo!, aparece una alternativa a Google más eficiente, cambiaremos de buscador.

Lo mismo ocurre con Facebook, Netflix, etc. Piensa qué habría ocurrido hace unos años, cuando las series de éxito eran, por ejemplo, *La hora de Bill Cosby* o *Friends, Dallas* o *Dinastía*, si nos hubieran dicho que el consumo de series y la calidad e innovación de las mismas se iba a disparar de manera exponencial. Cuando le explico a mis hijos que esperábamos una semana entera para ver el siguiente episodio de *Raíces* me miran con cara de extrañeza, como si hablase del pleistoceno.

No debemos olvidar los aspectos positivos, pero tampoco podemos ignorar lo que siempre han supuesto las tecnologías disruptivas. Una amenaza para gobiernos que buscan inflación —el impuesto de los pobres— a toda costa y mayor recaudación fiscal. Todas las tecnologías disruptivas son desinflacionistas y reducen ingresos fiscales. No por maldad o fraude. Cualquiera de nosotros, hoy, al acceder a internet y buscar un servicio o bien algo que adquirir, encontrará un abanico de precios en los que, en menos de 20 minutos puede encontrar el mismo bien y servicio con diferencias de precio del 20 y el 30 por ciento. La democratización de la información reduce las ansias inflacionistas de los que quieren que suban los precios para reducir en términos relativos sus deudas. ¿Y la recaudación fiscal? Imagina el agujero que se generaría en recaudación fiscal si viviésemos con la fiscalidad de hoy la invención de la máquina de coser. Miles de personas que se dedicaban a coser ya no cotizarían, y los impuestos por bienes inmuebles, por actividad económica, por trabajo y sociedades sufrirían. ¿Y qué pasa a medio plazo? Que el aumento exponencial de crecimiento y la mejora en calidad y cantidad de bienes y servicios a precios asequibles generaría mayor crecimiento, empleo e ingresos fiscales.

Los mantras de algunos medios de comunicación se desmontan con un dato. Los países más robotizados del mundo tienen menos paro y cuentas públicas más sólidas que aquellos que intentan impedir el avance tecnológico.

La historia de estas empresas, su impacto y su relevancia en el cambio de mentalidad de consumidores, competidores y gobiernos merece contarse y analizarse desde todos los aspectos, sean más o menos polémicos.

No podemos ignorar el papel de los bajos tipos de interés y las enormes inyecciones de liquidez en la creación y crecimiento de estas grandes empresas innovadoras. Un entorno de alta liquidez ha permitido y sigue generando oportunidades para financiar proyectos y empresas que, en otras circunstancias, no encontrarían acceso a los mercados. Igual que la burbuja de las tecnológicas de finales de los ochenta y principios de los noventa nos ha dejado lo que llamamos la «banda ancha tecnológica», es decir, toda una cantidad de inversiones en tecnología que ahora es mucho más asequible que hace dos décadas gracias a la destrucción creativa. Es muy probable que los gigantes que más están abusando de tipos bajos y liquidez ahora perezcan dentro de unos años. Lo que es seguro es que la innovación, la tecnología y la democratización de bienes y servicios que han puesto en marcha llevarán a nuevos y mayores niveles de éxito a otros. Algunos otros de los gigantes que hoy creemos omnipotentes y con crecimientos estratosféricos se convertirán en empresas estables de crecimiento normal y con valoraciones de empresa madura. Y otros florecerán. Igual que gracias a la quiebra de Enron o Worldcom hoy tenemos empresas mucho más potentes y eficientes que han llevado sus modelos de negocio a ser mejores, más sólidos y más competitivos, ocurrirá en la siguiente ola cuando acabe el exceso monetario o se apague su efecto.

Éste es el entorno que explora de manera magistral mi admirado José María Gay de Liébana en este libro. Tecnología y prosperidad, aspectos positivos y negativos. En un libro extremadamente didáctico y, a la vez, como no podía ser de otra manera con este autor, divertido y entretenido, José María nos lleva en un viaje por la historia, los datos, la generación de beneficios y los factores económicos más relevantes de esta mal llamada «Revolución 4.0», que no deja de ser la misma revolución que siempre hemos vivido. La del maravilloso ingenio humano.

El futuro ya no es lo que era, decía Jim Steinman. Yo creo que es mucho mejor.

Enhorabuena, José María, por otro gran libro.

DANIEL LACALLE

1

El porqué de la potencia económica: los líderes que marcan el camino

Liturgia estival

Hora crepuscular. Algún rincón de la costa sur de Menorca. La luna se yergue, con porte regio, por el nordeste balear mientras el sol se va ocultando, mansamente, por el poniente mediterráneo, con el Mare Nostrum sin la bravura de jornadas precedentes. Los vientos, cual levante estival, soplan apaciguados, a modo de brisa marina, sobre la isla que navega por el Mediterráneo. Noche agosteña de luna llena, despejada y clara, pintando tonalidades sobre esa acicalada imagen de la naturaleza. Sofocante calor pegajoso; alta concentración de humedad.

La luna llena irradia su sutil haz de luz sobre las aguas del sur de Menorca. Embelesado con ese centelleante espectáculo, rumio sobre la grandeza del espacio infinito, observando el firmamento vespertino, donde inicia su reinado diario nuestro satélite, diviso las estrellas —que como los buenos amigos, siempre están ahí— y, al fondo, en el horizonte más o menos rayano, atisbo las luces de babor o estribor de alguna embarcación que osa navegar despacio por el mar menorquín, de ida o de vuelta a la isla del Aire, cual espontáneo que salta al escenario queriendo ser partícipe de una estampa tan soberbiamente pincelada para nuestros ojos. El

Mediterráneo se colorea con su negrura chispeante contrastada por la majestuosa luna llena, en esta bahía envuelta por el tranquilo anochecer menorquín, donde cada amanecer esparce los primeros rayos del sol que llegan a nuestros lares.

Cada civilización, a lo largo de la historia de la humanidad, ha tributado culto a la luna, como al sol y a los astros, escribiendo miles de leyendas, transmitiendo ritos y adoraciones, ofrendando sumisión a los misterios del universo. Ahí arriba, el espacio infinito, el universo, en constante acción, se antoja, sin embargo, inmutable. Cada mes lunar, nuestro satélite presume con toda su plenitud; la bella postal nos emboba. Acá abajo, por el contrario, sobre la faz de la tierra, los cambios son imparables, el mundo sigue girando, pero entre tanto sus pulsaciones se aceleran y las revoluciones de variada índole nos arrebatan, como la tecnológica y la digital. Mirando al cielo, en esa noche agosteña de luna llena, pasado el festival de las lágrimas de San Lorenzo, con la lluvia de estrellas fugaces cruzándolo, contemplando la penetrante y soberbia oscuridad y el resplandor de la luna sobre el mar, uno se abstrae, por momentos, de tanta agitación disruptiva y, quizá, contagiado subconscientemente por las solemnidades culturales de nuestros ancestros, rinde pleitesía a la inmensidad del universo.

El sosiego veraniego, dejando de depender de la implacable ley que tiraniza nuestra cotidianidad por culpa de los siempre apretados horarios, regala momentos como ésos. Es innegable que el verano, sinónimo de vacaciones, significa ratos de ocio, disfrutar con parsimonia de encuentros con amigos sin estar atados a la dictadura de las manecillas del reloj, dedicar esas horas que el trajín diario del resto del año nos sustrae para enfrascarnos en intensas tertulias nocturnas en las que pasar revista a lo humano y a lo divino, filosofar sobre aconteceres de todo género y un largo etcétera de laboriosidades vocacionales que, en el contexto del estío, son caldo de cultivo.

Cada año, durante los meses de julio, agosto y parte de septiembre, en lo que es el recortado período vacacional del calendario universitario, me dedico, además de a procurar cultivarme con diferentes lecturas, a recapacitar sobre lo hecho y sobre los temas abordados en el curso precedente, que finaliza a efectos prácticos en julio, pensando en los errores y fallos cometidos —seguro que demasiados—, y pongo al día contenidos, esbozo y preparo asuntos que tratar, sopeso qué puntos conviene pulir, qué nuevas añadir y qué extremos suprimir, y pondero cuáles serán las líneas de trabajo de cara al próximo curso y qué argumentos sacar a colación.

Esas ocupaciones parcamente descritas suponen, en lo personal, una sana y fructífera liturgia en días de asueto, con sus calmadas noches, cual bocanada de aire fresco, e invitan a cavilar, máxime en tiempos apresurados como éstos, vibrantes en clave tecnológica y, por tanto, plagados de disrupción —esa rotura, interrupción o cambio repentino que se da respecto a la forma de hacer las cosas y que reemplaza de golpe y sin solución de continuidad a lo previamente establecido—, palpitantes en su vis económica —con la larga y amenazante sombra del fantasma de la crisis que sentimos por doquier o los temores a otra recesión—, envueltos en brusquedades geopolíticas y sociales —los poderes económicos están en juego y los grandes damnificados de los rifirrafes acaban siendo las clases medias— que mudan el panorama al minuto, cuando adquiere notable relevancia lo que se conoce como economía disruptiva, que conlleva una radical y profunda metamorfosis en las finanzas empresariales, trazando distintas órbitas de estudio.

La primera pregunta, por ende, se precipita: ¿qué es la economía disruptiva? Muy sintéticamente, la suma de todas esas innovaciones, revoluciones tecnológicas y digitales que impelen a virar drástica y abruptamente en casi todas las facetas de nuestras vidas, entrañando formas desiguales de hacer las cosas, de producir y, por supuesto, de consumir. Te propongo algo muy sencillo para no pontificar con definiciones acarameladas y tocadas con pompa pedante: toma tu móvil o, dicho con más propiedad, tu *smartphone*, y dedica un abrir y cerrar de ojos a recapitular sobre todas las heroicidades que puedes ejecutar con él y, de remate, la valiosa herramienta que es el asistente de voz, en mi caso Siri, siendo consciente igualmente de todo lo que podrías hacer si dominaras al ciento por ciento todo el inmenso potencial que te ofrece el corazón de tu móvil. Y ahora dedica un santiamén a caer en la cuenta sobre quién, quiénes, cómo y de qué manera hacían, no ha mucho, todo eso que manejas con absoluta comodidad y libre antojo, en cualquier sitio, simplemente desde tu *smartphone*, no ya desde tu ordenador personal. Entre tantas utilidades que tienes al alcance en tu dispositivo, se incluye la de leer este libro en formato electrónico.

La voluntad de ese particular quehacer en el que me enfrasco en el transcurso de las semanas vacacionales no es otra que la de explicar a los alumnos de último año de la facultad los enfoques pertinentes y actualizados del análisis de estados financieros, debidamente enmarcado en nuestro entorno económico y de acuerdo con la casuística de los sectores que estudiaremos durante los meses venideros, menester que exige seleccionar empresas que revistan un atractivo singular con el que encandilar al auditorio —cosa distinta es que se consiga—, ahondando en los secretos de sus trayectorias y finanzas, promoviendo una cruzada en pro de balances que seduzcan y cuentas de resultados que tengan gancho e invite, todo ello, a sumergirse durante los meses que dura el curso en las entrañas de los dígitos y sus causas, entendiendo el porqué de cada rúbrica que figura en las cuentas anuales, donde, al fin y al cabo, se constatan tendencias inversoras, alternativas de financiación, la tónica de los ingresos, el discurrir de los gastos, concluyendo si los resultados se encauzan por la vía correcta o sufren castigos infernales y, en todo caso, preguntándonos el porqué del momento actual por el que atraviesan las empresas estudiadas, su recorrido, los síntomas que expresan y los orígenes del buen, regular o mal estado de sus finanzas, procedentemente enmarcado dentro del sector de actividad de que se trate y en el conjunto de la coyuntura económica.

La economía disruptiva implica una categórica remodelación del decorado a la hora de definir activos y pasivos y de concebir la generación de ingresos, la concepción de gastos y la obtención de excedentes; en palabras llanas, los balances y las cuentas de resultados de fisonomía disruptiva son discrepantes con los preexistentes; nada será igual que antes.

Ese planteamiento de sesgo financiero obliga a actualizarse, a conocer rasgos sectoriales y estilos de negocios, y a concretar qué evoluciones de signo económico se están dando.

Sin darme cuenta, se cumplen cuarenta años de mi vinculación como profesor a la Universidad de Barcelona y bastantes más desde que un buen día, en el cruce entre finales de los años sesenta y principios de los setenta del siglo pasado, pisé por primera vez la que luego sería mi casa —la actual Facultad de Economía y Empresa—, aunque mi recorrido académico, a lo largo de los años, haya discurrido también formándome y profesando en escuelas de negocios y otras universidades. Tiempo, creo, suficiente para aprender y aprehender un buen puñado de lecciones, tanto de la vida como en el ámbito docente, que he simultaneado con mi profesión de economista y auditor, sumando provechosas experiencias y enriqueciéndome con el saber, la maestría y los puntos de vista de entendidos, colegas, directivos, empresarios, alumnos y amigos que me hacen sentir un privilegiado por el copioso bagaje que la vida me aporta y que contribuye a obtener una visión más global.

Páramo y embustes contables

Como estudiante me sentaba en los pupitres de las mismas aulas en las que después y hogaño, encaramado, si las hay, a sus tarimas, profeso, y escuchaba las explicaciones de quienes fueron mis maestros sobre balances y cuentas de pérdidas y ganancias, atento a sus análisis, abriendo los ojos ante sus explicaciones y planteamientos económicos, contables, financieros, jurídicos, sobre las cuentas públicas y una interminable miríada de conocimientos que, con el paso del tiempo, compusieron cimientos sólidos con los que forjar pilares intelectuales.

Entonces, la información financiera era muy rudimentaria, por no decir que casi inexistente —¡auténtica heroicidad consistía en hacerse con el balance de tal o cual empresa y su cuenta de pérdidas y ganancias!, y ya no digo con la memoria tal y como hoy la concebimos porque aún no se había *inventado*—, y las reglas del juego de la contabilidad estaban escasamente pergeñadas...

Baste decir, a título de ejemplo, que por aquellas calendas en el pasivo de los balances brillaban con luz propia conceptos como el llamado fondo de amortización acumulada del inmovilizado y el también denominado fondo de provisión para insolvencias, sin que ambos se concibieran como partidas compensatorias del activo.

En una ocasión me sorprendió sobremanera que una afamada firma de análisis y *rating* —cuyo nombre se llevará conmigo la parca cuando venga a buscarme en mi barca, parafraseando al gran Joan Manel Serrat— fuera capaz de incluir tales partidas como pasivos exigibles. También, etiquetadas con el marchamo de seudoreservas, uno topaba con cuentas de previsiones y provisiones —de naturaleza no similar a la hoy vigente—, cuya finalidad era la de bloquear anticipadamente parte de los recursos propios y de las ganancias obtenidas, con los que hacer frente en períodos subsiguientes a contingencias más o menos previsibles.

En tales envites, la creatividad contable desempeñaba una baza cardinal en entidades de renombre e incluso cotizadas: en los años de vacas gordas, cuando se cosechaban colmados beneficios, los jefazos se mostraban celosos en grado sumo con el venerado principio contable de la prudencia valorativa y eso, a modo de autoflagelo y en gesto macroprudencial de cara al accionariado y a la opinión pública, obligaba con pulcritud exagerada a que la entidad provisionara lo habido y por haber que, a veces, resultaban ser gastos de futuro, urdiéndose así una estratagema merced a la cual, en períodos en los que se lograban pingües superávits, se retenían excedentes con la excusa de dotar previsiones y provisiones, que posteriormente se aplicaban para suavizar el golpe, más o menos escabroso, de gastos y quebrantos en los que se incurriría en años de vacas flacas. Un camuflaje en toda regla.

De tal guisa, las ganancias de ejercicios buenos se podaban intencionadamente para no sólo justificar la falta de reparto de dividendos o la parafernalia de entrega de acciones liberadas —por más que, eso sí, la cúpula ejecutiva se embolsara sus nada recatados «bonus» alegando el cumplimiento de unos más que dudosos e inextricables objetivos subjetivamente diseñados por la tal cúpula—, sino también para, llegado el día, echar mano parcial o totalmente de aquellas previsiones y provisiones ajustando los renglones torcidos de las deficitarias cuentas de pérdidas y ganancias de ejercicios venideros, aterciopelando los impactos negativos realmente habidos al contrarrestar déficits y quebrantos disfrazados como aplicaciones de previsiones y provisiones. Dicho en román paladino: se cargaban dispendios y minusvalías no como gastos o resultados extraordinarios en la cuenta de pérdidas y ganancias, sino directamente contra las cuentas de previsiones y provisiones, con lo cual tales impactos no dejaban rastro en los resultados del ejercicio.

Más picarescas de tal calaña tendrían cabida en un relato más prolijo. Activos inflados, vertederos de pérdidas activados, como sucediera con el *boom* de las puntocom nacidas al filo del nuevo siglo, gastos contabilizados a discreción, ingresos de dudosa catadura, pasivos silenciados e intrigantes capitales propios alumbrados en partos artificiosos. Narraciones impenetrables o ausentes en memorias e informes de gestión, lapsus en el desglose de cuentas y, eso sí, lecturas infumables empleando fuentes de tipo de letra que sólo mirarlas, repugnaban a la vista.

Hoy, en cambio, la información financiera se rige por unos cánones y regulaciones arrogantemente escrupulosos, inmoderados y, hasta cierto punto, inútiles, porque al fin y al cabo lo de los chanchullos, los tuneados financieros, los prodigiosos e inescrutables milagros económicos y los torrentes de venturas, sin faltar desventuras, es una epidemia extendida entre pillos, más aún si se cae en la cuenta de toda esa caterva de leyes que se anuncian a bombo y platillo, como si se descubriera la sopa de ajo, con la que los políticos galantean, con toda su estética parlamentaria, para convencer a las pobres almas ciudadanas de que están a punto de llegar a la tierra prometida. Luego son esos mismos políticos los que sin ton ni son, simplemente por sus perentorios afanes recaudatorios, en busca del dinero perdido por sus reprobables ocurrencias —léase déficit público—se pasan por el forro las mismas leyes que aprobaron, modificándolas o derogándolas —en España, incluso, antes de la entrada en vigor de la ley primigenia— y, lo que es peor, retroactivamente. Tanta abundancia normativa, quisquillosa y entrometida, genera una inflación legislativa y reglamentaria causante de una preocupante devaluación legal; las leyes, en letra minúscula que ya no en mayúsculas, pierden valor. En paralelo, la inseguridad jurídica y la inestabilidad normativa alimentan incertidumbres en el plano económico y empresarial.

A raíz de las dolorosas experiencias de la crisis financiera de 2008, que en España desataron dantescos episodios obligando a asumir amargas y costosas vicisitudes en entidades financieras, compañías mercantiles, inversores y ahorradores y que, como remache, han provocado descosidos considerables y endémicos en nuestras cuentas públicas, forzando a una solapada intervención por parte de organismos internacionales, disfrazada como rescate al sistema financiero y edulcorada como memorándum de entendimiento suscrito con el Fondo Monetario Internacional y con el espectro de la troika planeando, el papel del auditor y la responsabilidad de la revisión de cuentas ha entrado en zona de alto riesgo.

Torticeramente, se arremete, tachándolos de culpables de desaguisados financieros, contra los auditores y no contra los verdaderos responsables de desastres empresariales. Se agita una campaña, entre populista y mediática, cuando no con vanidades políticas, que pone en la diana a la figura del auditor. Si años atrás el ejercicio de la auditoría gozaba de un prestigioso estatus profesional, en nuestros días se extiende la maliciosa patraña de que los auditores son esos malditos hombres y mujeres de negro que coadyuvan a tergiversar las cuentas de una entidad. Por supuesto, nada más lejos de la realidad.

El grado de exigencia con el auditor llega a límites insospechados: no únicamente ha de certificar los guarismos del pasado, detectando errores y fraudes, sino que se le interpela para que asuma el rol de guardián del futuro de la compañía que audita y, simultáneamente, el de custodio en la prevención de fracasos e insolvencias. Se somete a los auditores, por parte de los organismos reguladores, a severos controles, a burocracias interminables, donde los formalismos adquieren inusitada importancia en detrimento de la calidad de la fehaciente ejecución de la revisión de cuentas. Manan los enredos propiciados por tan espesa regulación, que a veces resulta indescifrable. De seguir por esa atiborrada vía, se hará realidad el viejo dicho de que los árboles no dejan ver el bosque. Con seguridad, a raíz de su falta de diligencia, los organismos de supervisión y control financiero, cuya responsabilidad en los estropicios de algunas entidades, en particular financieras, es incuestionable, pretenden trasladar toda la carga de sus incompetencias hacia los auditores, condenados a ser chivos expiatorios de bancarrotas y quiebras.

Todo ese ceremonial de exigencias respecto a los auditores se ve sustentado en una atosigante, minuciosa y puntillosa normativa contable y auditora. Querer penetrar en el más mínimo entresijo sobre la contabilización, por ejemplo, de instrumentos financieros o cualquier otra rúbrica, deriva en que la apariencia contable formal perturbe la médula del activo o del pasivo y que su importe no coincida con el montante nominal de la transacción al sonar la sinfonía de los acuñados criterios de valoración. Si en el ánimo de los reguladores prevalece resaltar determinados conceptos ínsitos en los estados financieros, su apabullante regulación, la enmarañada búsqueda de la ortodoxia, a veces alejándose del sentido común, empuja a la más absurda de las penumbras contables.

15 de septiembre de 2008: día «C» de crisis

Llevo varios cursos arrancando con una genuina muletilla que evoca euforias bursátiles, cotizaciones celestiales, acciones subiendo enteros como la espuma y concesiones gráciles para endeudamientos nada púdicos. Vamos, un poco o un mucho de lo que voy musitando en mi cotidiano paseo matinal por la barcelonesa Diagonal, camino de la Facultad.

Pongamos que estamos metidos en un ciclo de exuberancia financiera, con 2008 como punto álgido, donde se pierde de vista lo mundano y el enriquecimiento es accesible para todo hijo de vecino, los dólares vuelan y los euros llueven del cielo, con prodigalidades a granel y remuneraciones generosas, cuando invertir es una ganga y endeudarse un mero trámite, hasta que, teóricamente de repente, el 15 de septiembre, en Nueva York y, en concreto, en Wall Street, llegó el golpe morrocotudo: ¡la quiebra de Lehman Brothers!, y un terremoto financiero sacudió el noble edificio del famoso callejón neoyorkino a modo de epicentro de la debacle que arrasó seguidamente con todos los mercados financieros de nuestro orbe. De la noche a la mañana, todo se desmoronaba y estallaba la crisis financiera. La pesadumbre cundía donde antes la algarabía, los «bonus» e igualmente los «malus», el dinero fácil, fluían con frenesí y campaban a sus anchas. ¿Por qué se desata el síncope de 2008 que aún hoy, años después, perdura con visos de cronificarse, sellando una era económica de *low cost* y pelajes similares?

La economía mundial, a raíz de la gran crisis financiera de 2008, atraviesa una etapa de estancamiento secular, con crecimientos globales moderados, acusada debilidad de las economías avanzadas, con la excepción hasta ahora de Estados Unidos —estímulos fiscales de por medio—, y vacilaciones que se ciernen sobre las economías de los países emergentes y en desarrollo. Esa anemia influye en el desencadenamiento de reacciones, algunas irascibles, de distinto cariz que se escenifican tanto en Norteamérica como en Europa, con secuencias elocuentes como la proclamación de Donald Trump como presidente estadounidense, el brexit que rompe lazos entre Reino Unido y la Vieja Europa, el fenómeno Le Pen en Francia como los «chalecos amarillos» y sus revueltas contestarias, el auge de la ultraderecha en Alemania y Austria, las inestabilidades en Italia, el mismo *procés* de Cataluña, el movimiento del 15-M en España con la entrada de populismos de ambos extremos en el Congreso y la falta de estabilidad gubernamental, la azarosa situación política italiana... Reacciones, en suma, que resuenan con voces iconoclastas y protestatarias en contra del *establishment* y del desfigurado paisaje trazado por la globalización, renegando del avance tecnológico, culpando al mayor protagonismo chino en el concierto económico y soliviantando los ánimos por mor de las devaluaciones salariales, así como por la falta de oportunidades laborales para los mayores y los jóvenes adultos, agravada si su cualificación es baja.

Surge así, bajo los auspicios del sulfurado presidente estadounidense Donald Trump, el bloqueo comercial con medidas proteccionistas que origina una desaceleración del comercio mundial, fomentando un fenómeno de signo contrario a la globalización que se conoce como «desglobalización», ansiando dar respuesta a la población estadounidense y europea que ve como sus ingresos se estancan, cuando no merman, y las clases medias, ascendidas a tal categoría gracias a las condiciones favorables de las revoluciones industriales y al mayor peso de la industria manufacturera a ambos lados del Atlántico, empeoran su estatus yendo a peor.

El empobrecimiento de la clase media se falsea, al tiempo que enraiza, en esta era *low cost* que vivimos, y fascina a los ciudadanos, que se sienten pudientes con su restringido poder adquisitivo, loando, como es el caso, la esgrimida democratización de volar y viajar con precios supuestamente reventados que ofrecen hoy las compañías aéreas de bajo coste y las ofertas hoteleras del todo incluido, así como su capacidad de compra ante multitud de artículos y servicios de bajo precio y calaña discutible.

El traslado de sedes empresariales y factorías hacia los países emergentes ha empobrecido el tejido económico de muchas zonas de Estados Unidos —cuya febril actividad en las décadas posteriores a la segunda guerra mundial las espoleó como visibles polos industriales, caso de Detroit, que en los años noventa inició su ocaso— y de Europa, y por más que las autoridades exhorten a la reindustrialización, tanto allí como aquí, y anuncien perspectivas reconfortantes, la pregunta es si la misma creará empleo o se concretará en inversiones tecnológicas que gradualmente destruirán puestos de trabajo. El empleo, antaño una preciada garantía para la calidad de vida, se torna en un derecho en riesgo de desaparición, calando el disgusto y el desánimo social al bailar en el alambre.

La crisis de los países emergentes, con sus economías entre frágiles y vulnerables, muy sensibles a los movimientos de la política monetaria de la Reserva Federal estadounidense al tratarse de naciones dolarizadas, cuyas finanzas públicas a veces se debaten en situaciones extremas, con inflaciones galopantes, alimentan el «efecto mariposa», de manera que empresas españolas del IBEX 35 con exposición a tales economías debido a sus procesos de internacionalización, sufren las consecuencias de los desconciertos.

Aun cuando se diga que el crecimiento del producto mundial es tal o cual, y el producto interior bruto de cualquier país progresa, no se da un crecimiento inclusivo, del que todos nos beneficiemos, agudizándose, con más crudeza si cabe en los países avanzados, las desigualdades de renta, riqueza y oportunidades.

La aceleración de los cambios tecnológicos comporta, a pesar de que se niegue, destrucción de empleos en segmentos laborales medios, como los administrativos —el oficinista de toda la vida sucumbe—, y bajos —labores muy rutinarias se sustituyen por robots—, en según qué tipo de mano de obra —imagen que vemos en varios sectores, como en la banca y en la industria manufacturera—, instigando la polarización laboral que a la postre va definiendo, de un lado, empleos que exigen alta cualificación laboral con derroche de espíritu creativo y rebosantes de iniciativas y, de otro, puestos de trabajo muy elementales sin apenas exigencia de instrucción.

El desencanto de quienes se han formado, la constatación entre los jóvenes y jóvenes adultos de que no encajan en el mundo laboral al no encadenar contratos de larga duración, o indefinidos, y verse obligados a aceptar contratos temporales, muchas veces a tiempo parcial, desempeñando tareas por debajo de sus niveles de preparación, agrava esa sensación fatalista y da lugar al llamado subempleo.

Irrumpe la frustración ciudadana. Los padres se angustian y su estado anímico se resiente al apreciar que el futuro de sus hijos se aleja del esplendor con el que soñaron para ellos. ¿Todo es culpa de la dichosa globalización, de la inmigración y de las políticas aperturistas de estos años? Se avivan sentimientos proteccionistas, ínfulas racistas, tintes supremacistas, en tanto que se extienden corrientes populistas de derechas y de izquierdas que ponen en jaque a las formaciones políticas tradicionales, forzándolas a hacerles guiños para captar votos, y al *establishment*, agitándose impulsivos brotes nacionalistas, perplejidades políticas con alianzas y coaliciones impensables, temores económicos... Una atmósfera enrarecida y de generalizado descontento anida en los países avanzados.

Sirvan unos pocos datos referidos a España para opinar sobre ese fatalismo al que aludimos. En 2008, el gasto medio anual por hogar, integrado por dos adultos y dos menores, ascendía a 31.711 euros. En 2013 caía a 27.098 euros anuales, en 2017 se recuperaba a 29.188 euros y en 2018 remontaba a 29.871 euros. En todo caso, la pérdida de capacidad adquisitiva de las familias es perceptible al comprobar, de una parte, que los ingresos, o rentas, medios anuales por hogar, que en 2008 se cifraban en 30.045 euros anuales, descendían a 27.558 euros en 2017 y, de otra parte, que el salario bruto anual, que en 2008 era de 21.883 euros, en 2018 fue de 23.003 euros.

Este apunte lleva implícito otra confirmación peyorativa del crecimiento no inclusivo en España: desde 2013 hasta hoy, más de 12 millones de personas, en cada uno de esos años, están condenadas a pertenecer a la población que vive en riesgo de pobreza o exclusión social, con un porcentaje sobre el total de los residentes en nuestro país que varía, en esos años, entre el 27 y el 29 por ciento. De facto, uno de cada cuatro residentes en España subsiste con estrecheces.

Con esta retahíla de interrogantes, doy la campanada de salida al curso. Alumnos expectantes, sorpresa entre los estudiantes que esperaban el típico inicio de una asignatura de último año de la carrera con el profesor explicando el programa, los trámites protocolarios, cómo serán los exámenes, la machacona evaluación continuada o el temible examen final, la consabida reevaluación —que es como los desaparecidos exámenes de septiembre, con la diferencia de que se convoca a la semana o diez días de haberse celebrado el examen ordinario— y que si patatín que si patatán.

Pensando en las aristas de esa crisis que tantísimos estragos causó, y de la que creo que con efectos retardados aún sufriremos réplicas, concluyo que faltó saber analizar estados contables y que ahí, en el ajo de su génesis, no estaban al quite analistas *comme il faut*. Y por eso pasó lo que pasó.

Con aliento ilustrativo, recomiendo a mis alumnos varias películas para entender ese fenómeno de la gestación de la crisis que mala y atropelladamente les describo, pero en particular una, para mí, muy aleccionadora para desentrañar por qué se infló la burbuja y cómo explotó: *La gran apuesta*. Les digo que cuando vean un caimán en una piscina es que las cosas no funcionan del todo bien en el sector inmobiliario, ni tampoco en la banca; que cuando vean que endeudarse es una de las cosas más sencillas y que una mujer de vida alegre lo hacía en serie, es que el sistema se está prostituyendo; que cuando les cuenten que hay inversiones que prometen rentabilidades excelsas, miren a su alrededor y se fijen en cómo es la gente, cómo anda, qué hace. ¡Cuentos chinos y cantos de sirena! Las cosas son lo que realmente son y no lo que a veces se quiere que sean. Y les propongo un recetario peliculero: *Margin Call*, *Inside Job*..., e incluso *El Lobo de Wall Street* y, cómo no, las legendarias *Wall Street* y *Wall Street 2: el dinero nunca duerme*, con el gran Michael Douglas —hijo del mítico y centenario Kirk Douglas— en la piel de Gordon Gekko, para que capten, contextualicen y diluciden el germen de una crisis, los desmanes de las calenturas financieras, los tejemanejes que van de consuno, los aspavientos de las ferocidades económicas y las borracheras de lujo que se esconden en la trastienda, todo enmarcado en una relativa ignorancia, no exenta de codicia y egoísmo, de almas más o menos cándidas. El corolario es una verdad de Perogrullo: sólo hay que invertir en aquellos activos en los que uno realmente entienda dónde y cómo está poniendo su dinero, que comprenda fácilmente su funcionamiento, siendo muy cauto con esas embaucadoras promesas de máximas rentabilidades porque los riesgos son implícitos a los activos en que se invierte, con una inferencia que no es baladí: altas rentabilidades conllevan riesgos elevados.

¿Alma local o espíritu global?

Éste es el preámbulo, a mi modo de entender, cuando se acomete el análisis de estados contables. Lo más palmario sería estudiar las empresas que están junto a la Facultad de Económicas, sita en la barcelonesa Diagonal, en plena Zona Universitaria, una de las postales más preciosas de Barcelona, donde las anchuras y hechuras de la Diagonal dibujan un paisaje urbano en el que los imponentes edificios y las torres de oficinas que se yerguen marcan los lindes del campus universitario con el centro financiero de la Ciudad Condal. Tocando a la facultad, hay restaurantes familiares —alguno con excelente oferta gastronómica—, mutados en frecuentes cenáculos, bares bulliciosos y cafeterías rebosantes de ilusiones estudiantiles, *frankfurts* recomendables, copisterías donde se fotocopian y digitalizan apuntes de clase y se mercadean exámenes corriendo los bulos y las leyendas universitarias, tiendas de comida rápida atestadas de juventud dicharachera, doctorandos esmerados e investigadores pertinaces... Una propuesta facilona para ejercitarse en las finanzas empresariales sería la de aventurarse con las cuentas de los comercios y locales del barrio...

Para quien es socio y accionista del Espanyol de Barcelona, a veces presumir de tal honor es como nadar a contracorriente en una ciudad mediterránea y universal como la nuestra, explico a mis alumnos con gesto serio y convincente. ¡Aquí todo el mundo es del Barça, sí del gran Barça! Y pocos, sólo los elegidos, de mi sacrosanto Espanyol, les digo. E inquiero: ¿por qué el Barça es tan grande y el Espanyol, en cambio, tan íntimo?

El Barça, argumento, ha sabido crecer, adaptarse a los tiempos, internacionalizarse, abrirse a los mercados, acercarse al mundo entero yendo a su encuentro —¿qué son, al fin y al cabo, las giras de pretemporada y esos partidos de exhibición por Asia, Estados Unidos y otros confines sino una aproximación física que facilita contactos con los mercados donde la marca Barça se torna global?—, fichando a jugadores de referencia y carismáticos, explotando al máximo sus intangibles, desplegando su juego mágico... Cada presidente del Barça, a lo largo de su respectiva etapa, le ha dado un empujón y ha contribuido a colocarlo en el escaparate. Su influencia social, su ascendiente deportivo, su gestión de marca, sus futbolistas idolatrados... han hecho del Barça un gran club, admirado y respetado por doquier, conocido por todo quisque. El Barça se fundó en 1899, mi Espanyol en 1900. ¿Por qué un club, el Barça, factura en torno a 800 millones de euros y el otro, mi Espanyol, sólo 80 millones? Y puntualizo: ser global o ser local, ¡ésa es la diferencia!

En vez de quedarnos con nuestras almas de barrio y vocación provinciana, ¿por qué no miramos al mundo y lo hacemos a lo grande? ¿Quiénes marcan el paso de la economía mundial? ¿Quiénes son los actuales líderes y referentes empresariales? ¿Cómo es su ADN económico y financiero?

Entre las grandes potencias mundiales, la primera de ellas es Estados Unidos. Dejémonos de Clinton, Bush, Obama o Trump. ¿Por qué la economía estadounidense es la puntera? ¿Por sus recursos naturales, por su inmenso territorio, por las praderas del Viejo Oeste, por sus tierras fértiles y su vasta riqueza agrícola, ganadera, industrial, financiera , gracias a Hollywood, por sus acreditados directores y actores y un largo etcétera de dignidades? Seguro que todo ello y otras enterezas influyen para que Estados Unidos ostente la preeminencia mundial. No obstante, por encima de cuantas razones se esgriman hay una evidencia crucial. Hasta 2018, el país que atesora más premios Nobel, con 377 —si las cuentas no me fallan—, laureados en distintas disciplinas, como Economía, Química, Física, Fisiología o Medicina, Literatura , es Estados Unidos, por delante del Reino Unido, con 130; Alemania, con 108; Francia, con 69; Suecia, con 32; Japón, con 27; Canadá y Suiza, con 26; Rusia, con 25; Holanda, con 21; Italia, con 20; Polonia, con 14..., y España con 8, la mayoría en Literatura, salvo los de Santiago Ramón y Cajal en 1906 y Severo Ochoa en 1959, a quienes les fueron otorgados en la especialidad de Medicina. ¡América es América!

¿Por qué España no acaba de responder económicamente y no es elegida como destino de ensueño de grandes compañías internacionales? Todo cambia imparablemente. Los perfeccionamientos tecnológicos señalan la hoja de ruta. Y los liderazgos empresariales son como el ranking de la ATP de cada temporada: unos suben y otros bajan , aunque siempre permanecen allí Novak Djokovic, Rafa Nadal, Roger Federer... ¡Tenistas eviternos!

Grandes empresas por capitalización bursátil

Durante 2018, Wall Street asistía a tres acontecimientos emblemáticos: el 2 de agosto, Apple, dirigida por Tim Cook, aupada desde tiempo atrás a la primera posición por capitalización bursátil, superaba la cota mágica del billón de dólares en su cotización y el valor de sus acciones en la bolsa de Nueva York alcanzaba 1.002.257 millones de dólares. Meses más tarde, Amazon, la omnipresente empresa de Jeff Bezos, sobrepasaba también el límite mítico del billón de dólares por capitalización bursátil. Y, poco después, la nueva estrategia impulsada por Satya Nadella al frente de la Microsoft de Bill Gates, le hacía saborear igualmente las mieles de ser billonaria en Wall Street.

El hito marcado por Apple, justo al despuntar el típico mes vacacional, presagiaba la réplica billonaria por parte de otras empresas, como así fue. En las quinielas se barajaban nombres de solera: Amazon, que durante el primer semestre de 2018 fue apreciándose en la bolsa neoyorquina al punto de adelantar a la habitual segunda compañía del ranking por capitalización bursátil de estos años, Alphabet, la dueña de Google, fundada por Larry Page y Serguéi Brin; la propia Alphabet que pese a ese *sorpasso* por parte de Amazon sigue firme en el podio en pos del aura billonaria y, desde luego, la incombustible Microsoft (véase la tabla 1.1).

Tabla 1.1 **Las doce grandes compañías del mundo por capitalización bursátil a 2 de agosto de 2018**

N.º	País	Compañía	Capitalización en millones de dólares	N.º	País	Compañía	Capitalización en millones de dólares
1	EE. UU.	Apple	1.002.257	7	China	Alibaba	473.332
2	EE. UU.	Amazon	894.678	8	China	Tencent	422.882
3	EE. UU.	Alphabet (Google)	857.834	9	EE. UU.	JP Morgan	390.366
4	EE. UU.	Microsoft	825.814	10	EE. UU.	Johnson & Johnson	352.111
5	EE. UU.	Facebook	509.218	11	EE. UU.	ExxonMobil	338.323
6	EE. UU.	Berkshire Hathaway	491.774	12	EE. UU.	Bank of America	312.432

Por detrás de ese cuarteto de lujo aparecían otros dos nombres que en los últimos años han entrado en la pléyade de los mercados bursátiles: Facebook, bajo el control de Mark Elliot Zuckerberg, y la hercúlea y diversificada Berkshire Hathaway, del octogenario inversor Warren Buffett y su nonagenario socio Charlie Munger, completando el sexteto bursátil dominante en Nueva York. El apogeo chino, entre tanto, iba colocando a algunas de sus empresas en puestos preeminentes, como Alibaba y Tencent, y los otros integrantes de la distinguida docena de esa tabla honorífica enarbolaban la bandera estadounidense: JP Morgan, Johnson & Johnson, ExxonMobil y Bank of America.

Atendiendo a ese ranking, era evidente la jerarquía de las tecnológicas, el predominio del sector de las finanzas, la vivacidad de los productos de gran consumo y el retraimiento del sector energético. Un trazo salta a la vista: hoy, la grandiosidad empresarial viene marcada por el sello estadounidense y chino. ¿Dónde queda la esplendidez europea?

Brotan más cavilaciones al repasar el historial de las conspicuas compañías por capitalización bursátil en este marco contemporáneo, desde el año 2000 hasta 2018 (véase la tabla 1.2).

TABLA 1.2 **Capitalización en el mercado bursátil**

31 diciembre 2000		31 diciembre 2006		31 diciembre 2017		31 diciembre 2018	
Compañía	**Millones €**	**Compañía**	**Millones €**	**Compañía**	**Millones €**	**Compañía**	**Millones €**
General Electric	477.406	ExxonMobil	323.930	Apple	727.615	Microsoft	686.898
Cisco	304.699	General Electric	311.140	Alphabet	567.550	Apple	654.972
ExxonMobil	286.367	Microsoft	249.270	Microsoft	552.027	Amazon	642.614
Pfizer	263.996	Citigroup	206.310	Amazon	470.309	Alphabet	632.840
Microsoft	258.436	British Petroleum	201.840	Berkshire H.	407.945	Berkshire H.	439.775
Walmart	250.955	Royal Dutch Shell	181.830	Facebook	352.281	Tencent	334.043

Fijémonos en las seis grandes empresas del mundo por capitalización bursátil. Tomemos cuatro fechas más o menos recientes, sin necesidad de remontarnos a tiempos muy pretéritos.

En el enigmático año 2000, cuando cambiábamos de milenio y sólo se hablaba del temido «efecto 2000», la empresa número uno por antonomasia era General Electric (GE), un potentísimo conglomerado industrial fundado en 1890 por la egregia figura de Thomas Edison. Más que interesarnos en qué hace GE, habría que preguntarse justo lo contrario: qué es lo que no hace GE. Tras ella, en el año 2000, estaba Cisco, la tecnológica, en uno de sus mejores momentos. La tercera posición la ocupaba una petrolera, ExxonMobil, todo un referente en el panorama económico. Una farmacéutica de la talla de Pfizer figuraba en cuarto lugar y, en el quinto, la empresa fundada por Bill Gates, Microsoft. Cerraba esa selecta enumeración del año 2000, Walmart, el gigante del sector de la distribución en Estados Unidos y presente a día de hoy en más países.

Transcurren los años. Llegamos a 2006. Variaciones en las seis primeras posiciones. ExxonMobil está en la cresta de la ola, desbancando a General Electric. El sector del petróleo accede a las alturas y relega a un segundo lugar al referente GE, a la industria. Y Microsoft sube al tercer lugar por capitalización bursátil. La banca, ausente en ese ranking de los top 6 en 2000, está representada en 2006 por Citigroup. Eran años de ebullición financiera y la banca no podía faltar entre las empresas más valoradas de Wall Street. Cerraban ese círculo de aristocracia bursátil otras dos compañías del sector petrolero, ambas europeas: la británica British Petroleum y la angloholandesa Royal Dutch Shell.

Viajemos a enero de 2007, más o menos ayer por la tarde, como ironizo para que los alumnos se percaten de la celeridad con la que se operan las transformaciones empresariales a tenor del giro tecnológico. Visionario para unos, genio para otros, un referente, con sus virtudes y defectos, para todo el mundo, Steve Jobs, anunciaba el lanzamiento de un teléfono móvil que supondría una vuelta de tuerca a nuestras vidas.

En aquel momento, en España, internet funcionaba más o menos de aquella manera —sigue igual en la isla de Menorca, donde la cobertura telefónica, en puntos concretos, es la misma en 2019 que en la era prehistórica cuando se levantaban los míticos talayots...—, aunque la eventualidad de quedarse colgado, con la consiguiente ira de los usuarios, estaba a la orden del día. ¡Seguro que más de un ataque de nervios o algo peor recordará alguien de tu familia o incluso tú mismo si no eres un pipiolo! ¿Un quééé? ¿Cóóómo dice...?, inquiría el individuo menos avezado. ¡Un iPhone, el hechizo, el *smartphone*, cual palabra envuelta de magia y hacedora de sorprendentes asombros, entra en nuestras vidas!, apostillaba su interlocutor en tono jocoso.

Sinceramente, no era extraño que, por aquellas fechas —entre 2007 y 2008—, cuando hablaba con un conocido, o saludado, acerca de ese progreso tecnológico que profetizaba el malogrado Steve Jobs, aquél se hiciera el cazurro. ¡Anda ya!, igual espetaba mi interlocutor, individuo nada creyente en eso de las nuevas tecnologías, y apegado a su inseparable celular Nokia o Motorola. Más o menos, aquel conocido ponía esa cara de circunstancias tal cual reaccionarían, si siguieran entre nosotros, sobre el planeta Tierra, nuestras entrañables abuelas, con sus tiernos semblantes de escepticismo y de mujeres aferradas a su nula fe tecnológica que habrían cuestionado a sus nietos si todos esos raros inventos eran fruto de la más rebuscada y misteriosa brujería.

No está de más agregar que el lanzamiento efectivo del iPhone en distintos países sería al año siguiente, en 2008.

Estamos ante la clara demostración del irresistible apresuramiento tecnológico, de su incesante extensión concentrada en relativamente poco tiempo, de cómo han virado las cosas en esos años y de la transición que acaece no sólo en el plano profesional, sino en nuestras vidas: familiar, laboral, relacional, consumidor, inversor, gastador y comprador, ¡y hasta tributario!

La proverbial idea de gran empresa liga mejor, hasta hoy, con el despliegue de colosales activos industriales y complejos fabriles, de fábricas descomunales, de espectaculares plataformas petrolíferas y refinerías, de formidables petroleros transportando el crudo por los océanos, de plantas exploradoras mar adentro o amplias instalaciones especializadas montadas en el fin del mundo Así era el conglomerado paradigmático General Electric del año 2000, así se configuraba el titán energético ExxonMobil en 2006.

Eso, en el contorno contable, se refleja en balances henchidos de activos fijos materiales, de edificios y construcciones, de terrenos, de instalaciones industriales, de naves y talleres, de maquinaria y equipamiento, en fin, ¡de inversiones en inmovilizaciones materiales a mansalva! Todo ello y las más o menos abultadas partidas que componen el resto del activo en el balance requieren la financiación adecuada. Si los capitales propios no alcanzan a cubrir unos volúmenes mínimos, decorosos y equilibrados sobre las inversiones, o sea, los activos, automáticamente surge la necesidad de recurrir al endeudamiento, ya sea a través de los mercados de capitales, como sucede corrientemente en Estados Unidos, o acudiendo a las entidades financieras, como ocurre habitualmente en nuestra geografía.

¿Quién intuyó en 2007 que pocos años después Apple, la madre del iPhone, lideraría la exclusiva legión de las grandes compañías de este planeta y sería la primera sociedad en el curso de la historia económica cuya capitalización bursátil rompiera la barrera del billón de dólares?

No es en vano desmenuzar la configuración del *hit parade* compuesto por los Top 6 entre 2017 y 2018 —más adelante, nos fijaremos en 2019 Todas ellas son compañías que están encuadradas en lo que catalogamos como sector tecnológico y llevan la batuta, fijan las cadencias en Wall Street, actuando como resolutivas fuerzas motrices económicas, dibujando los senderos por los que transitar, bastante parapetadas por el momento, salvo impetuosas semanas muy ajetreadas, ante las volatilidades y al socaire —aunque vayan denotando sensibilidad— de lo que podría ser un nuevo desorden mundial a raíz de la guerra comercial y las políticas arancelarias impuestas por Estados Unidos y las represalias, a modo de contrapolíticas, de otros países, como China, que incidieran gravemente en el sector industrial. Con todo, los impactos del proteccionismo castigan la cadena de suministro tecnológico existente entre Estados Unidos y China. De hecho, el ranking de las mayores empresas en esas seis primeras posiciones se va manteniendo con algunos cambios en cabeza entre Apple, Amazon y Microsoft, las tres con sereno pedaleo bursátil que permuta el orden de los protagonistas.

Entre los seis líderes dejaron sus plazas de relumbrón aquellas que un día, no muy distante, pisaban con garbo, con una ejemplar excepción: la resistente y dúctil Microsoft de Bill Gates, que recuerda a esos equipos de fútbol y selecciones que siempre están ahí, disputando las rondas finales de cualquier competición o, sin ir más lejos, al mismísimo Rafa Nadal, que ganaba en 2005 su primer Roland Garros y en 2019 sigue ganando su enésimo Roland Garros, o el pundonoroso y triunfador Roger Federer, que si en 2003 se proclamaba ganador de Wimbledon, honor que repetiría otras siete veces, en 2019 disputaba una enconada finalísima frente a Novak Djokovic, cuyo desenlace, por vez primera en el All England Tennis Club, se dirimió en el *tie break* del quinto y definitivo set que, para finiquitar partidos interminables de conteos mayúsculos y de hasta dos días de duración, acordó la organización del torneo al bajarse el telón de Wimbledon 2018, a guisa de sacrilegio del riguroso ceremonial impuesto desde siempre en la catedral del tenis. ¡Portentosas las gestas de Roger, Rafa y Novak!, haciendo valer su alcurnia durante estos lustros en casi todas las competiciones de Grand Slam —Abierto de Australia, Roland Garros, Wimbledon y Abierto de Estados Unidos— sin que los talentos que despuntan logren colarse entre ese magnífico terceto.

Toques tenísticos

Una épica instantánea viene a cuento de la edición de Wimbledon de 2018. La pista central del All England Tennis Club, donde se disputan las últimas rondas del Campeonato —para los amantes del tenis, con mayúscula— de mayor realce, se consagra como el templo de los dioses de la raqueta. Los duelos entre ellos por fuerza han de tener un ganador, digno, y un perdedor, no menos digno. Rafa Nadal perdía en las semifinales de 2018 ante Djokovic, en una pugna de aguerridos gladiadores de la raqueta, tras dos días regalándonos tenis de muchos quilates, con toques maestros. En esa misma pista central de Wimbledon, en 2008, Rafa, junto con Roger, escribieron una obra tenística de memoria imperecedera: aquella mítica final ganada «in extremis» por Nadal. Y en 2019, el *revival* de una finalísima apoteósica lo firmaron Novak Djokovic y Roger Federer.

Rafa, en 2018, se vio apeado en semis por Nole, pero estuvo con aquel apretado tanteo de 10-8 en el último set a punto de acariciar la gloria tenística que finalmente se decantó del lado del serbio. Ésta es la moraleja: quince años después —realmente más porque Rafa sigue en el candelero alineando más copas en sus vitrinas—, Nadal sigue ahí, al pie del cañón, ganando torneos del Grand Slam, como Roland Garros y el Abierto de Estados Unidos en 2019, llegando a finales, como en el Abierto de Australia, disputando semifinales y encabezando el ranking de la ATP, al igual que Roger Federer o Novak Djokovic. Tres finales jugadas del Grand Slam en 2019 y dos de ellas ganadas, confirman que Rafa a los treinta y tres años se encuentra en el apogeo de su fabulosa carrera, atesorando, que se dice pronto, 19 títulos de Grand Slam, a sólo uno de distancia del irrepetible Roger Federer, que suma 20 títulos de tal abolengo.

El mérito de un tenaz Nadal, y de cualquier organización, no es el de llegar, sino aguantar en la cúspide con el transcurso de los años. Rafa dejó atrás aquellos ímpetus precipitados de su lozanía como júnior, cuando sacaba la cabeza entre la crema tenística. Antes, su juego era más a la contra, defensivo, esperando, resistiendo, cediendo la iniciativa a su rival, batallando como un jabato, entregándose sin límites, con toda su admirable gallardía... Hogaño, Rafa, muy maduro, con esa energía mental prodigiosa, despliega su contagioso ardor tenístico, su juego ha evolucionado deleitando con un variado y artístico repertorio de golpes más agresivos, más metido en la pista, creo, abriendo ángulos, ejecutando con decisión, subiendo y controlando en la red, voleando a placer, manejando certeramente el resto, añadiendo un plus mucho más incisivo a su servicio, demoliendo con sus tiros paralelos, causando admiración con su *passing shot*, acariciando con suavidad sus impecables dejadas, pautando los *tempus* del *match*...

¿Cuál es parte del secreto de esa longevidad tenística de Rafa Nadal y de que siga en lo más alto de la clasificación de la

ATP tantos años después? La misma interpelación es extensiva a Roger Federer, encumbrado a la categoría de leyenda, cuya edad, que le acerca a la veteranía, no es óbice para continuar escanciando su innata elegancia tenística en las citas de más postín.

El tenis de Rafa, como el de Roger y Novak, aparte de su trabajada preparación física y de la concienzuda selección de un calendario de competiciones que suavice la temporada y minimice el trance de lesiones, en el que Rafa, como Roger y Novak, prioriza unos campeonatos y prescinde, mal que le pese, de otros para afrontar con garantías los diez meses que dura el circuito; el tenis de Rafa, decía, se ha sabido adaptar a los nuevos tiempos y estilos que rigen sobre las pistas. A este paso, no sorprenderá que Federer dispute alguna eliminatoria, si no lo ha hecho ya, con algún joven tenista que cuando Roger se proclamó campeón en Wimbledon por primera vez en 2003, aún no hubiera nacido. Navegando tras la misma estela que Federer, no asombraría que proezas similares firmaran Rafa y Novak. Pasan los años y siguen los tres en el sanctasanctórum de la raqueta, haciendo alarde de ese don camaleónico de los paladines: resiliencia tenística, resiliencia económica. Por más que cambien los esquemas tenísticos, los números uno de pura raza se adecúan constantemente a los versátiles escenarios. Nadal, Federer, Djokovic, Microsoft, ¡sempiternos!

Esa cualidad de los tres mosqueteros de la raqueta introduce un elemento que, a simple vista, no se distingue. Para seguir reinando en los partidos decisivos de los Grand Slam y besar el trofeo con el que se premia al vencedor de otros torneos de prestancia enclavados en el circuito de la ATP, en los que tan ilustres veteranos se enfrentan a la savia nueva que compite con hambre de títulos, Rafa, Roger y Novak han de estudiar el tipo de juego que practican las jóvenes generaciones y encontrar los resortes con los que saber ganar. Su veteranía no obsta para ese constante afán de perfeccionar sus hormas tenísticas metabolizando los estilos de juego originales y puliendo la filosofía de los campeones.

Apple, Google, Microsoft, Amazon... primer contacto

Si Apple encabezaba el ranking de 2017 y lo seguía haciendo al bajarse el telón del primer semestre de 2018, recién cumplido el primer decenio de la existencia de su producto franquicia, el iPhone, es que las innovaciones tecnológicas se adueñan de nosotros creándonos una dependencia absoluta del *smartphone*. En ese artilugio que es el iPhone, almacenamos el inconmensurable caudal intangible de nuestras vidas, las llaves que nos abren todas las puertas, la bula de la comunicatividad cómo, dónde y cuándo queramos, una interminable gama de aplicaciones que satisfacen nuestras cada vez más intransigentes necesidades, nuestras aptitudes compradoras y el sostén del crédito, el raudal de nuestra inestimable agenda de contactos, sin la cual estamos fuera de juego... Si este jardín de pura fantasía está a nuestra disposición, la velocidad a la que germinan ulteriores desarrollos nos lleva a volar hacia entornos increíbles. ¿Qué utilidades prestará un *smartphone* a meses vista?

Apple cerró 2017 con una capitalización bursátil cercana a los 873.000 millones de dólares y el 2 de agosto de 2018, decíamos, alcanzaba 1.002.257 millones. Su cotización empuja al son de sus creaciones, apostando por una calidad más *premium* de su producto estrella, el iPhone X —y con el lanzamiento del 11—, no vendiendo más unidades en términos comparables pero sí ajustando su precio, contando con el favor, más que de sus clientes, de sus entregadas cohortes de acólitos que ejercen cual apóstoles de la causa Apple, simultaneando sus productos de siempre con una apuesta clara por los servicios (App Store, Apple Pay, Apple Music, la nube), pero Apple es consciente de que su ritmo de crecimiento no podrá sostenerse e incluso deberá esforzarse para igualar las guerreras tasas con las que crecen otras tecnológicas.

Después de Apple, en 2017 aparecía esa poderosa empresa, presente en nuestras vidas desde que nos despertamos hasta que nos acostamos, y a la que hemos ungido como devota compañera. ¿Qué sería de nosotros si no tuviéramos a mano nuestro inseparable buscador Google? Conocemos a alguien y en cuestión de segundos nos dedicamos a fisgar a través de Google quién es, qué hace, a qué se dedica, qué tipo de vida lleva, qué tal es su familia, con qué fortuna cuenta y si es individuo de fiar...

Google, como tal, arrancó hace años bajo la iniciativa de dos compañeros de universidad: Larry Page y Serguéi Brin. Es un espejo en el que mirarse, como el coraje de Steve Jobs y el tesón de Bill Gates. Son ideales que cunden, convirtiéndose en manantiales de inspiración para los universitarios. ¡Cuántos de ellos al encarar la recta final de la carrera se lanzan a la intrepidez de una startup! No todos cosecharán sonoros triunfos ni se embolsarán fortunas de relumbrón; no obstante, esa experimentación que es una startup da rienda suelta a su instinto creativo y a su entusiasmo emprendedor, forjando su garra empresarial.

Unos triunfarán, y loado sea el Cielo, benditos sus progenitores y excelsos ellos y ellas por lograr los cetros perseguidos. Otros, por el contrario, se quedarán tirados en la cuneta de la carrera empresarial, lamentándose de su mala fortuna o de las pifias cometidas, asumiendo un poco, o un mucho, de deuda por el fiasco empresarial... El instinto paternal lleva a que los progenitores se rasquen el bolsillo para ayudar a sus queridos hijos... No importa o sí importa, puesto que acá la lección palpable para quienes encajan un fracaso empresarial, controlable, en el fuego de su mocedad, al hacer sus primeros pinitos, es que están cursando un completo máster en dirección de empresas. A la larga, esa amarga probatura se conjugará en clave positiva y, en mayor o menor medida, proporcionará sus réditos. Por ende, ¡no cabe en absoluto pronunciar la palabra rendición ni desastre!

El auge de Google, en su día, obligó a reestructurar societariamente el conglomerado empresarial, y así nació Alphabet como la compañía cabecera del grupo, la que cotizaría en bolsa. Su capitalización bursátil a comienzos de agosto de 2018 excedía los 857.000 millones de dólares, sin que su cotización diera síntomas de fatiga, y en las apuestas Alphabet aparecía como seria candidata a emular a Apple y rebasar el listón del billón de dólares. Otro jalón de una firma tecnológica. En 2018, Alphabet convivió con subidas, bajadas y recuperaciones en su cotización en Wall Street, empero la matriz de Google es una corporación ciclópea, con variadas ventanas abiertas hacia aplicaciones y servicios inéditos y negocios disruptivos a carta cabal, reinventándose y poniendo esa chispa sagaz que predispone a los adalides.

Si arribar a la meta es una hazaña, aguantar ahí es pundonor encomiable. Eso deslizábamos con anterioridad al citar a Rafa Nadal y Roger Federer, sendas referencias como deportistas de élite, al igual que Novak Djokovic. Los campeones imperecederos, explicábamos, han de ajustar y acomodar su juego constantemente, actualizando su tenis, depurando sus golpes para que éstos contrarresten el paso de los años, retocando su estilo de juego, aunque conservando su filosofía básica. Esa adaptabilidad a las pautas que tenísticamente prevalecen, como sucede con los equipos de fútbol que cosechan títulos temporada tras temporada, posibilita que perduren los entorchados. Lo mismo pasa en el trepidante cosmos empresarial...

En tal sentido, una consecución loable es la protagonizada por Microsoft, que ya en el año 2000, y años antes, sobresalía en el vértice de la capitalización en Wall Street. A pesar de las drásticas variaciones habidas en la clasificación de las primeras empresas, Microsoft, cual rara avis, ha conseguido no sólo permanecer, sino colgarse la medalla de oro al 31 de diciembre de 2018 y con ella proseguía en 2019.

En agosto de 2018, Microsoft ocupaba la cuarta plaza como mayor empresa por capitalización bursátil del mundo, con 825.814 millones de dólares. Y al cierre de 2018, Microsoft se situaba dignamente en cabeza, repitiendo honores en julio y septiembre de 2019, por encima del billón de dólares, redoblando con solvencia su primacía.

Un portento empresarial que conviene estudiar es Amazon, la criatura de Jeff Bezos que en su día empezó como una librería en línea y eso le dio alas para ir comercializando más artículos por internet. Sus números, al menos en lo tocante a la valoración que hacen los mercados, son respetables, su marcha espectacular y sus ansias por estar presente en todo lo que sea distribución y logística asusta al comercio tradicional, sin que se atisben flaquezas en su osada andadura. Bezos, dicen, se ha empeñado en que Amazon sea el proveedor de todos nosotros. No hay producto que se le resista. Su expansión incluye de un tiempo acá la adquisición de otros negocios dedicados al comercio tradicional a fin de simultanear el puro comercio electrónico con las tiendas de toda la vida. Parte de la obsesión de Jeff Bezos es la de ser el suministrador líder en la distribución alimentaria. Amazon, con su envidiable determinación, está consiguiendo, más que crear enemigos —que sí lo hace—, presionar a infinidad de empresas de distribución y del *retail* para que reconfiguren su desfasado *modus operandi* y abandonen anclados y encorsetados clichés.

A Amazon se la teme desde cualquier comercio de barrio y es el terror de las tradicionales cadenas de grandes almacenes, que cargan pilas manejando la omnicanalidad y renovando sus organizaciones. Cuando una tienda de proximidad baja definitivamente la persiana y un negocio histórico a través del que latía la idiosincrasia ciudadana desaparece, los dimes y diretes del vecindario se ensañan con Amazon, por más que esos mismos vecinos sean clientes suyos, ¡y quién sabe si de categoría *premium*! Si un arraigado centro comercial barcelonés o madrileño o valenciano o sevillano o bilbaíno o enclavado en la ciudad que sea echa el cierre, las miradas vengativas se giran hacia Jeff Bezos.

Nuestros hábitos varían y la vieja relación entre el comerciante y el consumidor entra en una suerte de encuentros en una enésima fase. El ritual de ir a la tienda, la charla animosa en la que se repasaba la vida y milagros de todo el barrio, poniéndonos al corriente de los vecinos que nos abandonaban y de los recién llegados, y los cuchicheos al uso, deja de existir y se reemplaza por tiendas estándar, impersonales, a veces con dependientes que actúan como robots y aquella complicidad tan agradecida entre comerciantes y vecindario se diluye. Hasta los bares que alegran cualquier calle están desnaturalizándose, con menos compadreo, sin camareros que contagien de simpatía matutina o desprendan comprensión vespertina con esas gotas cachondas que amenizan la postrimería de la dura jornada laboral. Lo estándar, robotizado, vulgar es la ola a la que la mayoría se suma.

La gente joven no es que compre desde su ordenador personal, el PC casero, o desde una tablet. Los chavales y no tan chavales, los *millennials*, consumidores acaso algo modestos hoy en cuanto a su poder de compra que, no obstante, proponen buenas maneras de mayor poder adquisitivo en el futuro, lo hacen a través de sus móviles, desde el *smartphone*. Visitan una tienda, patean un centro comercial, se prueban unos zapatos, piden otro modelo, preguntan si los hay en un color diferente y, al final de su intensa y agotadora visita que igual ha movilizado a un par de vendedores durante un buen rato, se despiden, eso sí, muy educadamente agradeciendo la deferencia. Mientras bajan por las escaleras mecánicas del centro comercial, con su *smartphone* en ristre, cursan el pedido electrónico de esos zapatos. Mañana los tendrán en casa y en la compra se habrán ahorrado entre 30 y 50 euros.

Amazon, que en agosto de 2018 capitalizaba casi 900.000 millones de dólares, sorprendía en Wall Street y de paso empujaba a su factótum, Jeff Bezos, a la cabeza de los multimillonarios del mundo. A principios de septiembre de 2018, Amazon alcanzaba el cénit rebasando el billón de dólares de capitalización bursátil, siguiendo la huella de Apple. Y las previsiones de los analistas, con la rapidez a la que viajan en el parqué las acciones de Amazon, vaticinan que superará holgadamente la susodicha cifra en un plazo de tiempo más o menos corto.

El oráculo de Omaha

Si hay un hombre que señala el camino a seguir y a quien se reverencia como sumo sacerdote en los oficios inversores, alzándose en faro de referencia que ilumina el perennemente enmarañado trasiego de los mercados bursátiles, ése es Warren Buffett, el Oráculo de Omaha —su ciudad natal y allí donde vive, en el estado de Nebraska—, con ochenta y ocho años y en plena forma, ¡vamos, un ochentañero, que no octogenario, como antes apuntábamos!, dirigiendo su empresa Berkshire Hathaway, junto a su socio Charlie Munger, de noventa y cinco años, ¡un primor de noventañero, que no de nonagenario, como antes deslizábamos!, y con toda la vitalidad de un jovenzuelo financiero, tocados ambos por ese grado de inmenso valor que es el de la fecunda experiencia y una envidiable flema, propia de los muy veteranos que están de vuelta de casi todo.

Las inversiones de Buffett y su socio siempre son racionales, es decir, no ponen su peculio en negocios raros, oportunidades extrañas o cuya operativa sea de difícil comprensión. No sería exagerado afirmar que no hay empresa de pedigrí en la que Buffett, junto con Munger, no invierta. Es accionista de referencia en Apple, Kraft Heinz, Coca Cola, American Express, en banca con Wells Fargo y Bank of America, e incluso en Goldman Sachs, en compañías aéreas como Delta y American Airlines La lista es interminable y a buen seguro que cuando este manuscrito se publique, el idolatrado Buffett se habrá hecho con más participaciones interesantemente rentables porque cuenta con unos 130.000 millones de dólares de dinero fresco en la tesorería de Berkshire para colocar idóneamente gracias a su olfato de sabueso financiero, sin liarse la manta a la cabeza en extravagantes safaris. Buffett no caza valores ni especula con ellos; Warren Buffett invierte a la antigua usanza, optando por permanecer largos años como accionista de peso y sumando en pro de sus participaciones. Por cierto, Buffett, en mayo de 2019, confesaba: «He sido un idiota por no hacerlo antes», al hablar de su inversión en Amazon, efectuada en los primeros meses del año, declarando ser un fan de la compañía de Bezos.

Sin embargo, una duda flota en los ambientes bursátiles. ¿Cómo es que Warren Buffett nunca ha invertido en Microsoft y, en cambio, es uno de los principales accionistas de Apple y ahora de Amazon? Cuando se inquiere al Oráculo de Omaha, él mismo suelta que fue una «estupidez en un primer lugar» no haber invertido en acciones de Microsoft para de inmediato dejar claro que su amistad y sintonía con Bill Gates le impiden incluir entre sus objetivos inversores a la compañía de Redmond por un posible conflicto de intereses. Corazón apasionado, mente fría; sendas características del inversor cabal.

Desde luego, las sensatas recomendaciones de Buffett para colocar sus dineros —en buena lid, los de su brazo inversor, Berkshire— relumbran cual piezas de museo en los manuales más académicos sobre finanzas, con énfasis en el largo plazo y nada de andanzas cortoplacistas. Buffett es lo que se dice uno de esos accionistas para toda la vida, con una fidelidad modélica en sus tomas de posiciones, que no comulga con ese entrar y salir del accionariado tan usual de otros capitalistas que juegan a la especulación y al lucro inminente. Si Buffett ve que en el mercado no surgen opciones interesantes, el dinero remansa en la caja de Berkshire en *stand by*. Sus intervenciones en las reuniones anuales de accionistas de Berkshire Hathaway, en su cuartel general de Omaha, se califican de legendarias y cargadas de sentido común.

Se cuenta que en el cónclave celebrado en abril de 2017 alguien le recriminó a Warren Buffett las significativas compras de acciones que estaba haciendo en Apple. «Usted dijo: "No invertiré nunca en tecnológicas" y lo ha hecho invirtiendo en Apple.» En ese momento, Buffett, a través de Bekshire, ya era el cuarto accionista de Apple —hoy lleva invertidos unos 50.000 millones de dólares—. Mirándolo fijamente a los ojos, Buffett le espetó a su interlocutor: «Yo sólo invierto en empresas de gran consumo como Apple».

Tal aseveración despertó del letargo de los estereotipos a la mayoría de los presentes y sirvió de atinada reflexión. Apple no acota sus operaciones meramente a diseñar, desarrollar, fabricar —directamente o a través de terceros, como la taiwanesa y china Foxconn, con una plantilla de más de un millón de trabajadores y robotizando cada vez más sus plantas, que, en abril de 2016, redujo la plantilla de una de sus fábricas de 110.000 personas a 50.000, reemplazando a 60.000 empleados por robots— y comercializar sus productos digamos que tangibles, sus aparatos...

Apple personifica el influjo tecnológico y las inmensas posibilidades del *smartphone*, de las aplicaciones, de los servicios..., multiplicando sus propuestas. En el siglo XXI, Apple, y eso destacaba Buffett con sus palabras, se encarna como especial intérprete del gran consumo, en la reinante vertiente tecnológica y disruptiva, y no cual simple fabricante y comercializador de sofisticados instrumentos. Más que en «el cuerpo», es decir, lo completa y atractiva que sea la carcasa y el diseño sofisticado de sus productos, el valor de Apple reside en «su alma», en lo que lleva dentro.

Apple, insinuábamos, no se duerme en los éxitos del emblemático iPhone, aunque durante algún tiempo su delantera respecto a sus competidores parecía dar esa impresión. Apple busca la diversificación pese a admitir, por boca de su CEO, Tim Cook, que «el mercado de los *smartphones* es el mejor mercado de la historia para una compañía de productos de consumo», refrendando la afirmación pronunciada por el Oráculo de Omaha. El quid de la cuestión es el de atinar si el futuro de la tecnológica con sede en Cupertino se escribirá con el iPhone como estandarte o, a título de contradicción, el mismo iPhone supondrá un freno para el mayor desarrollo de la compañía de la manzana mordida; en la actualidad el 60 por ciento de sus ingresos procede del iPhone. Analistas e inversores se muestran inquietos cuando las empresas rivales de Apple presentan resultados, sobre todo los fabricantes chinos de productos electrónicos, con Huawei y su tecnología 5G a la cabeza, caracterizados por su valioso empuje y su arrolladora proyección internacional, máxime tras la campaña promocional que involuntariamente la Casa Blanca les hacía en plena efervescencia de la pelotera arancelaria.

En la historia de Apple, como veremos, 2015 fue un ejercicio espectacular, pero en 2016 no pudo aguantar su fortaleza, remontando el vuelo en 2017 y tonificándose en 2018. Junto al legendario iPhone, están los otros productos estrella de la firma de Cupertino: iPad, Mac, Apple Watch, pero sus cifras de ventas no son la segunda fuente de ingresos. Sí lo son, en consonancia con lo dicho, los servicios, como las descargas de App Store, el almacenamiento en iCloud, las suscripciones a Apple Music..., que atestiguan la coherencia de cifras y rendimientos que apuntala el negocio global de Apple. En efecto, Apple ejerce como actor estelar en el floreciente segmento del gran consumo tecnológico y su apuesta clave es la App Store.

El director financiero de Apple, Luca Maestri, está convencido de que en breve la línea de servicios de la compañía ingresará 50.000 millones de dólares, con el pro yuxtapuesto consistente en la previsibilidad de su facturación gracias a las suscripciones. Éste es un factor determinante para empujar la facturación de Apple, que si en 2017 y 2018, con las ventas del iPhone X, atrae a los inversores, maneja su rumbosa política de reparto de dividendos y recompra de acciones que es causante en gran manera de su endeudamiento financiero.

En suma, los compases del engrandecimiento de Apple no dependerán sólo del iPhone y demás aparatos que fabrica y vende, sino de las suscripciones a servicios donde, por ejemplo, entre ella, Netflix y Spotify cuentan ya con unos 300 millones, creciendo en un año en 100 millones.

De Facebook

Al despedir 2017, Facebook, la aún lozana compañía de Mark Zuckerberg, en el ojo del huracán a causa de las polémicas azuzadas durante 2018 por las filtraciones de datos y que en 2019 se enfrentaba a más complicaciones legales, amén de la oposición frontal del Banco Central Europeo a la iniciativa de alumbramiento de su teórica moneda, de la que luego hablaremos, cerraba esa lista de los top 6 y en julio de 2018, tras días ajetreados por las oscilaciones de sus títulos, ocupaba la quinta plaza. Al cierre de 2018, Facebook salía del sexteto honorífico, en favor de la china Tencent, aunque en el primer semestre de 2019 se reincorporaba y en septiembre ahí se mantenía.

Facebook, con su vasto conocimiento de nuestras vidas, de nuestras intimidades, de nuestros gustos, de nuestras preferencias e inclinaciones, de nuestra manera de desplazarnos, de nuestros comentarios..., no es que posea una mina de oro, sino que usufructúa inmensos campos de lo que sería el nuevo «oro negro» del siglo XXI, que no es el petróleo, sino el potencial de penetración en lo más profundo, en las entrañas de la peculiaridad y personalidad de cada consumidor en un universo en el que la transformación digital subyuga y la economía disruptiva altera nuestras coordenadas a diario.

Incrustado entre nosotros está Facebook, metiéndose en nuestros misterios que dejan rastro en WhatsApp, auscultando nuestros silencios, pulsando sentimientos y estados de ánimo, palpando tanto alegrías como penurias económicas para llegar a final de mes, radiografiando minuto a minuto nuestro interior, registrando nuestros latidos, recopilando nuestras sensaciones y retratando nuestras almas que quedan al desnudo y, por supuesto, dándole al *Big Data*... ¿Quién tiene un discernimiento más acicalado sobre el consumidor, de cada individuo, de sus predecibles gustos y de su poder adquisitivo? Ése es el descomunal, por no decir que infinito, capital intangible de Facebook que, sin embargo, no encuentra pleno acomodo en el activo de su balance al tratarse de algo etéreo.

El nuevo proyecto de Facebook cruza el territorio del sector financiero con esa moneda virtual que pretende acuñar, la libra, viva demostración de que las tecnológicas extienden su interminable campo de actuación invadiendo otros territorios, como el financiero, donde desembarcan muy en serio. La libra ya no será sólo la vieja libra esterlina, sino la nueva libra de Facebook, como *nasciturus* en estos momentos. La entrada de las tecnológicas en el tablero financiero prestando servicios de pago, ahorro, crédito preocupa y pone en alerta al ortodoxo sistema monetario, al configurarse como un sistema monetario entre virtual y fuera de control. Ventajas, sí, sin descartar riesgos. Con todo, al fin y al cabo, ésa es la autenticidad de la economía disruptiva. Nada volverá a ser igual A la postre, el capitalismo mercantil, industrial y financiero ceden todo su genuino y acostumbrado poderío al capitalismo tecnológico, conformándose de tal guisa la frenética economía disruptiva.

Liderazgo tecnológico y hegemonía estadounidense

Echemos un vistazo a las veinte empresas con mayor capitalización bursátil en los mercados de capitales a inicios de septiembre de 2019 (véase la tabla 1.3).

El ranking precedente refrenda, en primer lugar, la omnipotencia tecnológica y, en segundo lugar, la supremacía estadounidense. Tampoco ofrece dudas la mayor envergadura asiática, con empresas chinas entre las veinte primeras por capitalización bursátil. Del mismo modo, es innegable el retroceso del papel

Tabla 1.3 **Las 20 grandes compañías del mundo por capitalización bursátil a 1 de septiembre de 2019, en millones de dolares**

N.º	País	Compañía	Capitalización	N.º	País	Compañía	Capitalización
1	EE. UU.	Microsoft	1.052.618	11	EE. UU.	Johnson & Johnson	338.763
2	EE. UU.	Apple	943.334	12	EE. UU.	Walmart	326.181
3	EE. UU.	Amazon.Com	878.653	13	Suiza	Nestlé	323.400
4	EE. UU.	Alphabet	824.667	14	EE. UU.	Procter & Gamble	300.892
5	EE. UU.	Facebook	529.707	15	EE. UU.	ExxonMobil	289.746
6	EE. UU.	Berkshire Hathaway	497.125	16	EE. UU.	Mastercard	285.467
7	China	Alibaba Holding	455.703	17	China	I & C Bank of China	258.262
8	EE. UU.	Visa	405.110	18	EE. UU.	AT & T	257.645
9	China	Tencent	395.743	19	EE. UU.	Bank of America	256.071
10	EE. UU.	JP Morgan	351.276	20	EE. UU.	The Home Depot	249.596

corporativo desempeñado por Europa, sin presencia, en la lista precedente, de compañías europeas enclavadas en el ámbito de la Unión Europea de los 28. Se comprueba la decadencia de una Europa cuya pasividad es absoluta, anquilosada en términos económicos, anestesiada política y burocráticamente, lo que sugiere si tantas cascadas de normas legales coartan y abortan la puesta en marcha de proyectos novedosos por parte de empresas europeas y, al mismo tiempo, si los escollos ocasionados por numerosos focos de litigiosidad ante los que se enfrentan muchas de ellas de resultas de la rigurosidad de las exhaustivas exigencias reguladoras de las administraciones del conjunto de países de la Unión Europea hacen mella en el carácter afanoso del empresario europeo; parte de la explicación al brexit habría que encontrarla en esa idea. Como *vendetta* a lo que sería ese furor de las tecnológicas norteamericanas, Europa reacciona multándolas por su posición dominante, amenazándolas por domiciliar parte de sus negocios en Irlanda so pretexto de que rebajan su carga tributaria, con España, junto a Francia con su impuesto «GAFA», tomando las riendas de la imposición y blandiendo la aciaga «tasa Google» —mientras el glamuroso G-20 empieza a devanarse los sesos para a finales de 2020 esbozar algún proyecto al respecto— que incita a la propia Google a concentrar, a partir de 2019, su segundo gran centro de desarrollo europeo en Portugal —el primero, por supuesto, se halla en Dublín— en lugar de España. Con espíritu europeísta y a modo de consuelo, alivia pensar que Suiza, al menos geográficamente, es Europa y que Nestlé tiene su sede en Vevey.

Abramos un paréntesis en relación con esos intentos de poner puertas al campo gravando a las tecnológicas. España, con su «tasa Google» —el impuesto a las tecnológicas—, de fructificar la misma, pasaría a ser pionera en Europa en un menester escabroso, que exige consensos globales y negociaciones plagadas de lagunas y discordias, y arrecian las controversias acerca de su implementación.

Todos los países avanzados pretenden hacer tributar a las tecnológicas, sin tener claro por dónde empezar. El G-20 aboga por acelerar en la creación de un impuesto digital que grave a las grandes compañías tecnológicas, dueñas y señoras del moderno capitalismo, de la economía disruptiva, las que cortan el bacalao cada vez en más sectores. El proyecto de impuesto del G-20 incidiría en la base de usuarios y obviaría las sedes físicas de las grandes multinacionales tecnológicas. Sin embargo, para establecer el impuesto a la digitalización, es imprescindible alcanzar acuerdos entre todas las partes. Los lentos movimientos del G-20 que, como decíamos, hasta 2020 no dispondrá de un informe a tal fin, comportan una desventaja porque entre tanto los gigantes tecnológicos actuarán anticipándose. En un espacio sin barreras, como es el tecnológico, el objetivo de gravar a las grandes compañías multinacionales es harto complicado. Siendo optimistas, si en unos años tal gravamen fuera aplicable, automáticamente aquellos países del G-20 que tuvieran implantada alguna tasa análoga, como Francia, Reino Unido y quizá España, tendrán que recular domésticamente.

Retomemos el discurso. Cuestionémonos sobre la alarmante pérdida de protagonismo económico de la vieja Europa, con sus principales grupos empresariales eclipsados en el escaparate bursátil internacional. ¿Dónde está el ímpetu del Imperio británico, la eficacia de la locomotora alemana, la *grandeur* francesa, el estilo italiano, la furia española? Desaparecidas en combate.

A pesar de ello, el conjunto de la Unión Europea, con un producto interior bruto (PIB) cercano a los 16 billones de euros en

2018, se erige en la segunda gran potencia mundial, tras Estados Unidos, cuyo PIB, en números redondos, se cifró en 17,4 billones. Y la eurozona, con un PIB en 2018 de 11,6 billones de euros adelanta a China, cuya economía suma 11,4 billones. Sí, pero, ¡las cosas por el Viejo Continente no acaban de chutar! Indudablemente. De las cien grandes empresas del mundo por capitalización bursátil en 2018, 56 eran estadounidenses, 19 asiáticas, sólo 14 europeas y 6 británicas, dos canadienses, otras dos australianas y una africana.

Concretemos un poco más. ¿Qué sectores predominaban en 2018 dentro de las cien grandes compañías mundiales por capitalización bursátil? Veamos el siguiente gráfico.

Gráfico 1.1 **Radiografía sectorial: peso en el ranking de las cien empresas con mayor capitalización, en miles de millones de euros. 31 julio 2018.**

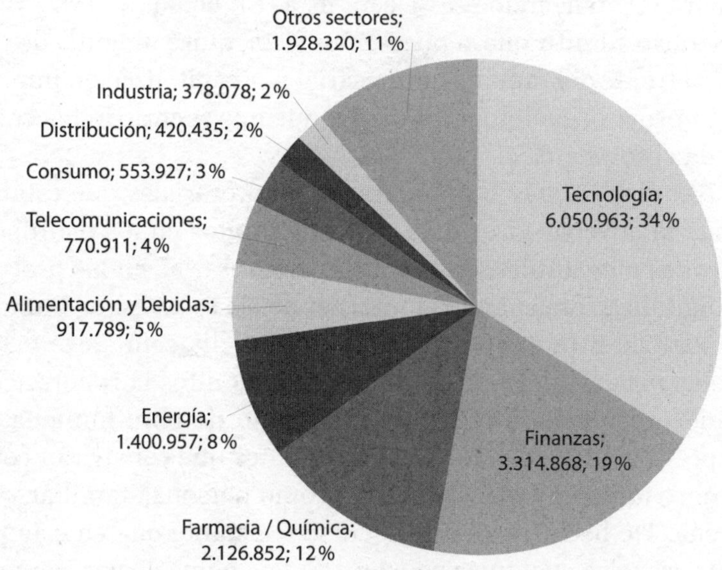

Fuente: Bloomberg y Expansión

Después de cuanto se lleva dicho, algo es obvio: en esta era de la economía disruptiva en la que estamos inmersos y en trance de esclavizarnos, son las tecnológicas las que se alzan con el liderato entre los enormes conglomerados empresariales mundiales, desplazando a otro tipo de compañías pertenecientes, como es el caso, al sector financiero, farmacéutico, químico, energético, industrial, telecomunicaciones..., que históricamente han dirigido la orquesta principal en el concierto económico mundial.

Si ésos son los sectores más representativos y aquéllas, sobre las que hemos hablado, las sociedades más insignes, si el pasado queda atrás y el presente que vivimos es de este tenor, ¿cómo se redactará el futuro? Dicho de otra manera, ¿han nacido ya las compañías líderes del mañana?, ¿se han engendrado?, ¿están aún por nacer?, ¿dónde podrían estar, qué tipo de empresas serían y a qué se dedicarán?

Los abruptos y acelerados cambios a los que estamos sometidos en un contexto que se transfigura por momentos hacen difícil pronosticar si en los próximos años Apple seguirá rigiendo, si Google la desplazará, si Amazon comandará o si Microsoft continuará capitaneando esa selecta lista. En cualquier caso, no es temerario admitir que, a pocos años vista, quizá ninguna de ellas esté al frente del ranking empresarial por capitalización bursátil. De improviso, cualquier unicornio que hoy suena, sin hacer ruido, da el *sorpasso*.

Ahora bien, hay otros nombres empresariales que están *in mente* al advertir giros más o menos súbitos en los padrones y patrones mercantiles, en la cultura empresarial, en los procesos de digitalización, cuando el internet de las cosas está a punto de inundar nuestra existencia, cuando cada día conmueve más la inteligencia artificial, cuando nos deja atónitos la robotización, cuando tememos el reemplazo de mano de obra humana por las prestaciones de máquinas inteligentes que convivirán con el hombre tanto en la faceta laboral como personal, familiar y hogareña. De hecho, Siri es el recurso constante que en este presente resuelve cualquier pequeña duda a golpe de voz, como los asistentes de voz de Google y de Amazon.

Otros actores aterrizarán en un horizonte temporal nada lejano, justo cuando el consumidor demuestra una acendrada información sobre cada marca y un conocimiento detallado de las características del producto, está al corriente de la pertinente reputación de la empresa que la comercializa y va variando sus hábitos de consumo, con la compra en línea como tendencia dominante en detrimento del comercio clásico.

Que el mañana está por bocetarse es irrefutable, como hemos señalado, aunque la incógnita que despejar es la de acotar ese futuro: ¿la próxima semana, el mes que viene, dentro de un año o de dos? ¡Dejar volar la mente más allá, por ejemplo, a cinco años, supone una arriesgada pirueta de ciencia ficción!

Tesla Motors, Xiaomi, Illumina, Alibaba, Airbnb, Counsyl, Tencent, Juno Therapeutics, Solarcity, Uber, Rakuten y muchos otros nombres entran en las quinielas del futuro. ¿O acaso serán otras criaturas que están sin alumbrar? No es improbable que, entre lo que yo tarde en escribir este libro y tú, paciente lector, lo cierres después de devorarlo, nazcan en el firmamento otras estrellas, de indiscutible componente tecnológico, que posiblemente hoy estén bregando como flamantes unicornios.

El secreto está en la «I» de Investigación y la «D» de Desarrollo

¿Por qué unos países prosperan y afinan, robusteciendo su crecimiento y haciéndolo más inclusivo, abrigan empresas que son veneradas y nos enseñan la ruta por donde marchar? En gran parte, la explicación más convincente se encuentra en los progresos científicos y en lo que se identifica como conocimiento económico, asegurando la magnificencia en distintos órdenes y, lo más importante, la prosperidad.

Constatar, como hacíamos antes, los premios Nobel por naciones es un buen termómetro. También lo es observar cómo evoluciona la inversión en investigación y desarrollo (I+D) por países. Aquellos que destinan un mayor porcentaje de su PIB a actividades de I+D son los que están llamados a la gloria, mientras los que no perseveran son polvo de mediocridad. El arrojo, la tenacidad y los gastos en I+D de hoy son los beneficios del mañana.

Desgranemos ese esfuerzo en I+D que realizan distintos países. La Unión Europea, en su conjunto, invierte el 2,07 por ciento de su PIB, 318.000 millones de euros, más de lo que destinaba diez años atrás. Dentro del panorama europeo hay varios países que dedican mayores recursos, entre públicos y privados, a ese cometido que hace diez años y con unos porcentajes sobre su respectivo PIB que supera de largo el 2 por ciento. Bélgica, Dinamarca, Alemania —primera economía europea y cuarta del mundo, por detrás de Estados Unidos, China y Japón—, Francia, Austria, Finlandia, Suecia, y, fuera de la Unión, Noruega y hasta Islandia son exponentes de esa voluntad investigadora. Dinamarca, Alemania, Austria y Suecia, sin redundancia y sí puntualizando, suman en investigación y desarrollo más del 3 por ciento de su PIB, por lo que su futuro, no se dude, es prometedor (véase la tabla 1.4).

Tabla 1.4

Esfuerzo en I+D	**Gastos de I+D en % sobre PIB**		**Gastos de I+D en m. m. de euros**		**Esfuerzo en I+D**	**Gastos de I+D en % sobre PIB**		**Gastos de I+D en m. m. de euros**	
País	**2007**	**2017**	**2007**	**2017**	**País**	**2007**	**2017**	**2007**	**2017**
Unión Europea	1,77	2,07	229.601	318.108	Polonia	0,56	1,03	1.764	4.834
Bélgica	1,84	2,58	6.357	11.336	Portugal	1,12	1,32	1.973	2.563
Bulgaria	0,43	0,75	140	389	Rumanía	0,51	0,50	653	945
Rep. Checa	1,31	1,79	1.801	3.433	Eslovenia	1,42	1,86	501	801
Dinamarca	2,52	3,06	5.871	8.948	Eslovaquia	0,45	0,88	252	749
Alemania	2,45	3,02	61.501	99.052	Finlandia	3,35	2,76	6.243	6.173
Estonia	1,07	1,29	174	304	Suecia	3,25	3,33	11.608	15.811
Irlanda	1,23	1,05	2.432	3.091	Reino Unido	1,62	1,67	36.529	38.898
Grecia	0,58	1,13	1.342	2.033	Islandia	2,55	2,13	401	462
España	1,23	1,20	13.342	14.052	Noruega	1,56	2,11	4.587	7.474
Francia	2,02	2,25	39.303	50.099	Montenegro	-	0,32	-	13
Croacia	0,79	0,86	348	420	Macedonia	-	0,35	-	36
Italia	1,13	1,35	18.231	23.355	Serbia	-	0,93	-	342
Chipre	0,40	0,56	70	109	Turquía	0,69	0,96	3.410	7.245
Letonia	0,55	0,51	126	138	China	1,37	2,06	35.614	203.202
Lituania	0,80	0,88	233	372	Japón	3,34	3,28	110.116	129.819
Luxemburgo	1,59	1,26	592	695	Rusia	1,04	1,10	10.597	13.437
Hungría	0,96	1,35	977	1.673	Corea Del Sur	3,00	4,22	24.589	52.493
Malta	0,55	0,55	32	61	Estados Unidos	2,63	2,76	277.502	453.261
Holanda	1,67	1,99	10.342	14.676	Suiza	-	3,37	-	20.656
Austria	2,42	3,16	6.868	11.679					

FUENTE: Eurostat

¿Cuál es la tasa de paro en esos países? ¿Qué crecimiento económico anual tienen? Prepararse para el día de mañana, poner ardor y entusiasmo en la labor, sabiendo hacia dónde hay que ir y cómo hacerlo, motivando a la población, es sinónimo de logros. Los países recién aludidos enfilan en dirección correcta. Su desempleo se encuentra en cotas mínimas. ¿Por qué hay otros países, fuera del ámbito europeo, que van viento en popa?

China, la economía emergente por excelencia, destinaba en 2007 el 1,37 por ciento de su PIB a I+D; hoy es el 2,06 por ciento. Obviando otras consideraciones que incluirían problemas de deuda —en teoría corporativa, aunque con una vis pseudopública—, la reorientación de su economía tendiendo hacia la terciarización, la tendencia acomodaticia del yuan... China está sabiendo enfocar su crecimiento. No se trata, como malas lenguas dicen, de limitarse a copiar. Hoy, las empresas chinas, prácticamente desconocidas hace unos años, escalan en el ranking empresarial y muchas con impronta tecnológica. No sólo de industria estrictamente vivirá China en tiempos venideros. La robotización de sus fábricas establece preceptos y despliegues de funcionamiento, allende y aquende.

La guerra comercial entre Estados Unidos y China será eso, todo lo comercial que se quiera, con el conflicto arancelario, las reacciones furibundas y siempre imprevisibles de Donald Trump dándole a Twitter, el presidente chino Xi Jinping poniendo su cara más amable, el desajuste en el comercio exterior entre ambas potencias, donde, con datos de 2018, China exporta a Estados Unidos bienes por importe de 540.000 millones de dólares y Estados Unidos a China por 120.000 millones, pero esa guerra reviste otros tintes más profundos: la lucha de los imperios por controlar el mundo y fijar los *tempus* del despliegue tecnológico. No sólo estamos hablando del estallido de un embrollo en estricto sentido comercial con la posibilidad también de que Google dejara de vender sus licencias y servicios al segundo mayor fabricante de teléfonos móviles, también de que la china Huawei —por detrás de Samsung y por delante de Apple— vería amenazadas sus ventas de móviles que, con 45.000 millones de euros, significaban en 2018 el 50 por ciento de su facturación.

Hay más cosas en el origen de ese pulso entre estadounidenses y chinos. Estamos ante un choque de tintes económicos entre las dos primeras potencias, Estados Unidos y China, en la arena tecnológica porque lamentablemente Europa —por PIB, como señalábamos, la Unión Europea es la segunda economía mundial y, en todo caso, el conjunto de la propia eurozona ocupa tal distinción— se ha descolgado. Es un enfrentamiento en toda regla entre la hegemonía tecnológica estadounidense, intimidada precisamente por Huawei, y la competencia industrial china. De esa discusión, si la reyerta no cesa o la precaria tregua toca a su fin y las recíprocas arremetidas se enconan más, todos recibiremos palos, sobre todo Europa y España, que somos muy dependientes tecnológicamente no sólo de las compañías *made in USA*, sino también de las empresas *made in China*. Y si el hacha de guerra se desentierra, tiembla Apple, no sólo porque su mayor proveedor, Foxconn, sea chino y por los encontronazos arancelarios de la guerra comercial, sino por el boicot que se anuncia en China. Apple facturó en China 52.000 millones de dólares en 2018. Y como Apple, otras empresas estadounidenses tienen en el país asiático un apetecible mercado de presente y de futuro. Otrosí, la exigencia de Trump para que empresas norteamericanas abandonen sus centros de producción en el país asiático, tuerce más el rumbo de los acontecimientos durante el verano de 2019.

La propagación de la tecnología del 5G de Huawei conquista posiciones en el mapamundi y, naturalmente, gana adeptos, con incursiones por el continente europeo, introduciéndose en la Asia decidida, mientras los norteamericanos dan la impresión de que andan un poco rezagados. Corea del Sur incluso está por la labor del 5G. En tanto, Europa se limita a contemplar, cual pasivo espectador en un partido de tenis, esa pugna que marcará el mañana, sin pintar casi nada, cual protocolario convidado de piedra.

Europa y los europeos estamos demasiado enfrascados, mirándonos el ombligo, en defender a ultranza nuestros derechos como ciudadanos, bramando el tópico: ¿qué hay de lo mío?, despojándonos de obligaciones, soslayando compromisos y eludiendo deberes; gobernados, como estamos, por unas autoridades cuyos deplorables anhelos consisten en fabricar, en cantidades industriales, normas legales y levantar muros incesantes de burocracia que escleroticen a la alicaída Europa que, por más que duela, no levanta cabeza.

Ese altercado comercial —que confiemos no pase a mayores— desatado entre estadounidenses y chinos, por el momento, se cobra una gran víctima: el comercio exterior de la Unión Europea y, más particularmente, el de la eurozona, que sufre el declive de las exportaciones fabriles germanas mientras la erosión en su industria manufacturera sacude a otros países de enjundia del mismo entorno, con España lastrada a causa de las circunstancias y de la crisis del sector de la automoción. El crecimiento económico de la eurozona en 2018 y, sobre todo, en 2019, dan fe de ese descalabro económico que castiga al viejo e inerte continente.

Situémonos en el Mobile Congress celebrado en Barcelona durante el mes de febrero de 2019 que, como ya es costumbre, tuvo que sortear obstáculos de distinta índole en el plano cívico. Llama la atención que cada vez que en nuestro país y, en particular, en Barcelona y Madrid, se organiza un evento de resonancia mundial que durante unas fechas nos catapulta como eje del mundo, a la sazón tecnológico con motivo del Mobile, rujan pretensiones reivindicatorias cuyas intenciones, ante la pasividad de las autoridades gubernamentales, no son otras que las de boicotear el acontecimiento que se celebra.

«Optimus» es el nombre del quirófano que acogió un piloto con 5G en el Hospital Clínico de Barcelona, firmemente dirigido por el doctor Josep M.ª Campistol, al frente de un equipo médico de primer nivel, con una singladura plagada de reconocimientos y excepcional en cuanto a resultados para la institución y la medicina, que cuenta con la tecnología más avanzada, actualizado constantemente y cuya inversión asciende a 40 millones de euros.

Durante el Mobile, y desde el recinto de la Feria de Gran Vía de L'Hospitalet, con tecnología 5G y el software Ais Channel, el doctor Antonio de Lacy asistió al equipo médico y cirujanos que llevaron a cabo una operación compleja de cirugía gastrointestinal. Los adelantos tecnológicos no se limitan a simples novedades en nuestros mecanismos e ingenios electrónicos. La realidad 5G, sin retrasos en la comunicación y conectividad en tiempo real, permite progresar en muchos campos y uno de ellos es la sanidad. La cirugía, en Barcelona, en febrero de 2019, vivió un momento trascendente a nivel mundial: el antes y el después de las nuevas tecnologías dentro de un quirófano y con dirección y control remoto, protagonizado por médicos españoles. Eso es, en resumidas cuentas, la prosperidad.

Y China apunta a caballo ganador, en el horizonte de 2050, en la contienda tecnológica gracias a la implantación de las redes 5G y se aupará al liderazgo económico mundial. No sólo es el 5G el meollo nuclear de la superación china, también lo son sus desarrollos revolucionarios en el sector de tecnologías de la información, en la biotecnología, en la robótica —donde su industria manufacturera, como más arriba se decía a propósito de Foxconn, aprieta con solvencia—, en el sector aeroespacial y en disponer del vehículo eléctrico como el coche del futuro en un variable entorno de normativa reguladora de bajas emisiones que, hasta la fecha, se ceba en contra de la industria automovilística europea.

Los países emergentes y en vías de desarrollo crecen a unas tasas superiores a las de las economías avanzadas. China, India y lo que se conoce como el ASEAN-5 —el grupo de países formado por Filipinas, Indonesia, Malasia, Tailandia y Vietnam—, que parece tomar el testigo de las labores más manufactureras que antes realizaba China, se desenvuelven con soltura y por delante de otras naciones como Brasil y México, en América Latina, o la misma Rusia, cuyo contexto político-social continúa pendiente de definición.

Al preguntarnos, jugando a profetas, hacia dónde va el mundo e intentando intuir qué países serán los que marquen el paso en función del producto interior bruto en paridad de poder adquisitivo, se avizora en 2030 a una China encaramada en lo más alto del podio, desplazando a Estados Unidos, con India subiendo hasta la tercera posición, la bizarría de Indonesia trepando a la quinta potencia mundial... Si en un ejercicio con prismáticos de alta resolución porfiamos en descubrir qué países ostentarán el mando económico cuando este siglo XXI cruce su ecuador, en 2050, por ahí, en cabeza, divisaremos a China e India, desplazando a Estados Unidos al tercer lugar, seguidas de Indonesia, Brasil, Rusia, México y después, justo a continuación, Japón y los grandes países europeos; luego asomarán representantes de África, como Egipto y Nigeria, y un elenco de países asiáticos, con Pakistán, Irán, Filipinas, Vietnam, Bangladesh, Malasia, Tailandia. En la cola de todos ellos, también por detrás de Italia y Canadá, sacará la cabeza tímidamente España, que actualmente sólo destina el 1,20 por ciento de su PIB a investigación y desarrollo, un ridículo y capitidisminuido montante de 14.052 millones de euros. ¡Renunciamos al futuro, prisioneros como somos de un presente políticamente tambaleante, vacuo en trazas y encadenados a tecnologías foráneas!

Japón, con sus perennes crisis, siempre tira hacia delante. Su tasa de paro es a lo sumo del 2,5 por ciento, o sea, técnicamente no hay desempleo entre los nipones. En 2007, los gastos de I+D en el país del sol naciente equivalían al 3,34 por ciento de su PIB y en 2017, al 3,28 por ciento. Y Corea del Sur, orillando aspectos contrapuestos de su teatro económico, como esas tramas de sus oligopolios y casos de corrupción política, más bien atávicos, confirma las razones de su músculo económico a través de porcentaje del PIB que aplica a I+D: 4,22 por ciento. ¿Cómo tiene que ir un país que emplea tantos recursos en investigar y desarrollar? ¿Qué papel van jugando los conglomerados coreanos a nivel mundial? Una Corea del Sur, recordemos, que cuando estalló la guerra de los años cincuenta del siglo pasado, era tierra de campesinos analfabetos y semianalfabetos, y que en la actualidad sobresale internacionalmente por sus niveles de educación.

Estados Unidos, que dedicaba en 2007 el 2,63 por ciento de su PIB a I+D —no lejos de los 300.000 millones de euros—, en 2017 invertía el 2,76 por ciento, más de 453.000 millones. A esta asignación de recursos hay que agregar el número de premios Nobel logrados por Estados Unidos, que son 377, y la escuela que cada uno de ellos crea, incentiva y dirige, rodeado de sus selectivos grupos de cualificados estudiantes e investigadores que

Tabla 1.5 **Gasto en I+D (% PIB) por país. 2010 - 2016**

	2010	2011	2012	2013	2014	2015	2016
EU (28 países)	1,93	1,97	2,01	2,02	2,03	2,03	2,03
Alemania	2,71	2,80	2,87	2,82	2,87	2,92	2,94
Austria	2,73	2,67	2,91	2,95	3,07	3,05	3,09
Belgica	2,05	2,16	2,27	2,33	2,39	2,47	2,49
Bulgaria	0,56	0,53	0,60	0,63	0,79	0,96	0,78
Chipre	0,45	0,46	0,44	0,48	0,51	0,48	0,50
Croacia	0,74	0,75	0,75	0,81	0,78	0,84	0,84
Dinamarca	2,92	2,94	2,98	2,97	2,91	2,96	2,87
Eslovaquia	0,62	0,66	0,80	0,82	0,88	1,18	0,79
Eslovenia	2,06	2,42	2,57	2,58	2,37	2,20	2,00
España	1,35	1,33	1,29	1,27	1,24	1,22	1,19
Estonia	1,58	2,31	2,12	1,72	1,45	1,49	1,28
Finlandia	3,73	3,64	3,42	3,29	3,17	2,90	2,75
Francia	2,18	2,19	2,23	2,24	2,23	2,22	:
Grecia	0,60	0,67	0,70	0,81	0,83	0,97	0,99
Hungria	1,14	1,19	1,26	1,39	1,35	1,36	1,21
Irlanda	1,59	1,55	1,56	1,56	1,50	1,20	1,18
Ftalia	1,22	1,21	1,27	1,31	1,34	1,34	1,29
Letonia	0,61	0,70	0,66	0,61	0,69	0,63	0,44
Lituania	0,78	0,90	0,89	0,95	1,03	1,04	0,74
Luxemburgo	1,50	1,46	1,27	1,30	1,26	1,27	1,24
Malta	0,61	0,67	0,83	0,77	0,72	0,77	0,61
Países Bajos	1,72	1,90	1,94	1,95	2,00	2,00	2,03
Polonia	0,72	0,75	0,88	0,87	0,94	1,00	:
Portugal	1,53	1,46	1,38	1,33	1,29	1,24	1,27
Reino Unido	1,67	1,67	1,60	1,65	1,67	1,67	1,69
República Checa	1,34	1,56	1,78	1,90	1,97	1,93	1,68
Rumanía	0,45	0,49	0,48	0,39	0,38	0,49	0,48
Suecia	3,22	3,25	3,28	3,31	3,15	3,27	3,25
Turquia	0,80	0,80	0,83	0,82	0,86	0,88	:
Islandia	:	2,48	:	1,76	2,00	2,17	2,08
Noruega	1,65	1,63	1,62	1,65	1,71	1,93	2,04
Suiza	:	:	2,95	:	:	:	:
Rusia	1,06	1,02	1,05	1,06	1,07	1,10	:
Estados Unidos	2,74	2,77	2,70	2,73	2,75	2,79	:
China (excepto Hong Kong)	1,71	1,78	1,91	1,99	2,02	2,07	:
Japón	3,14	3,24	3,21	3,32	3,40	3,29	:
Corea del Sur	3,47	3,74	4,03	4,15	4,29	4,23	:

FUENTE: Eurostat y Eustat.

cotidianamente aprenden de la erudición de los sabios que los aleccionan, fraguando en aquel país afamados centros investigadores de referencia universal, propulsando el papel de las universidades estadounidenses como positivos motores económicos que se hacen eco del sentir y de las preferencias empresariales, mimando incubadoras de proyectos en ciernes que en buen número progresan y se rubrican con celebridad gracias al favorable hábitat en el que nacen y se desarrollan, tejiéndose en la superficie estadounidense condiciones propicias para hacer negocios, disponiendo de toda suerte de facilidades para el emprendimiento, y brindando a los jóvenes con iniciativa la protección y tutela adecuadas para que vayan haciendo camino; si consideramos todas esas firmezas, decimos, se entiende perfectamente, entre otras virtudes, la superioridad en materia económica de Estados Unidos, donde la política no constituye la primera preocupación de los empresarios, a diferencia de lo que acontece por estos terruños. Allí, encajar el fracaso es equiparable a superar una heroica asignatura que conduce a la honra, siempre, claro está, que la ética prevalezca. Errores los cometemos todos...

Si observamos una panorámica más amplia en el tiempo, desde 2010 hasta 2016, del esfuerzo en investigación y desarrollo afrontado por distintos países, es fácil percatarse de los fundamentos que posibilitan su potencia económica y también de cómo va cuajando una descollante influencia allí donde el reto por I+D gana enteros (véase la tabla 1.5).

2

De aquellas a estas finanzas... cavilaciones en clave económica

Una vez vistos los cambios producidos en el liderato de las mayores empresas por capitalización bursátil entre 2000 y 2019, y después de recrearnos con los perfiles de sus protagonistas estelares, llega la hora de conocer cómo eran los balances de General Electric en el año 2000, de ExxonMobil en 2006 y de Apple en el ejercicio de 2017, así como los de las grandes tecnológicas en años recientes, para entender cómo eran los patrones de inversión y financiación de antes y los actualmente preponderantes, y explorar cómo evolucionan las referencias empresariales.

Las dos primeras, General Electric y Exxon, cerraban y cierran el ejercicio a 31 de diciembre. En cambio, Apple lo concluye el último sábado del mes de septiembre, por tanto, el ejercicio de 2017 se cerró el sábado 30 de septiembre, y el de 2018, el 29 de septiembre, curiosidad que desvelaremos (véase el gráfico 2.1).

Sobre el papel, las representaciones gráficas de los balances de las tres compañías, al cierre de sus respectivos ejercicios, en apariencia guardan rasgos comunes, aunque con matices sustanciales debido, en primer lugar, al tipo de actividad desarrollado por cada empresa y, en segundo lugar, a la metamorfosis financiera que tiene lugar.

Gráfico 2.1 **Balances resumidos: General Electric a 31 diciembre de 2000; ExxonMobil a 31 diciembre de 2006; Apple a 30 septiembre de 2017. En millones de dólares**

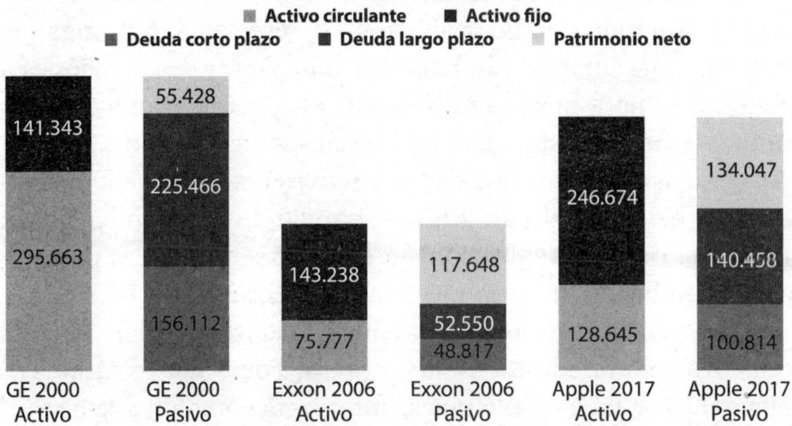

General Electric: rememorando el mítico 2000

Las inversiones en activo fijo de GE en el año 2000 suponían el 32 por ciento de los activos, desplazando el foco inversor hacia el activo circulante, con un peso del 68 por ciento. Tomando y comparando los balances detallados de las tres compañías, que luego se incluyen, advertiremos la importancia que en GE tenían sus créditos de financiación por ventas a plazos, préstamos en arrendamiento financiero, lo que constituye un capítulo primordial en el gigante industrial en el año 2000. El tipo de negocio de GE requería concentrar tamañas inversiones en tales conceptos.

Hoy, esfuerzos inversores de tal calibre encallan el activo circulante al necesitar cuantiosas sumas de recursos con las que financiar la operativa comercial, por lo que están pasando a mejor vida en los balances, puesto que las compañías utilizan otras e imaginativas fórmulas para hacer efectivos sus derechos de cobro y evitar con ello el colapso de sus activos corrientes en aras de ganar liquidez en el balance y evitar así el embotellamiento que significa la pesada carga que conlleva sostener abundantes saldos de cuentas a cobrar.

Realmente, lo que trasluce la lectura del activo de GE es su enorme dimensión como conglomerado industrial, y no precisamente fabricando y vendiendo chinchetas —cosa que también hace—, sino todo tipo de productos. GE, creciendo cual gigante, produce y manufactura lo habido y por haber: desde aviones a maquinaria para hospitales, frigoríficos, energías renovables, y como *holding* inversor concentró intereses en el negocio televisivo y su división financiera —cuyos activos eran los predominantes en el balance del año 2000—, emulando a cualquier banco sistémico. Una diversificación, en el mejor sentido de la palabra, que ha implicado durante 150 años de cotización en Wall Street —desde que nació el Dow Jones como índice de referencia— una transformación de bulto de la empresa. Pocos meses atrás, GE salía del Dow Jones, en lo que se interpreta como un declive.

Con los años, GE fue mutando y adaptándose al marco tornadizo y últimamente se enfrentó a una disyuntiva de definición como organización. ¿Es preciso seguir siendo un conglomerado empresarial tan inmenso? Quizá su estructura empresarial fuera la adecuada durante decenios y su liderazgo así lo corrobora. Pero cuando en pleno siglo XXI cruzamos la era digital y nos sumergimos en estos tiempos irreverentemente disruptivos, ¿sigue siendo válido y efectivo el modelo organizativo de GE? ¿Qué estrategia adoptará GE para sostenerse como una compañía de referencia? Es posible que proceda a una escisión de sus grandes divisiones —energía, aviación y salud—, troceando la empresa en otras unidades más pequeñas y cotizando cada una de ellas en bolsa, si bien lo harían por separado. El objetivo es devolverle a GE la viabilidad de negocio que se difumina, que emplea a más de 300.000 trabajadores y a la que le urge un replanteamiento de cara al futuro.

En el año 2000, el uso de la deuda como principal alternativa de financiación, máxime en Estados Unidos, donde, recordemos, funciona un ágil y fluido mercado de capitales, era frecuente y una alternativa usual. Bueno, y sigue siéndolo, aunque con muchas puntualizaciones, especialmente tras el batacazo de la crisis financiera de 2008. GE, al cierre de 2000, era una empresa con bajos recursos propios, apenas del 13 por ciento sobre el total de su financiación, con una elevada deuda a largo plazo equivalente al 51 por ciento del pasivo total. Cuando el exigible a largo plazo ocupa parcelas importantes en la financiación global, se presiente que los capitales propios no entonan y posiblemente en el activo se amontona demasiado inmovilizado y excesivo crédito operativo. Mientras, en GE su deuda a corto plazo representaba un segmento considerable de la financiación, con el 36 por ciento, con preponderancia del activo circulante en el año 2000, tímidos recursos propios y un tupido endeudamiento total del 87 por ciento —porcentaje de la deuda total sobre la suma global de recursos—, que, visto en perspectiva temporal, sorprende al azuzar brotes de ansiedad financiera.

En 2018, General Electric se debatía entre contrastes. Aunque sus resultados eran mejor de lo previsto, su cotización no resurgía. El proceso de reestructuración de GE, que su máximo responsable entonces, John Flannery, tenía en mente, se orientaba a concentrarse en energía y aviación, segregar como empresa independiente el negocio de salud y poner a la venta los negocios ferroviarios y los de iluminación, así como la participación en el grupo petrolífero Baker Hughes. Y entre las dudas que esa estrategia de Flannery despertaba entre los inversores, se encontraba el temor al impacto que representaría en las cuentas de GE la caída de pedidos y la rentabilidad en la división de energía, que pasaría a ser núcleo esencial del *core business* del conglomerado industrial. Objetivo: reajuste de costes en la filial de energía y concentrarse en aviación y salud, que apuntan crecimientos sólidos.

ExxonMobil: la petrolera de referencia

ExxonMobil, la vieja Standard Oil Company fundada en 1870 por el patriarca de la familia Rockefeller, que ha sobrevivido desde entonces a través de sucesivas etapas, reordenaciones societarias y reestructuraciones de sus negocios, petrolera de referencia, con sus propios intereses empresariales y políticos —algún ejecutivo ha desempeñado funciones de secretario de Estado en el gobierno estadounidense y la influencia de la compañía en las esferas políticas ha sido una constante en Estados Unidos—, no ha estado exenta de polémica a raíz de alguna crisis ecológica por vertidos de crudo. Pero centrémonos en su balance a 31 de diciembre de 2006.

En su representación gráfica se atisban las hechuras de una gran empresa petrolera, con unos activos fijos considerables, cuyo peso es del 65 por ciento sobre la inversión total —con inmovilizaciones materiales destacadas— y, en un segundo plano, el activo circulante, que supone el 35 por ciento.

La estructura financiera de ExxonMobil es estable a causa del papel que desempeñan sus recursos propios, con el 54 por ciento de la financiación global, sirviéndose con congruencia de la deuda a largo plazo (24 por ciento) y de la deuda a corto (22 por ciento). Su endeudamiento total es prudente y se sitúa en el 46 por ciento; ergo, la financiación propia predomina sobre la ajena y esto es indicativo de una aceptable solvencia.

Apple 2017: cruzando el umbral de la era disruptiva

Llegamos al 30 de septiembre de 2017, el día en que Apple cierra sus estados financieros con los mercados ávidos por conocer sus resultados, valorarlos, entusiasmarse o decepcionarse, subiendo o bajando la cotización de los títulos en Wall Street mientras sus directivos anuncian novedades en los productos, nuevos lanzamientos y más servicios en sus aplicaciones. Previamente, Apple, a mediados de septiembre, ha presentado en sociedad —antes lo hacía desde San Francisco y ahora lo hace desde su sede en Cupertino— sus apuestas comerciales, sus innovaciones y pone fecha a la disponibilidad de sus primicias en el mercado. Sus clientes, más bien acólitos o devotos catequistas de la causa Apple, andan ansiosos desde los primeros días de septiembre haciendo toda suerte de cábalas Eso a Apple le va muy bien. Las largas colas delante de sus establecimientos y distribuidores autorizados le aseguran un subidón de ventas, lluvia de pedidos, reservas de nuevos productos e incluso, al rebajar el precio, vaciar stock de artículos anteriores. ¡Sensacional puesta en escena! ¿Se entiende ahora por qué el ejercicio lo cierra Apple el último sábado de septiembre, al margen de otros matices que sus dirigentes tengan a bien considerar? Hasta en ese nimio detalle, casi imperceptible, como es el de la fecha de cierre del ejercicio, siempre contemplado como una mera formalidad de la regulación mercantil y contable, puede introducirse una carga de marketing financiero y algo de seducción hacia la clientela y los mismos inversores. Las cosas no pasan por casualidad. Formulemos alguna precisión a este respecto porque también quienes mueven los hilos de la economía disruptiva saben ajustar la fecha de cierre de sus ejercicios, quebrando las rutinas establecidas.

En general, las empresas cierran el ejercicio, apegadas a sus ritos costumbristas, coincidiendo con el fin de año, o sea, el 31 de diciembre. Sin embargo, hay entidades que ajustan su cierre anual en consonancia con el compás de su actividad.

En las universidades y el mundo docente, lo normal sería que el ejercicio arrancara el 1 de agosto, o 1 de septiembre, dependiendo del período que abarque la actividad académica, y acabara el 31 de julio o 31 de agosto, respectivamente, del año siguiente en función de las fechas de los exámenes extraordinarios y de los hoy llamados de reevaluación —consistentes en reexaminar al cabo de pocos días lo que se ha evaluado negativamente—. En El Corte Inglés, su ejercicio económico empieza justo cuando ya es primavera en los grandes almacenes: el 1 de marzo, y se prolonga hasta el último día de febrero del año siguiente. Sería absurdo que el 31 de diciembre de cada año, en plena temporada navideña, El Corte Inglés cerrara su ejercicio: ese día tendría que hacer inventario con sus plantas comerciales a rebosar de clientela y público. Inditex cierra su año económico el 31 de enero; de este modo, tras la gran venta de Navidades, espera a que finalicen sus rebajas para preparar sus cuentas. Y en el mundo del fútbol, el ejercicio coincide con la temporada y por tanto comienza el 1 de julio de cada año y acaba el 30 de junio del siguiente, con algunas excepciones, no obstante, por parte de algún club de la Premier League.

La metamorfosis de los activos

Al ver el balance de Apple cerrado al 30 de septiembre de 2017, choca su elevada proporción de activo fijo, que constituye el 66 por ciento de su inversión, y el menor peso del activo circulante, el 34 por ciento. Razonemos sobre ello. Si cerramos los ojos y nos trasladamos en un viaje imaginario hacia Cupertino, mentalmente estamos viendo en Apple edificios impresionantes, salas de máquinas e instalaciones variopintas, despliegue fecundo de equipamientos informáticos, aplicaciones y software, diseños futuristas, mobiliarios inimaginables, almacenes repletos de iPhones, iPads y toda suerte de dispositivos, con nutridas cuentas de clientes por cobrar... Posiblemente, digo, estemos imaginando todo eso. A primer golpe de vista, eso es lo que más o menos se desprende a través de la representación gráfica de su balance. Pero cuando abrimos los ojos, leemos el activo de Apple e indagamos en sus pormenores, cualquier parecido entre su realidad y nuestra intuición sería pura casualidad.

De los 246.674 millones de dólares que Apple luce en su activo fijo, cerca de 195.000 millones corresponden a inversiones financieras, con parte de ellas descansando en tierras irlandesas y otros parajes. De los 128.645 millones de dólares de su activo circulante, 74.181 millones son dinero en efectivo e inversiones financieras a corto plazo. En conjunto, el dinero que amasa Apple ronda los 270.000 millones de dólares, lo que significa que el 72 por ciento de sus inversiones totales a 30 de septiembre de 2017 cristalizan en fondos monetarios.

Estamos ante una particularidad que conviene subrayar, puesto que esta hechura del activo rompe con los estándares consagrados. Lo que se ha concebido como normal hasta hoy es comulgar con la idea de que el activo fijo refleja mayoritaria y principalmente los inmovilizados materiales, aunque de un tiempo a esta parte, debido a la eclosión de los derechos y conceptos inmateriales, también inciden los inmovilizados intangibles y, con carácter más bien secundario, alguna que otra inversión financiera. Y la creencia más extendida es que el activo circulante está compuesto de saldos pendientes de cobrar de clientes y por volúmenes más o menos altos de stock, relegando el *cash* a veces a una cuantía meramente testimonial. Pues bien, tales coordenadas financieras se resquebrajan con la irrupción de las tecnológicas.

Los activos, como tales, están viviendo una conversión. Ya no son los grandes edificios, los tochos, el ruido ensordecedor de máquinas funcionando, almacenes enormes rebosantes de mercancía, cuantiosos saldos de clientes pendientes de cobro lo que reluce en la inversión de las empresas disruptivas. Éstas van al grano, focalizándose en su negocio, centradas en ganar dinero —luego veremos sus cuentas de resultados—, y no se andan por las ramas de aquellas inversiones faraónicas de antaño ni están por puñetas. Se concentran en lo suyo. Al indagar acerca del éxito de las tecnológicas, destaca su capacidad para saber monetizar su producción de datos, su incesante dominio publicitario, su habilidad para saber crear y distribuir contenidos, con especial hincapié en su vis expansiva al ir abarcando todo tipo de actividades y ampliando sus áreas de negocio, pero sin entrometerse en terrenos desconocidos, sino corriendo como un reguero de pólvora y decantándose hacia una penetración invasiva al *tecnologizar* toda suerte de sectores.

Sin ir más lejos, el adversario número uno de la banca tradicional —que está sometida a un arma de doble filo con los recortados tipos de interés que merman el volumen de sus productos o ingresos financieros y márgenes como consecuencia de las vigentes políticas monetarias, en tanto las entidades financieras se ven forzadas a sanear al máximo sus activos e inmersas simultáneamente en la nada fácil transformación digital que le está exigiendo acomodarse apremiantemente al nuevo orden imperante— no es el otro banco o aquella caja de ahorros que milagrosamente sobrevivió a la epidemia de la crisis financiera; no. Los rivales guerreros de la banca tradicional son las grandes tecnológicas, que van poniendo sus pies en cualquier sector. Y por eso, monstruos financieros de la categoría de JP Morgan y Goldman Sachs buscan alianzas con Amazon y Apple, respectivamente. De hecho, Google, a través de Google Payment Lituania, cuenta con la licencia del Banco de Lituania para operar como entidad de dinero electrónico en el Espacio Económico Europeo, o sea, como Fintech. Y ésta es una especificidad por cuanto las grandes tecnológicas atesoran fornido músculo monetario en sus activos que les reporta una fuerza extraordinaria para dar juego al voluminoso *cash* que manejan. Google sigue, pues, los pasos dados con anterioridad por Amazon y Facebook. ¿Está en ciernes un embrionario sistema monetario virtual, fuera del control de los reguladores, controladores y supervisores que encarnan las autoridades bancarias?

Sigamos desgranando la perspectiva de la primera tecnológica mundial en 2017. La estructura financiera de Apple, a simple vista, aparenta no ser la mejor. Con unos recursos propios de 134.047 millones de dólares en 2017, que representan el 36 por ciento de su financiación global, cabría afirmar que la compañía de Cupertino anda alicaída en lo atinente al patrimonio neto y que su abultada deuda a largo plazo, con más de 140.000 millones, equivalente al 37 por ciento del pasivo total, junto con una deuda a corto plazo que roza los 101.000 millones (27 por ciento), pone a Apple a merced de sus acreedores, con acusada dependencia financiera de terceros, cuando las cosas realmente no son así.

Los valores que arrojan los acostumbrados indicadores o ratios de solvencia, coeficiente de endeudamiento, independencia y dependencia financiera..., que luego veremos, se ponen en tela de juicio al examinar e interpretar la evolución de los estados financieros de Apple. Hoy, tanto en Wall Street como en Silicon Valley, las cosas han cambiado y son los responsables financieros de las compañías los personajes clave, sus supermanes.

La crisis financiera de 2008 implicó una purga dolorosa. Cayeron nombres ilustres, desaparecieron entidades de largo currículum y linaje distinguido. Eso sirvió de experiencia para entender que el departamento financiero de una compañía no podía ser cosa de *amateurs* y que demandaba gente preparada, competente y que se desenvolviera con prestancia en asuntos de dinero. Además, escarmentados por la funesta lección, los supervisores y controladores de los mercados financieros intensificaron las regulaciones. Ahora estamos en plena vorágine de las grandes tecnológicas. Pensemos en que el responsable financiero de Apple, Luca Maestri, llega a manejar cerca de 300.000 millones de dólares. La gestión financiera en una empresa en la que más del 70 por ciento del activo se materializa en dinero es definitiva y de los aciertos depende su singladura. Las finanzas, por ende, dejan de ser un juego para aficionados y se profesionalizan.

Las grandes tecnológicas indican el camino financiero que debe seguirse y lo hacen virando con sigilo, sin alharacas y con tremenda efectividad. Por decirlo de alguna manera, están transformando los paradigmas económico-financieros, reformulando la quintaesencia de la inversión empresarial y la sustancia de su financiación bajo otros prismas más atrevidos, jugando sabiamente con el apalancamiento financiero y obteniendo magníficas rentabilidades para sus capitales propios, que colman las expectativas de sus accionistas, los cuales suelen embolsarse buenos réditos.

Los activos se entienden como recursos económicos productores de rendimientos. Son historia aquellos tiempos en que se invertía de cara a la galería. Hogaño, prevalece la eficacia del negocio, ganar dinero —no bajo un despreciable afán ultracapitalista exento de escrúpulos y rayano en la irresponsabilidad, sino en el mejor sentido empresarial—, producir excedentes y aplicar los mismos dentro de unos cauces moralmente aceptables, tanto internamente en pos del crecimiento sostenible contando con los recursos financieros adecuados para afrontar nuevos retos, como externamente para retribuir a los titulares de las acciones, al capital.

El inversor, es decir, el típico accionista de a pie —que somos tú y yo, nuestro cuñado y su nuera, la querida abuela, al fin y al cabo, nosotros mismos— percibe por la vía de dividendos, a la que con frecuencia se añade la recompra de acciones —fórmula muy al uso en Wall Street entre las tecnológicas—, el rendimiento en metálico que obtiene de los ahorros invertidos en la compra de acciones de una compañía que tira en bolsa y va como un cohete en cuanto a sus ventas y ganancias, mientras los trabajadores, con énfasis en los de alta cualificación, perciben satisfactorias gratificaciones por encima de la media habitual, que en parte son satisfechas mediante planes de opciones sobre acciones.

Recomprar acciones es una opción muy rentable para el accionista, a quien la propia compañía le paga el precio de mercado de sus títulos, haciéndolos efectivos y cobrando en metálico las plusvalías acumuladas. No se trata de que el accionista diga que el valor de sus acciones ha subido tanto y cuánto, sino que percibe, a través de la recompra de acciones que pone en marcha la sociedad, tal valor en dinero contante y sonante. Y la compañía procede, en la mayoría de los casos, a reducir el capital amortizando los títulos recomprados, con lo cual, de cara al futuro, los beneficios que se obtengan se repartirán entre un número menor de acciones en circulación. Estamos ante una política retributiva con el capital muy estimulante, a la par que efectiva, y que lógicamente despierta apetencias inversoras al saber que, en un momento dado, será la propia entidad emisora la que recompre los títulos en poder del accionista o, desde otro ángulo, el accionista que persevere con su cartera de títulos verá cómo en el futuro su rentabilidad se dispara, embolsándose gratificantes dividendos.

La red de proveedores y suministradores, tanto de materias como de otros servicios, de nivel aceptable por el tipo de industria auxiliar que arrastran las tecnológicas se ve compensada correctamente, estimulando un empleo de calidad. Se satisfacen religiosamente los impuestos y cargas sociales. Todo el cosmos económico que tiene su epicentro en una gran empresa tecnológica indudablemente sale ganando. Eso, por cierto, piensan en Irlanda. Y eso es justo lo que en España no se entiende, o no interesa hacerlo, por culpa de nuestra clase política y de los gobernantes a veces de pacotilla y, por lo común, bastante *amateurs* que tenemos, que sólo piensan en freír a impuestos al prójimo y gastar sin recato, obsesionados por asegurar sus escaños en las siguientes elecciones en un país contaminado por ínfulas cortoplacistas, sin que se distingan políticos con madera de estadistas. Acá les endilgamos a las tecnológicas la «tasa Google» a modo de correctivo y venganza, dejando entrever nuestra manifiesta incapacidad, por no hablar de un agudo complejo de inferioridad, cuando menos tecnológica, para saber pulsar los latidos disruptivos de los grandes corazones que están trasfigurando la economía.

Un paréntesis: hablemos de Irlanda

Un buen día de las Navidades de 2018, Michael D. Higgins y su esposa, Sabina Coyne, tomaron un vuelo regular de Ryanair, con origen en Dublín y destino a Las Palmas de Gran Canaria, para pasar unos días de asueto. En esas mismas fechas, Pedro Sánchez y su esposa, Begoña Gómez, subieron a bordo del Falcon del Ejército del Aire para volar a Lanzarote.

El gasto público en Irlanda, en 2018, fue del 25,4 por ciento sobre el PIB; en España, del 41,7 por ciento. Irlanda, en 2013, tenía un gasto público equivalente al 40,3 por ciento de su PIB, mientras que el de España era del 45,6 por ciento. Queda clara la menor y mayor injerencia del Estado interviniendo en la economía de ambos países. Irlanda fue intervenida y rescatada a causa de sus problemas en el sector financiero y en el inmobiliario. En 2012, España fue rescatada, aunque siempre se diga que de aquella manera, que es una forma ambigua de decir que sí o que no, según dependa. Irlanda se puso a hacer los deberes y el peso de su gasto público en porcentaje sobre el PIB ha ido cayendo ejemplarmente. España, por su parte, ha ido diciendo que bajaba el gasto público, que éste era el gran reto de nuestras finanzas públicas, y de 2013 a 2018 ha rebajado su gasto público en 3,9 puntos. Irlanda, en ese mismo lapso, lo ha disminuido en 14,9 puntos.

Míster Higgins, supongo, pagó de su bolsillo el viaje a Canarias con su esposa, Sabine, gastó con cargo a su renta y promovió la actividad económica de una compañía irlandesa, Ryanair, y seguramente intensificó la facturación de algún hotel canario, de pabellón español. Míster Higgins es el presidente de Irlanda. Nuestro presidente aumentó el gasto público español viajando a Canarias tirando de Falcon...

Esta moraleja, con tintes económicos, se despediría aquí con el consabido colorín, colorado, este cuento se ha acabado Sería un final poco dulce y sin chicha... Me extiendo un poco más. Detrás de una rebaja tan sustancial del peso del gasto público sobre el PIB, hay otros elementos esclarecedores sobre por qué un país se proyecta y otro no.

Los motivos que seducen a las grandes empresas estadounidenses a centralizar en Dublín sus subsedes mundiales, juntando muchos quilates de talento intelectual, de profesionales formados y capacitados, haciendo de Irlanda su sede operativa y controlando desde allí los saldos multimillonarios de su efectivo —del orden estimado de unos 2 billones de dólares—, concentrando en su territorio tareas de investigación, desarrollo, tecnológicas propiamente dichas y, a la vez, auspiciando una membruda industria financiera, jurídica y auxiliar, con atinadas compensaciones salariales, no son sólo tributarios, contrariamente a lo que se masculla, sino a la facilidad operativa que encuentran las empresas en Irlanda para hacer negocios.

¿Qué tendrá Irlanda que no tenga España? Mucha seriedad, por supuesto, pero sus solideces no estriban en las meras ventajas fiscales para las multinacionales estadounidenses y de otros lares allá establecidas. Los grandes conglomerados empresariales y financieros buscan hábitats empresariales que sean confortables para instalarse, mano de obra cualificada y con preparación superior —eso es lo que hace Irlanda formando a sus jóvenes y sus universitarios se emplean en compañías de lustre en las que encuentran un atrayente desarrollo profesional e incluso actualmente se da un flujo migratorio de nuestros universitarios hacia allí, entre ellos alumnos de este dicente—, sin trabas ni obstáculos, sin corsés burocráticos, sin acosos fiscales, lugares, en suma, que reverencien la libertad económica.

¿Por qué España no acaba de impulsarse en el orbe económico y no somos destino de ensueño de grandes compañías internacionales? Nuestro progreso viene dado por el turismo —en estos años el tsunami turístico, aflojando en 2019, ha sido rimbombante en parte por el «turismo prestado» a causa de la conflictividad existente en el Mediterráneo, con el norte de África castigado por atentados, las inestabilidades terroristas de Turquía, la precariedad de Grecia y la aún no descubierta Croacia, que tras ser subcampeona del Mundial de Rusia se convertirá en destino apetecible— y buena parte del crecimiento español se ha espoleado por los bajos tipos de interés —los regalos del BCE con sus generosas y cuasi altruistas medidas monetarias—, sin que se vean serios avances en nuestra productividad y a la corta o a la larga veremos cómo ingentes puestos de trabajo se verán afectados por la automatización.

Tanto es así que cuando en el verano de 2018 se dieron a conocer los teóricamente buenos datos de la economía española, alcanzando más de 19 millones de cotizantes a la Seguridad Social merced a la temporada turística, con un crecimiento del 2,7 por ciento —cuidado que la cota mágica del 3 por ciento quedaba atrás— y se conocía que las remuneraciones de los asalariados con más gente trabajando mejoraban, una penumbra se cernía en el fondo del mensaje optimista: la disminución de la productividad por puesto de trabajo equivalente a tiempo completo. El verano de 2019, en cambio, se saldaba con resultados menos pomposos.

España, en comparación con Irlanda, adolece de bastantes defectos que debe solventar para progresar: la rigidez de nuestro mercado laboral; la elevada carga impositiva y regulatoria que no es ni mucho menos sinónimo de recaudar más impuestos; la despampanante deuda pública; la persistencia de un crónico déficit público; la dificultad de acceso al crédito; el favoritismo del gobierno de turno con determinadas empresas; la falta de eficiencia del mercado legal y del gasto público, convirtiéndonos en el país que más grava y exige a cualquier compañía y menos incentivos ofrece; la calidad de nuestro sistema educativo y universitario —nuestras escuelas de negocios despuntan en el concierto mundial asentadas en el cuadro de honor, cosa que no sucede con nuestras universidades—; la ineficacia del mercado laboral lastrado, entre otras circunstancias, por la dificultad para contratar y despedir, con unos costes por cese muy caros; la falta de flexibilidad salarial, y algo imprescindible para ser una economía moderna, las dificultades para atraer y captar talento, que va de consuno con la cualificación profesional de nuestra gente. Algo que, en el otro lado de la balanza y sumando, sí se está dando tras haber vivido un cúmulo de vicisitudes: la solidez de nuestros bancos y una recuperación del crédito. Y un activo que no acabamos de saber explotar: nuestras infraestructuras, que si en su día supusieron unos desembolsos asombrosos que abofetearon el gasto público, en beneficio asimismo de algunos personajes, hoy facilitarían un tráfico aéreo muy efectivo para promover el desarrollo económico regional junto con las excelentes infraestructuras ferroviarias, puertos, carreteras, autopistas y autovías construidas.

Otra consideración adicional. El déficit público en España en 2018 fue, según Eurostat, de 30.495 millones de euros, el 2,5 por ciento de nuestro PIB, en tanto que Irlanda obtuvo un superávit de 168 millones de euros. La deuda pública de Irlanda al concluir 2018 equivalía al 63,6 por ciento de su PIB, mientras que la de España ascendía al 97,6 por ciento. Al cierre del primer trimestre de 2019, Irlanda tenía una deuda pública del 65,6 por ciento del PIB y España del 98,7 por ciento.

Y más cosas. El PIB de Irlanda en 2013 sumaba 179.000 millones de euros; en 2018 superó los 324.000 millones. La economía irlandesa crece en torno al 7 por ciento y en 2015 impulsó su PIB en el 25,1 por ciento. En junio de 2019, el paro en Irlanda era del 4,5 por ciento, y el desempleo juvenil, del 10 por ciento. En España, según la encuesta de población activa (EPA) del segundo trimestre de 2019, nuestro paro se cifraba en el 14,02 por ciento, mientras el paro juvenil sobrepasaba el 32 por ciento en junio de 2019. La misma tónica, poco optimista, se daba al despedir el verano de 2019, bajando el número de afiliados a la Seguridad Social, como no ocurría desde el fatídico año 2008, y repuntando el paro con la mayor subida desde 2010.

Hablemos de impuestos. Irlanda recauda por el Impuesto sobre la Renta de las Personas Físicas el 7,1 por ciento del PIB; España, el 7,8 por ciento. La recaudación en Irlanda por el Impuesto sobre Sociedades equivale al 3,2 por ciento del PIB; en España, al 2,5 por ciento. Irlanda ingresa por cotizaciones sociales un 4,2 por ciento del PIB; España, un 12,4 por ciento. Por el Impuesto sobre el Valor Añadido, España ingresa el 6,6 por ciento del PIB e Irlanda el 4,5 por ciento. Irlanda dejó atrás la intervención y devolvió el dinero puesto a su disposición a través del rescate, con su economía rugiendo como un auténtico «tigre celta». Los ingresos públicos en Irlanda en 2018 equivalían al 25,4 por ciento del PIB, en tanto que en España al 39,2 por ciento. Como remache: el PIB per cápita en Irlanda en 2018 fue de 65.500 euros y en España de 25.727 euros.

Irlanda está ahí, apadrinando su economía, mimando a su clase empresarial, nutrida de vigor, y acá estamos nosotros, que vamos tirando sin mucho entusiasmo Lecciones celtas para nuestro cuaderno de bitácora por más que haya fariseos que esgriman que Irlanda hace competencia desleal en materia fiscal. La fuerza de los guarismos desmiente rotundamente cualquier insinuación al respecto. Irlanda, superando rescate e intervención y reembolsando el numerario recibido, destila sensatez. La efectividad de un modelo, el irlandés, frente a la incompetencia de otro, el nuestro. Cierro aquí el paréntesis abierto y prosigo con la interrumpida metamorfosis de los activos.

Énfasis sobre los activos

Antiguamente, los activos empresariales, sobre todo en la Europa continental, se concebían bajo una tónica más bien *juridicista*, esto es, su reconocimiento en el balance se justificaba por el título de propiedad: si la empresa jurídicamente hablando era propietaria de un bien o derecho, entonces sí procedía su activación. Y si no, no era de recibo activar.

Con la reforma contable, tanto europea como española, desde 2008, las cosas, siempre en teoría, cambiaron. Las inversiones en régimen de *leasing* durante años se habían convertido en la típica manzana de la discordia. ¡Oiga usted, que si no es propietario del avión, aunque lo tenga en régimen de arrendamiento financiero durante diez años, usted no puede activarlo!, soltaba, y suelta aún, el inefable defensor de aquella vetusta y trasnochada ortodoxia contable. Uno piensa que a pesar de la evolución y adecuación de la normativa contable buscando su proximidad con la implacable realidad económica, no obstante, las ideas en el terreno práctico no están del todo claras cayendo en la cuenta del tratamiento contable que unas compañías aéreas confieren a sus aviones, que ni por asomo aterrizan en sus balances. ¡Será que están volando! Cierto es que la revisión de las normas internacionales de información financiera, puntillosas con el enfoque contable que dar a los arrendamientos, entraña la activación y pasivización de los contratos de arrendamiento, fundamentalmente a largo plazo.

Hoy los activos, contablemente hablando, no sólo se componen de bienes y derechos, sino también de otros recursos controlados económicamente por la empresa y de los que se espera obtener beneficios o rendimientos económicos en el futuro. Esta postura conjuga mejor con la visión *economicista* del activo que viene a decir: olvídese de si es usted jurídicamente el dueño del bien y piense en que es a usted a quien el activo en cuestión le produce rendimientos si funciona, y si no funciona es usted quien sale perjudicado; por consiguiente, económicamente es usted el explotador del bien y quien se aprovecha del mismo o sale trasquilado si el activo acaba siendo un petardo. Esta propuesta, en definitiva, rompe los corsés jurídicos que durante años prevalecieron. Así que los activos, activos son, y en el balance tienen que estar, fundamentando la modificación de la normativa internacional de contabilidad respecto a los arrendamientos a largo plazo, de modo que los activos subyacentes tienen que reflejarse en el activo y, en paralelo, la deuda inherente por los compromisos de pago figura en el pasivo. El impacto en los balances, por ejemplo, de compañías aéreas que regateaban la activación de aeronaves que conforman su flota con la excusa de que los aviones estaban en régimen de arrendamiento financiero es interesante, como también lo es en aquellas cadenas de distribución con locales alquilados durante varios años que tendrán que operar activando los derechos sobre los mismos y pasivizando los compromisos de pago a futuro.

Volviendo a Apple

Tras esta perorata, volvamos a Apple haciéndolo con vitola irlandesa. Porque, a todo eso, conviene destacar que la otra gran sede, allende Estados Unidos, tanto de Apple como de otras multinacionales, radica precisamente en Irlanda. ¡Y no toda la explicación sobre su trayectoria económica se forja a base de la maldita leyenda sobre su *dumping* fiscal! Sintetizando lo ya esbozado: facilidades operativas de todo tipo y ambiente cómodo para desarrollar negocios son virtudes irlandesas y piedras angulares de la decisión de instalarse en Dublín y otros rincones irlandeses, al gozar de confortabilidad y hospitalidad, a lo que se agregan los servicios de altura que las grandes corporaciones demandan para realizar su actividad.

Automáticamente, esta predilección sugiere que donde se aposentan los monstruos tecnológicos surge todo un entramado de compañías proveedoras de altísimo nivel a su alrededor, centros de investigación y desarrollo, acuerdos con universidades y escuelas de negocios, industria jurídica y financiera, ingenierías, consultorías y servicios de diversa índole, con lo cual no sólo ha de medirse el impacto económico directo, también el indirecto y el inducido para las zonas de influencia en las que radican tales empresas. En otras palabras: una economía no sólo funciona gracias a los devoradores afanes tributarios del Estado para gastar en su funcionamiento e inversiones, subsidiar y ocasionalmente derrochar el dinero de los esforzados contribuyentes propiciando una especie de clase extractiva, incrustada en las formaciones políticas gracias a la partidocracia, so pretexto de tics populistas, que fustiga a la ciudadanía, sino que por encima de esas veleidades germina el bienestar de los ciudadanos, favoreciendo la actividad económica en pos de la prosperidad de la población.

Apple disponía, al cierre del ejercicio 2017, de unos fondos monetarios hercúleos y, en consecuencia, esgrimía, y lo sigue haciendo al concluir el ejercicio 2018, una liquidez asombrosa repartida entre tesorería e inversiones financieras tanto a corto como a largo plazo: los susodichos casi 270.000 millones de dólares en 2017 —en 2018, 237.100 millones—. Con ese montante de dinero de 2017, Apple cubría de sobras la totalidad de su pasivo exigible, o sea, los cerca de 101.000 millones de dólares con vencimiento a corto plazo —a menos de un año desde la fecha de cierre del balance— y los 140.000 millones que vencían más allá del año —la deuda a largo plazo—; en total, 241.000 millones.

Parte del endeudamiento de Apple tiene su razón de ser en

cuestiones fiscales. Las multinacionales estadounidenses, hasta finales de 2017, devengaban el impuesto sobre sociedades pertinente sobre sus ganancias que, sin embargo, quedaba diferido en cuanto a su pago hasta que no repatriaran las mismas a territorio estadounidense. Ergo, el gasto por el impuesto se contabiliza, pero su pago queda pendiente...

Si los beneficios cosechados fuera de Estados Unidos fluyen hacia la casa central, por ejemplo, para pagar dividendos a sus accionistas de Wall Street y recomprar acciones en bolsa —insistimos en que esta práctica es muy habitual, al punto de que los conglomerados estadounidenses podrían desembolsar a partir de 2018 del orden de un billón de dólares recomprando acciones—, es entonces cuando hay que pagar el impuesto sobre sociedades. Si no, el impuesto queda diferido.

¿Cómo pagar dividendos a los accionistas por parte de Apple y disponer de dinero efectivo en el cuartel general de California sin que haya que encajar el duro golpe de una tributación efectiva del 35 por ciento? Solución: como tenemos tanto dinero en Dublín, donde ya pagamos un impuesto sobre los beneficios más que llevadero, con la garantía de esos activos monetarios las entidades financieras nos prestan en Estados Unidos y únicamente incurrimos en un coste, asumible gracias a la saneada estructura de la cuenta de resultados, por el diferencial entre los intereses que la banca nos cobra y la rentabilidad de nuestros dineros en Irlanda.

Esa estrategia fiscal explica el porqué de esos, se calcula, 2 billones de dólares que los titanes societarios depositaban fuera de Estados Unidos hasta finales de 2017, momento en el que la reforma fiscal de Donald Trump permitía la repatriación de ganancias acumuladas lejos del país a cambio de una tributación en torno al 15 por ciento.

Es curioso constatar cómo las grandes tecnológicas se han colocado en la diana de los dardos tributarios... Las haciendas de toda Europa van a por ellas, la OCDE va a por ellas. ¡Todos contra las tecnológicas, a las que se trata cual villanas! Y esas empresas, entretanto, van creciendo y ampliando sus actividades... Son compañías intensivas en I+D y tecnología, y muy extensivas en su quehacer: han pasado del simple móvil, del genial buscador, del mensajeo, del comercio electrónico al acelerón tecnológico, ¡no hay sector que se les resista! Hoy rivalizan y amenazan a cualquier negocio tradicional y sobre las tecnológicas se escriben patrañas infundadas de que no pagan impuestos. ¡Fábulas maléficas y, hablando con propiedad, carentes de base argumental! Porque las grandes tecnológicas, como veremos, contabilizan su gasto por impuesto sobre beneficios cada año en sus cuentas. Otra cosa es que sí lo paguen, dónde y cómo, o que, al amparo de estrategias fiscales absolutamente legales, difieran el pago de impuestos como cualquier hijo de vecino, si puede, hace en cualquier país, más aún si la presión fiscal es agobiante.

Sin perjuicio de que posteriormente se desmenuce, recalquemos datos de las grandes tecnológicas que acreditan que sí apechugan y soportan impuestos sobre sus ganancias. En el ejercicio cerrado en 2017, en números redondos, Apple obtuvo unos beneficios antes de impuestos de 64.000 millones de dólares y contabilizó un impuesto sobre beneficios de 16.000 millones, o sea, del 25 por ciento. Por su parte, Alphabet presentaba un beneficio antes de impuestos de 27.000 millones y su impuesto sobre sociedades ascendía a 12.700 millones, el 47 por ciento. Amazon, con un beneficio antes de impuestos de sólo 3.800 millones de dólares, devengaba un impuesto de 773 millones (20 por ciento). Y Facebook, que lograba una ganancia antes de impuestos de 20.600 millones de dólares, soportaba un impuesto de 4.700 millones (23 por ciento). Por eso, hay que poner de relieve que una cosa es manejar estrategias fiscales y otra distinta, por no decir antónima, evadir impuestos.

Según datos publicados por el diario *El Economista*, Apple Operations International, con sede en Irlanda, ingresó en 2017 137.805 millones de dólares, su provisión para impuesto sobre sociedades fue de 6.036 millones y su resultado neto de 37.344 millones. En 2018, los ingresos de la misma filial de Apple sumaron 155.832 millones de dólares, provisionando por impuesto 5.664 millones, con un resultado neto de 40.015 millones.

Amazon EU, con sede en Luxemburgo, facturó en 2017 24.915 millones de dólares, con impuestos por 54,8 millones y perdiendo 876,2 millones. En 2018, su cifra de negocio sumó 27.888 millones de dólares, con un impuesto negativo de 241,3 millones y su pérdida se elevó a 259,2 millones.

Por su parte, Google Ireland Holding, cuya sede se localiza en las Bermudas, tuvo unos ingresos en 2017 de 17.643,2 millones de dólares, con un beneficio neto de 10.290,8 millones, mientras en 2018 los ingresos fueron de 22.333,9 millones y una ganancia de 15.470,6 millones.

Y Facebook Ireland Limited, domiciliada en Irlanda, ingresó 12.604,4 y 18.709,3 millones de dólares, respectivamente, en 2017 y 2018, registrando un impuesto sobre los beneficios de sus actividades, también respectivamente en cada uno de esos años, de 29.508 y sólo 38,3 millones, con una ganancia neta de 144,8 millones en 2017 y de 213,4 millones en 2018.

De aquellos a estos balances

Presentemos los balances de GE del año 2000, de Exxon en 2006 y de Apple en 2017 para ver dónde residen las diferencias de los planteamientos inversores de entonces acá y cómo varía la estructura de la financiación empresarial e igualmente las cuentas de resultados, que en realidad son difíciles de comparar entre sí debido a las peculiaridades respectivas de los negocios de General Electric, ExxonMobil y Apple.

Insistiendo en esa mayor tendencia a la liquidez de los activos empresariales, en GE, en el año 2000, sus 99.534 millones de dólares entre efectivo e inversiones financieras a corto plazo equivalían al 23 por ciento del activo total, mientras que en Exxon, en el año 2006, la suma de su liquidez e inversiones financieras a largo plazo ascendía a 56.085 millones de dólares, que concentraban el 26 por ciento de los activos totales; finalmente, en Apple sus 268.895 millones de dólares, distribuidos entre 74.181 millones de *cash* más inversiones financieras temporales y 194.714 millones de inversiones financieras a largo plazo, equivalían al 72 por ciento de su activo total en el ejercicio cerrado a 30 de septiembre de 2017 (véanse las tablas 2.1 y 2.2).

Tabla 2.1 **Balance a fin de ejercicio en m. m. de dólares**

	General Electric	Exxon Mobil Co.	Apple Inc
	Año 2000	Año 2006	Año 2017
Activo			
Efectivo y equivalentes	8.195	32.848	20.289
Inversiones financieras a corto plazo	91.339	-	53.892
Deudores corrientes (clientes)	9.502	28.942	17.874
Stock – existencias	7.812	10.714	4.855
Financiación de créditos y vtas. a plazos	143.299	-	-
Seguros por cobrar	23.802	-	-
Otras cuentas a cobrar	11.714	-	-
Pagos anticipados impuestos y gastos	-	3.273	-
Otros activos corrientes	-	-	31.735
Total activo circulante	**295.663**	**75.777**	**128.645**
Inversiones financieras a largo plazo	-	23.237	194.714
Inmovilizado material neto	40.015	113.687	33.783
Fondo de comercio y activos intangibles	27.441	6.314	8.015
Otros activos no corrientes	73.887	-	10.162
Total activo fijo	**141.343**	**143.238**	**246.674**
Activo total	**437.006**	**219.015**	**375.319**
Pasivo			
Préstamos y deuda con vto. a corto plazo	119.180	1.702	18.473
Cuentas a pagar/proveedores	14.853	39.082	49.049
Otros pasivos y acreedores a corto plazo	20.490	8.033	25.744
Periodificaciones a corto plazo	-	-	7.548
Dividendos a pagar en ge.	1.589	-	-
Total pasivo circulante	**156.112**	**48.817**	**100.814**
Deudas a largo plazo	82.132	10.652	97.207
Pasivos seguros y otros / prov. jubilaciones	106.150	13.931	-
Otros pasivos no corrientes	28.494	7.116	40.415
Periodificaciones a largo plazo	-	-	2.836
Impuestos diferidos	8.690	20.851	-
Total pasivo no corriente	**225.466**	**52.550**	**140.458**
Intereses minoritarios	4.936	3.804	-
Ganancias acum. no realizadas/ajustes	74	(6.495)	-
Diferencias conversión mon. extranjera	(2.574)	3.733	-
Capital: acciones ordinarias y otras	15.864	4.786	35.867
Reservas: ganancias retenidas	61.572	195.207	98.180
Acciones propias	(24.444)	(83.387)	-
Patrimonio neto	**55.428**	**117.648**	**134.047**
Pasivo total	**437.006**	**219.015**	**375.319**

Tabla 2.2 **Cuentas de resultados: síntesis**

	General Electric 31-12-2000		**ExxonMobil 31-12-2006**		**Apple Inc. 30-9-2017**	
Concepto	**Millones $**	**%**	**Millones $**	**%**	**Millones $**	**%**
Ventas netas	**129.853**	**100**	**377.635**	**100**	**229.234**	**100,0**
Coste de ventas	51.823	39,9	182.546	48,3	141.048	61,5
Gastos de producción y fabricación	-	-	29.528	7,8		
Margen bruto	**78.030**	**60,1**	**165.561**	**43,8**	**88.186**	**38,5**
Gastos operativos						
Gastos financieros	11.720	9,0	654	0,2	-	-
Pérdidas de seguro y asistencia de pólizas y beneficios de anualidad	14.399	11,1	-	-	-	-
Provisión de pérdidas en la financiación de créditos	2.045	1,6	-	-	-	-
Otros costes y gastos	30.993	23,9	-	-	-	-
Interés minoritario en las utilidades netas de afiliados consolidados	427	0,3	1.051	0,3	-	-
Investigación y desarrollo	-	-	-	-	11.581	5,1
Ventas, generales y administración	-		14.723	3,8	15.261	6,7
Depreciación y agotamiento	-	-	11.416	3,0	-	-
Gastos de explotación	-	-	1.181	0,3		
Impuestos basados en las ventas	-	-	30.381	8,0	-	-
Otros impuestos	-	-	39.203	10,4	-	-
Total gastos operativos	**59.584**	**45,9**	**98.159**	**26,0**	**26.842**	**11,7**
Resultado operativo	**18.446**	**14,2**	**67.402**	**17,8**	**61.344**	**26,8**
Otros resultados	-	-	-	-	2.745	1,2
Beneficio antes de impuestos	**18.446**	**14,2**	**67.402**	**17,8**	**64.089**	**28,0**
Impuesto sobre beneficios (provisión)	5.711	4,4	27.902	7,4	15.738	6,9
Resultado neto después de impuestos	**12.735**	**9,8**	**39.500**	**10,4**	**48.351**	**21,1**

NOTA: Se respeta la estructura de cuenta de resultados reportada por cada una de las compañías en el ejercicio correspondiente

Sin entrar en detalles sobre las cuentas de resultados de las tres compañías correspondientes a los ejercicios indicados, entre otros motivos por su desigual actividad y modelo de negocio, no estará de más un rápido vistazo sobre sus respectivas estructuras de resultados.

GE trabajaba en el año 2000 con un margen bruto elevado (60,1 por ciento), típico de una empresa industrial, pero la carga de sus gastos operativos era bastante pesada, de casi el 46 por ciento sobre las ventas netas. Por su parte, Exxon, en 2006, obtenía un margen bruto del 43,8 por ciento —estamos ante una empresa petrolera— y sus gastos operativos equivalían al 26 por ciento de las ventas netas. En contraste, Apple, en 2017, conseguía un menor margen bruto, del 38,5 por ciento sobre sus ventas, pero trabajando con unos gastos operativos, incluyendo los de I+D, constreñidos al 11,7 por ciento.

La configuración de los resultados operativos de GE, Exxon y Apple, en esos ejercicios que contemplamos, es elocuente. GE lograba un 14,2 por ciento sobre la facturación neta, Exxon del 17,8 por ciento y Apple del 26,8 por ciento.

Dejando de lado la casuística propia de cada una de estas tres empresas, de lo visto se desprenden algunas conclusiones. El nuevo estilo empresarial, sobre todo en las compañías tecnológicas, aligera cargas ínsitas en los gastos de explotación. Se trabaja con gastos mínimos, los imprescindibles para desarrollar la actividad evitando los superfluos y el gasto se entronca inequívocamente en el negocio, soslayando dispendios innecesarios. Por consiguiente, el gasto pasa a tener una concepción más rayana con el significado de inversión en cuanto a la producción de los ingresos, procurando externalizar buena parte del proceso de producción. La lectura consiguiente es la de trabajar con un coste de ventas más elevado, pero a cambio se adelgaza la estructura empresarial y, simultáneamente, parte de los costes fijos pasan a ser variables, rebajando tensiones tanto en las cuentas de explotación como en lo tocante a la tesorería. Por supuesto, sus altos niveles de digitalización contribuyen decisivamente al ahorro de dispendios.

Del mismo modo, el beneficio neto después de impuestos generado por cada una de ellas en los años presentados es muy expresivo. GE, en el año 2000, cerraba con un beneficio neto sobre ingresos totales del 9,8 por ciento, en tanto que Exxon, en 2006, lo hacía con un 10,4 por ciento y Apple, en 2017, conseguía un 21,1 por ciento (véase la tabla 2.3).

Obsérvese en cada compañía el esfuerzo realizado en forma de ventas para obtener su excedente final. Así, la facturación de ExxonMobil se acercaba en 2006 a 378.000 millones de dólares para acabar ganando 39.500 millones, mientras que Apple, con ingresos próximos a 230.000 millones, consigue más de

Tabla 2.3 **Datos relativos a las cuentas de resultados**

	General Electric	ExxonMobil Co.	Apple Inc.
	Año 2000 m. m. $	**Año 2006 m. m. $**	**Año 2017 m. m. $**
Ingresos de explotación	129.853	377.635	229.234
Beneficio neto después de impuestos	12.735	39.500	48.351
	Año 2000 en %	**Año 2006 en %**	**Año 2017 en %**
Beneficio neto en porcentaje sobre ventas	9,8 %	10,4 %	21,1 %
Rentabilidad financiera (roe): beneficio neto/ recursos propios	22,97 %	33,57 %	36,07 %

48.000 millones, y General Electric, en el 2000, facturando casi 130.000 millones de dólares, lograba un excedente neto de casi 13.000 millones.

Reiteremos que de la interpretación de las cuentas de resultados precedentes se colige asimismo que las tecnológicas, tal y como iremos analizando en las siguientes páginas, despliegan unas estructuras de costes y gastos operativos mucho más tenues que las industriales y petroleras, invitando a reflexionar acerca de la evolución que están experimentando los patrones de explotación de los nuevos líderes empresariales al prescindir de dispendios ampulosos y de costosos dimensionamientos, o acaso sobredimensionamientos, ajustando su corpulencia empresarial y focalizándose mucho más en gastos íntimamente conexos con su estricta actividad, al margen de que sus activos se escoren hacia una pujante liquidez y obvien inversiones de cara a la galería.

La rentabilidad financiera —el genuino indicador consagrado con el acrónimo ROE, procedente de la ratio en inglés *return on equity*, definida como el cociente, expresado en porcentaje, entre el beneficio neto después de impuestos y los fondos propios, como medidor clásico de la rentabilidad— va potenciándose en las tres compañías estudiadas. Así, si en el año 2000 GE obtenía una rentabilidad financiera del 23 por ciento, la de Exxon en 2006 era del 34 por ciento y la de Apple en 2017 era del 36 por ciento.

¿Qué sucedió en Apple en 2018 a efectos de rentabilidades? Su beneficio neto fue de 59.351 millones de dólares y sus ingresos de explotación de 265.595 millones. El beneficio neto sobre ventas se concretó en el 22,3 por ciento y como los recursos propios de Apple en 2018 sumaban 107.147 millones de dólares, la rentabilidad financiera de la compañía —beneficio neto en porcentaje sobre los recursos propios—, alcanzó el 55,6 por ciento, sin duda una soberbia rentabilidad para los accionistas de la compañía de la manzana mordida.

Gráfico 2.2 **Balances: General Electric a 31 diciembre de 2000; ExxonMobil a 31 diciembre de 2006; Apple a 29 septiembre de 2018. En millones de dólares**

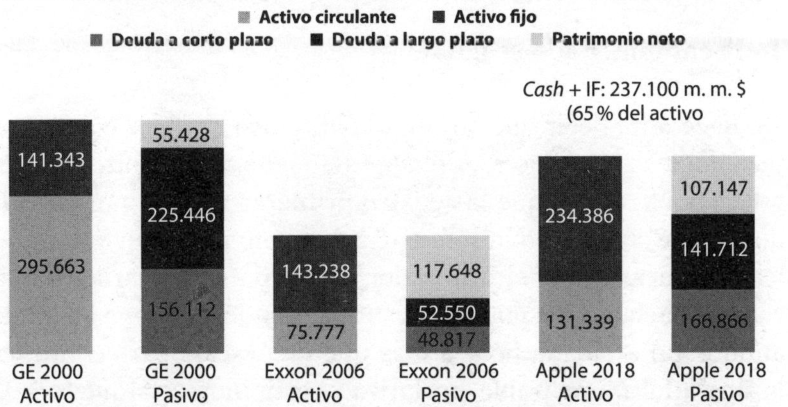

Redundemos sobre lo recién señalado. Posiblemente, buena parte de esa mejoría en lo concerniente a la rentabilidad se explique a causa del cariz que van tomando las cuentas de resultados de las empresas disruptivas, multiplicando sus ingresos gracias a una visión muy cabal y diversificada de su negocio, en constante ampliación hacia otros focos, descargando gastos y otorgando a éstos una impronta más de necesidad inversora para generar ingresos que no de mero gasto que pace por las cuentas de pérdidas y ganancias; digitalizando y automatizando procesos administrativos, robotizando procesos de producción y almacenamiento, constriñendo así a la mínima expresión el gasto rutinario y poco productivo, evitando costes ociosos e invirtiendo con gran tino junto con otro matiz: todo trabajador suma y produce, generando valor añadido. Es difícil en una de las grandes tecnológicas toparse con algún individuo que vaya deambulando por la empresa, vamos, uno de esos tipos que, en otros tiempos no muy remotos, uno veía haciendo el moscardón, pero sin saber exactamente qué función desempeñaba. En cierta ocasión, inquirí a un personaje de tal guisa y me respondió que él ejercía funciones de coordinación interdepartamental. De inmediato encontré la respuesta a los males de la entidad: ¡sobraba gente!, algo que no ocurre en las tecnológicas.

Todo cambia, nada es igual

No hace falta decir que hoy en día las cinco grandes compañías tecnológicas son Apple, Alphabet (Google), Microsoft, Amazon y Facebook, de las que las cuatro primeras se alternan en el liderazgo. Constituyen la referencia y se convierten en auténticos iconos, encarnando el innovador prototipo empresarial. Supieron ver hacia dónde íbamos y estamos yendo, acaso ya llegando, aunque tal arribada no sea más que una escala para continuar la singladura, imparable, evolutiva y vertiginosa, porque todo va no rápido, sino aceleradísimo. Se anticiparon. El entorno económico se transforma muy deprisa y hay que saber asimilarlo y metabolizarlo tanto desde el ángulo empresarial como desde el prisma del consumidor.

No hay nada comparable a asistir en persona, en vivo y en directo, como se dice, a un concierto. El escenario impone, se palpa el ambiente expectante, se respira una atmósfera envolvente, la platea esperando, la orquesta preparada aguardando las instrucciones que acompasa la batuta de su director y ¡el éxtasis con los artistas, sus voces y su carisma! Se crea un clímax de complicidad entre el público y los músicos, un guiño entre los cantantes y sus seguidores. Se corean los estribillos, cuando no las mismas canciones, los músicos incluso dejan de tocar para que sea el propio público quien paute la melodía en perfecta comunión con los artistas y los bises van despidiendo una noche simplemente mágica, preñada de sensaciones y embargada por las emociones...

Un buen día se cruzó en nuestras vidas el microsurco. Fue un primer avance. Aunque sin ser exactamente lo mismo, desde luego, ya no hacía falta ir a un concierto. La música, en formato de disco gramofónico o disco de vinilo, la tenías en casa tirando de tocadiscos. La casete, años después, significó una revolución brutal. Luego llegaría a nuestras vidas el CD, el *compact disc*. ¡Lo último, el no va más, *rien ne va plus*...!

Cuando creíamos que en la reproducción musical todo estaba inventado y las estanterías de nuestros hogares estaban a rebosar de discos, casetes y CD, allá a comienzos de la década de los años 2000 irrumpió aquel sorprendente artilugio que se puso de moda entre los niños, permanentemente embobados con unos auriculares. ¡Había nacido el iPod! ¡Y causó furor!

Y en 2007 entrábamos en una era apasionante, tal vez a modo de pistoletazo de salida para este cosmos disruptivo en el que vivimos: ¡se inventó el iPhone! El resto de la historia, la aceleración y propagación de los cambios, evoluciones, novedades, el ilimitado poder de un *smartphone*... impregnan este presente deparando interrogantes acerca del futuro al que nos dirigimos. El mismo libro electrónico da un paso con el audiolibro

Sin embargo, con el *streaming* se volvía a dar un paso gigantesco. Y no sólo en música. Si Spotify representa un hito glorioso, Apple Music y Amazon se subieron al carro. De pronto, apareció en nuestras vidas Netflix y nuestras coordenadas peliculeras cambiaron de golpe, como HBO. La revolución digital y audiovisual no se detiene, es imparable. Cuando acabe de redactar estas páginas, con toda probabilidad, muchos de los comentarios aquí reflejados se habrán quedado obsoletos y algún amable lector me reprochará que lo que acá se explica forma parte ya de los libros de historia. ¡Esperemos que no sea de los de prehistoria!

Sin duda, Apple, Alphabet, Microsoft, Amazon y Facebook simbolizan gran parte de la economía disruptiva reconfigurando todas las hormas habidas y por haber, creando unos originales arquetipos. De vez en cuando invito a mis alumnos a que piensen qué sería de nosotros si de golpe y porrazo desaparecieran Apple, Google, Microsoft, Facebook y Amazon Nos quedaríamos como desvalidos, desamparados, huérfanos ¿Qué no sucede cuando

WhatsApp se cuelga o se cae? El planeta se congela y silencia, el ambiente se paraliza como si el corazón de la Tierra dejara de latir... ¿Cómo reaccionamos al ver que no hay conexión a internet? Tintes trágicos en nuestras existencias, minutos atormentados Siendo el hombre, como es, animal de costumbres, nos adaptaríamos a un entorno radicalmente diferente. Igual a mí me costaría menos que a vosotros, les digo a los estudiantes, porque vosotros sois nativos digitales... Viajad por el mundo, id a esos destinos exóticos donde internet no llega, donde el móvil no tiene cobertura, donde igual no hay luz ¿Os imagináis en qué condiciones nos quedaríamos? Hoy, estemos donde estemos, salvo en algún paraje inhóspito, podemos conversar con nuestros seres queridos a miles de kilómetros de distancia y vernos a través de FaceTime de Skype.

Latidos investigadores

No sólo hablamos de líderes tecnológicos, sino también empresariales. De empresas que han sabido y saben invertir en innovación, destinando gran parte de sus ingresos a I+D y a tecnología. Apple, en el ejercicio concluido el 30 de septiembre de 2017, desembolsó 11.581 millones de dólares en gastos de investigación y desarrollo, el 5 por ciento de su facturación, y en 2018 fueron 14.236 millones, otra vez el 5 por ciento de sus ingresos. Alphabet tuvo un gasto por este concepto de 16.625 millones de dólares en 2017 y en 2018 de 21.419 millones, el 16 por ciento de sus ingresos. España, en total, destinó 13.307 millones de euros en 2016 a I+D, el 1,19 por ciento de nuestro producto interior bruto y en 2017, indicábamos previamente, apenas 14.052 millones de euros, el 1,20 por ciento de nuestro PIB. Más o menos, una cifra muy similar a la que, en millones de dólares, aplicó Microsoft a tal menester en el ejercicio finalizado en 2018: 14.726 millones (13 por ciento de sus ventas) frente a 13.037 millones de 2017.

En cualquier caso, la inversión española en I+D se halla muy por debajo de los 22.620 millones de dólares que Amazon dedicó en 2017 a I+D y tecnología, mientras Facebook, dejando de lado problemas judiciales y filtraciones de datos, canalizó 7.754 millones de dólares a I+D en 2017 y 10.273 millones en 2018, el 18,4 por ciento de su facturación.

Vuelvo a Amazon porque su gasto en I+D y tecnología contabilizado directamente en la cuenta de pérdidas y ganancias como gasto puro y duro en 2018 ascendió a ¡28.837 millones de dólares, el doble que todo el gasto de I+D de España en 2017!

En conjunto, las cinco grandes tecnológicas destinaron en el ejercicio 2018 casi 90.000 millones de dólares a gastos de investigación, desarrollo y tecnología. Las cosas van cuadrando. Estas grandes compañías, los líderes y referentes en el entramado mundial de los negocios que ocupan el podio de Wall Street, con todo el positivismo de su quehacer y no exentas de las torticeras habladurías que pretenden demonizarlas, están donde están por algo. Invertir en I+D y sus atributos innovadores explica muy bien las razones de su éxito. Saben que la apuesta tecnológica incrementa ostensiblemente el valor añadido. Han logrado un raro y exitoso punto de equilibrio en la confusión creativa entre servicios e industria, acuñando el novedoso término de *servindustria*.

Los líderes de quienes hablamos se concentran en su negocio y se dejan de martingalas y monsergas, sin caer en tentaciones terrenales. No pisan suelos peligrosos de arenas movedizas. Henchidas de talento y excelente capital humano, miden perfectamente cada uno de sus pasos. Cuando vislumbran maduración o agotamiento en una línea de actividad ya manejan otras propuestas a punto de lanzar que van introduciendo más o menos cuidadosamente en el mercado para seguir cautivando a sus legiones de clientes rendidos y extendidos por doquier. Cada día inventan algo nuevo, cada semana otro logro, aunque no trascienda públicamente. Cada año, primicias, invenciones y más novedades. Creatividad en estado puro viento en popa.

Son compañías que van creciendo en todos los sectores, de ahí lo que antes apuntábamos: son empresas expansivas y a la vez invasivas. Los límites a su actividad económica sólo los fijan ellas mismas. Sin prescindir de su negocio vocacional —*core business*—, amplían su rol hacia líneas de acción vetadas a intrusos, inexpugnables: banca digital, producción musical y cinematográfica, automoción, salud... Digamos que estamos ante un proceso de diversificación coherente, donde el recio músculo tecnológico, la capacidad de I+D, el talentoso factor humano, el ingenio, la agudeza, dan alas a crecimientos inusitados, contando con el *Big Data* y un procesamiento de datos espectacular con predicciones fiables al conocer perfectamente la idiosincrasia de los consumidores, los gustos, las apetencias de cada cual y sus reacciones. Con antelación, están en condiciones de predecir el resultado de la prueba del pudin a la que jocosamente, hace años, se refería con flemática ironía británica sir Adrian Cadbury.

Otro paso más: hoy, tecnológicas y farmacéuticas van al alimón. ¿Se digitaliza la salud? Alphabet, Microsoft y Apple incrementan sus peticiones de patentes en salud. La industria de la salud se reconvierte en industria tecnológica de la salud. Farmacéuticas y tecnológicas forman alianzas en campos como la diabetes, el respiratorio, la oncología, la neurología y el cardiovascular para ampliar más soluciones, nuevos productos, aplicar datos a investigación, desarrollo, innovación y mejorar productos y servicios relacionados con la salud. ¿Por qué esas alianzas? El desarrollo de los fármacos progresa en I+D, pero es necesario combinar genómica, *Big Data* e inteligencia artificial. La presión de los precios, la disrupción tecnológica y el protagonismo de los pacientes entran en el tapete económico de la salud y la tecnología médica encara una etapa inusitada. Se junta el conocimiento científico de la industria farmacéutica y de los pacientes y clientes con la necesidad de disponer de herramientas para afrontar las transformaciones. La baza de las tecnológicas en este sentido es fundamental: medicamentos cada vez más caros, evaluación de resultados, medición del impacto de los tratamientos. Sanofi y Alphabet; Pfizer e IBM; Novartis y Microsoft, Johnson & Johnson y HP; GSK y Alibaba, duetos que escuchar a partir de ahora en lo que constituye la digitalización de la salud.

Empero, las grandes tecnológicas se involucran y comprometen a fondo con su negocio vocacional buscando todas las aristas posibles y encontrando más alternativas de explotación. Y algo apoteósico que ha servido para alterar las relaciones en los gestores tradicionales de empresas, demasiado preocupados por sus bonus y compensaciones a modo de pelotazo, y los accionistas: entran en escena los accionistas o fondos titulares de acciones calificados de activistas-protestones, pero muy efectivos para hacer reaccionar a quienes ocupan las mullidas poltronas del gobierno corporativo, al participar activamente en la marcha de grandes compañías y en sentido contrario al del pasivismo tan extendido en las sociedades cotizadas: se rinde culto al accionista, se mima al capital, retribuyendo digna y generosamente a la propiedad tanto por la vía de los dividendos como a través de la recompra de acciones a los precios vigentes en el mercado.

Esa política retributiva de las grandes tecnológicas es completamente opuesta a la de no pocas compañías, europeas y no europeas, de corte ancestral, que un año no reparten dividendos y al siguiente tampoco, cuyos mandamases están permanentemente diseñando su plan estratégico sin que se vean por ningún lado resultados efectivos de tanta puesta en escena y que por añadidura sus cúpulas directivas, previo cobro de sus millonarios bonus anuales, tienen la desfachatez de solicitar a los apaleados accionistas más desembolsos en forma de ampliaciones del capital social para acometer fantasiosos proyectos inversores que, con el paso del tiempo, siguen siendo tan estériles como el primer día.

Apple, en el ejercicio 2018, pagó dividendos y recompró acciones por 86.450 millones de dólares. Ésta es parte de la respuesta a la pregunta que se plantea respecto de la disminución de los saldos en dinero de Apple entre 2017 y 2018. La sentencia bien puede ser que ¡el dinero, para el accionista!

A su vez, las tecnológicas juegan un papel decisivo en la creación de empleo y la mejora de la calidad del trabajo, con un crecimiento más inclusivo y fibroso, sin importar el origen, la raza ni el lugar de procedencia de sus colaboradores, ofreciendo mejores salarios e interesantes oportunidades profesionales. De ahí, la indignación de las compañías de Silicon Valley ante los obstáculos inmigratorios de Trump en Estados Unidos.

Claro que las empresas líderes se acomodan, como insinuábamos, en aquellos hábitats empresariales que les resultan más confortables, más liberales, como Irlanda, donde dan rienda suelta a su brutal e imparable creatividad evitando en todo momento las trabas y los obstáculos, prescindiendo de imperativos burocráticos y de acosos fiscales, como sucede en España. Una cosa es obvia: cuando aquí prevalece ante todo la política y ésta se convierte en la primera preocupación del empresariado, la economía irremisiblemente imita al cangrejo y pausadamente va haciendo marcha atrás, retrocediendo. Profundicemos en la calidad de nuestro modelo productivo y guste o no guste, ni más ni menos, eso es lo que hay.

Aprender de las tecnológicas es imprescindible. No se trata, ni mucho menos, de copiarlas de pe a pa. Salimos de tiempos de crisis o cuando menos eso es lo que queremos creer, o insisten en hacernos creer, porque a poco que se escarbe en nuestros fundamentos económicos reales se infiere que seguimos encadenados a ella, eso sí, con unas cadenas menos tensas, más flexibles. Hemos asistido al impensable desmoronamiento de empresas paladines que murieron, víctimas de sus propios errores y en no pocas ocasiones porque alcanzar el liderato las anestesió quedándose dormidas en los laureles, o, en otros casos, fueron condenadas al jaque mate por mor de esas intrigantes jugadas que se montan en el *monopoly* de los poderes ocultos y fácticos, a guisa de compensaciones por favores y venganzas. Toda la retahíla de desastres que acompaña a tales derrumbes ha dejado espesas sombras de pesimismo. Un sinfín de vicisitudes singulariza un período muy doloroso en lo económico, en lo financiero, en lo laboral, en lo social, en lo humano. Hoy, ésta es la realidad, no vemos las cosas con la misma euforia que ayer. Entendemos que vivimos en tiempos de adversidad. Hemos de ser capaces, como explican afamados gurús, de convertir esa adversidad en oportunidad. Y ello lleva irremediablemente a una encrucijada empresarial.

Desafíos empresariales en la actual encrucijada

Cualquier empresa, del tamaño que sea y facture lo que facture, está expuesta a una serie de desafíos enmarcados en la disyuntiva actual caracterizada como nunca por la fiebre de la innovación, lo que conduce a definir prioridades y decidir sobre la base de unos soportes fijamente anclados para concretar el trayecto por el que encaminarse.

La primera consideración, a la sazón, es la de tener unos objetivos claros. ¿Qué queremos ser y cómo queremos ser? ¿Adónde vamos y cómo lo hacemos? Responder a ambos interrogantes conlleva a su vez otra propuesta: ¿quién tiene que escribir la hoja de ruta de la empresa, el empresario de siempre, cuyo retiro está más o menos próximo, hombre o mujer de una generación anterior, o la savia nueva cuya perspectiva suele diferir poco, bastante o mucho, con la voz de la experiencia?

La segunda consideración conecta con la transformación de la compañía. En toda organización, los nuevos tiempos y la economía disruptiva someten, por más que cueste aceptarlo y que numantinamente nos resistamos a ello, a transiciones de calado en la estructura, en los procesos, en la asignación de funciones, en el quehacer de las personas, de las que buena parte deberán reinventarse y reciclarse, apareciendo perfiles de empleos inimaginables tiempo atrás: *community manager*, analista de *Big Data*, especialistas en realidad aumentada y en plataformas conversacionales, consultores de *blockchain*, desarrolladores de *deep learning*, arquitectos de *edge computing*, expertos en ciberseguridad...

La duda brota: ¿quién tiene que decidir el renovado aire empresarial y los pertrechos con los que se cuenta ante esa inquietante andadura? A veces, el empresario tradicional, el comerciante de toda la vida, apremiado y angustiado ante toda esa abrumadora avalancha cambiante, decide que uno de sus vástagos, que se desenvuelve como un hacha en todo ese maremagno *internetero*, sea quien asuma la responsabilidad. ¿Será ese retoño, aunque crecidito, el personaje estelar? La empresa familiar, por lo general, y salvando excepciones, es escéptica a incorporar profesionales externos para liderar esos procesos y toma partido preferentemente por la cantera propia, los hijos de los socios, los sobrinos, los yernos o, incluso, las nueras. En ellos está el relevo para dirigir la singladura de la nave empresarial, pero la experiencia aconseja, en casos concretos, la incorporación de alguien de fuera, que aporte bagaje e incluso aire fresco.

La tercera consideración conduce a formular una seria e insoslayable apuesta, cada cual según sus posibilidades, por la innovación y la tecnología, junto con el desarrollo de nuevos productos. Acá, la cuestión es quién da el paso y cómo lo da.

La cuarta consideración, más o menos sucinta, es de enorme hondura, porque, en función de lo que se decida, se fija el rumbo que la empresa debe tomar. ¿Se ha de desinvertir en lo maduro e invertir en nuevas tecnologías, innovación, internacionalización? ¿Sí o no? Éste es el paso más determinante para cualquier empresa. General Electric se lo plantea y como ella se lo cuestionan otros conglomerados empresariales, al igual que importantes *holdings* financieros. Empresas de la talla de El Corte Inglés, con sus negocios de óptica e informática y la omnicanalidad, con un balance cuyas hechuras son más bien clásicas, donde el activo fijo, con un protagonismo descollante del inmovilizado material y, en concreto, de inmuebles, absorbe una porción elevada de la inversión; Criteria y CaixaBank, como otras entidades financieras y *holdings*, con inversiones empresariales calificables de maduras; la misma HP, que a lo largo de su existencia ha ido tomando decisiones en ese sentido de desinvertir en lo maduro para concentrarse en las facetas que mejor domina; la mismísima IBM, con sus PC; o el propio Warren Buffett, con su participación histórica en IBM; Mercadona con su negocio en línea..., y muchos otros ejemplos ilustran esa encrucijada. Renovaciones constantes, remodelaciones de la cartera de participaciones, salir a tiempo del negocio maduro que fue pasado y es presente para ubicarse en actividades crecientes y de futuro al son que marcan las tendencias económicas Veteranía sabia y juventud arrolladora en comunión para decidir el camino que seguir (véase el gráfico 2.3).

Si observamos los balances de El Corte Inglés en el período comprendido entre el ejercicio cerrado en febrero de 2014 y el concluido en febrero de 2019, sobresale, como decíamos, la importancia del activo fijo que, en el transcurso de esos ejercicios, oscila entre un mínimo del 83 por ciento sobre la inversión total en 2018 y un máximo del 86 por ciento en 2014. El inmovilizado material, que a 28 de febrero de 2019 superaba en valor neto los 11.826 millones de euros, es la partida preponderante en el conjunto del activo, con más de 17.944 millones de euros, incluyendo un valor neto contable de los inmuebles de 9.218 millones y 184 millones de inversiones inmobiliarias explotadas en régimen de alquiler.

Gráfico 2.3 **El Corte Inglés: balance resumido consolidado 2013-2018, en millones de euros, según las cuentas anuales reportadas en cada ejercicio**

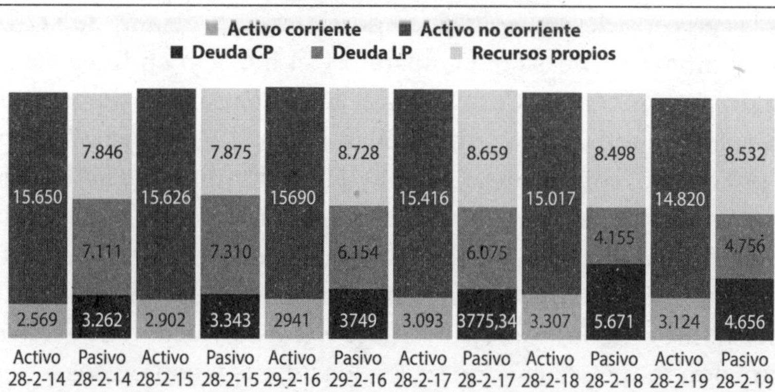

Tal volumen de inmovilización de recursos resta frescura a la esencia del negocio de El Corte Inglés que se concentra en el circulante, con las existencias representando el eje primordial. Sería inimaginable pensar en los centros comerciales y logísticos de El Corte Inglés con sus estanterías medio vacías o sin apenas stock de determinados productos, en unos grandes almacenes donde el servicio, la rapidez de la entrega y la variedad de su surtido son sus magníficas credenciales. El Corte Inglés se ve forzado, en su proceso de adaptación al original entorno disruptivo y digital, a descargarse de activo fijo, procediendo a la venta ordenada de inmuebles, desinvirtiendo en activos que no sean absolutamente estratégicos para su negocio, externalizando algunas de sus propias líneas de negocio —informática y óptica, entre otras— e imprimiendo más auge comercial con firmas de prestigio que pasen a operar en sus centros, remodelando sus plantas de venta con un plus de alicientes, por ejemplo, de tipo gastronómico y primeras marcas de distintos artículos, para animar la presencia física de clientes en sus tiendas haciendo de ellas lugares donde la clientela viva y sienta experiencias.

Con el producto de sus desinversiones, la cadena de grandes almacenes obtiene liquidez con la que, en primer lugar, rebajar sus niveles de deuda, fundamentalmente a corto plazo, atemperando su fondo de maniobra negativo, y, en segundo lugar, disponer de mayores disponibilidades monetarias con las que dinamizar su activo circulante. Cuando el año 2020 ya está aquí, los escenarios de los centros comerciales han dejado de ser las acostumbradas mecas del consumo y el negocio en línea va ganando preeminencia. Constreñir el activo circulante a porcentajes, sobre el activo total, que oscilan entre el 14,1 por ciento y el 18 por ciento, como consecuencia del predominio del activo fijo, supone algo de estrangulamiento para una operativa comercial más agresiva. El paso, por ende, consiste en desinvertir en activos maduros e inclinarse por activos más estratégicos de acuerdo con la sintonía comercial prevalente y, a la par, armarse de mayor munición monetaria, como hacen los líderes tecnológicos.

¡Cómo no!, la digitalización y la transformación digital, concretada en el proceso de adaptación de las cadenas de valor de los sectores económicos al efecto disruptivo que arranca con el consumidor digital, ocupan un lugar preferente en el horizonte de cualquier empresa. En este rabioso presente y en el futuro más inmediato, tendremos a hombres y mujeres interactuando con robots, metidos en el internet de las cosas. ¡La formación digital es ineludible! El desarrollo de la digitalización en España deja mucho que desear: ocupamos el puesto catorce dentro de la Unión Europea, integrada por 28 países aún en 2018, y el país número cuarenta y cinco en el ranking mundial. Según Siemens, el gran conglomerado industrial germano, en España sólo un 38 por ciento de nuestras empresas tiene una estrategia digital, y son las telecomunicaciones y todo lo relacionado con internet los sectores que están más involucrados en ese proceso. Lo malo es que sólo un 10 por ciento de nuestra industria y un 15 por ciento de las infraestructuras disponen de una estrategia digital. Queda por delante un largo trecho que recorrer en tales menesteres y habrá que poner mucho denuedo para no quedarse rezagado. Lamentablemente, en plan negativo, la evidencia es que las empresas españolas invierten poco en activos basados en el conocimiento, en I+D, con limitadas capacidades empresariales que permitan encarar con solidez la innovación.

En España, nuestra clase política saca pecho jactándose de los incrementos de productividad y de que éstos han permitido un empujón considerable a las exportaciones. Hasta cierto punto, sí que es loable el esfuerzo realizado por muchas de nuestras empresas en esa parcela, pero malhadadamente hemos de admitir que en bastantes casos ha sido la devaluación salarial la que ha dado alas a la competitividad externa. Por eso, conviene plantearse la productividad como todo un desafío que explica el porqué de la brecha existente entre empresas: avances tecnológicos y globalización.

Aunque a lo largo de 2018 y 2019 se confirmaba que en España aumentaban las remuneraciones de los asalariados, con más gente trabajando y mejores retribuciones, empero disminuía la productividad por puesto de trabajo equivalente a tiempo completo. Arrastramos, pues, nuestro desencaje endémico, en un panorama de sueldos de poca enjundia.

¡No tira la inflación ni en España ni en la Europa del euro!, exclaman los expertos. La inflación de buena pasta es consecuencia de mejoras salariales que hacen que la gente aumente su poder adquisitivo y, en consecuencia, incremente, al disponer de más dinero, su capacidad de gasto.

En 2018, recordemos, el salario anual bruto por trabajador aumentó un 0,9 por ciento respecto a 2017, situándose en 23.003 euros. La realidad salarial marca su ley. El coste total bruto por trabajador en 2018 fue de 31.086 euros, incluyendo las cotizaciones a la Seguridad Social, 7.187 euros, y otros conceptos. El salario anual más elevado se da en la industria, 27.474 euros, seguido de la construcción, 22.427 euros, y los servicios, 22.235 euros. El mayor coste laboral bruto anual por trabajador corresponde al sector energético, con 75.835 euros, seguido de las actividades financieras y de seguros, con 66.162 euros, mientras que el más bajo es el de la hostelería, ceñido a 19.083 euros.

¿Dónde se localizan los costes laborales más elevados en 2018? País Vasco (36.584 euros), Madrid (36.562 euros) y Navarra (33.616 euros), confirmando que en aquellos lugares en que la industria y los servicios de alto valor añadido juegan un papel preeminente, se dan las remuneraciones más altas. Por la parte baja, aparecen Andalucía, Canarias y Extremadura.

En las empresas que hacen gala de buena productividad no sólo hablamos de robotización y automatización de procesos productivos, hay un sinfín de aspectos más. Por ejemplo, la suma de mejoras organizativas y el desarrollo de nuevas ideas. Las compañías líderes juegan a su vez con una ventaja competitiva para beneficio propio, como es la del estancamiento en el proceso de difusión de la tecnología que origina disparidad en la productividad empresarial. ¿Por qué? Por la creciente complejidad de los avances tecnológicos y el número limitado de trabajadores que son capaces de sacar rendimiento a las mejoras, vinculado a la cualificación profesional y el grado de preparación y formación de la gente. Las empresas más productivas saben aprovechar la expansión tecnológica y junto con plataformas digitales pueden comparar precios y servicios. Gradualmente, son las empresas más productivas las que ganan cuota de mercado, crecen a tasas superiores que las demás, asumen posiciones más dominantes y, al mismo tiempo, gozan de más admiración. Esas compañías son consiguientemente las que cuentan con una mejor predisposición para atraer, cautivar e incorporar al mejor talento.

Desde el ángulo de la globalización, la dispersión de la productividad afecta a las empresas. En un escenario globalizado, es más fácil que las empresas de mayor tamaño y aceptable dimensión se relacionen comercialmente entre ellas, dándose una interconectividad que promueve el intercambio de ideas y facilita la introducción de innovaciones tecnológicas en el selecto grupo de las compañías más productivas que se alzan como las más poderosas.

La globalización favorece la descentralización de procesos productivos —*offshoring*— hacia países con salarios más bajos y menores cargas sociales, concentrando en las sedes centrales los segmentos más productivos y con mayor valor añadido. Eso hace que las grandes compañías tecnológicas, y otras de corte similar, jueguen la Champions League empresarial y económica, mientras que unas segundas disputan lo que sería la Europa League, la vieja Copa de la UEFA, y otras empresas juegan ligas más regionales o domésticas.

La falta de chispa de la economía española

¿Cómo funciona nuestra economía, carente, como está, de empresas de relumbrón, salvando alguna excepción, en el plano internacional? Vamos haciendo... Realmente, a veces cuesta saber ver hacia dónde va nuestra economía. Lo que sí está claro es que estamos perdiendo el paso. De ser la octava potencia económica mundial en 2003, 2004 y 2007 —y de tener asegurado un sillón por derecho propio en la élite del G8, el grupo de las primeras ocho potencias del mundo atendiendo al volumen de su economía— fuimos retrocediendo y hoy estamos en esa tierra de nadie que conforman las economías algo sosas situadas en el ranking mundial entre las posiciones doce a dieciséis; cerramos 2018 en el puesto decimocuarto. ¡Hay que combatir nuestra falta de nervio económico! Y eso exige dedicarse en cuerpo y alma a invertir en innovación, pensando en términos de productividad porque nuestro atrevimiento y braveza en tal sentido son muy bajos, limitando el aumento del nivel de vida, caracterizado por salarios modestos junto con un alto desempleo y adoleciendo de un crecimiento poco inclusivo. Baste decir a este respecto que, según un informe de la OCDE, fechado en julio de 2018, España es el país donde menos mejorará el nivel de vida en los próximos cuarenta años, con el envejecimiento lastrando la población activa.

En años recientes, la economía española se ha reforzado de forma natural, por sí misma, gracias al carácter de sus empresas y al ahínco exportador de muchas de ellas que, con sus ventas nacionales en caída de resultas de la crisis, se vieron compelidas a emprender experiencias allende nuestras fronteras, abriéndose a mercados foráneos, ya fuera simplemente exportando o incluso internacionalizándose. Asimismo, nuestra economía, como en otro pasaje señalábamos, se ha visto favorecida por coyunturas atípicas, como el tsunami turístico propiciado por la delicada situación en otros destinos de la cuenca mediterránea —aunque aflojó en 2019— y, en gran medida, como indicábamos, un factor externo trascendental, como viene siendo la condescendiente y acomodaticia política monetaria del Banco Central Europeo, ha sido primordial para apuntalar la mitad del crecimiento de nuestro producto interior bruto en estos años.

Si contemplamos el ranking de las cien grandes empresas del mundo por capitalización bursátil a mediados de 2018, que antes referíamos, sólo una española, Inditex, figuraba entre ellas en la posición 95, con una capitalización de 87.422 millones de euros. Banco Santander se hallaba en el puesto 116 y luego había un salto hasta encontrar a Iberdrola en el puesto 252. BBVA, Telefónica, Amadeus, ArcelorMittal, Repsol, CaixaBank y Aena son las diez empresas españolas mejor posicionadas. Lejos, muy lejos, de Estados Unidos, China, Reino Unido, Suiza y otros países europeos.

Nuestro país acarrea con una crecida proporción de empresas con baja productividad y escasa inversión. El freno se debe, entre otros elementos, a ese insuficiente nivel de inversión destinada al capital basado en conocimiento que deslizábamos. Como se ha visto, el gasto en investigación y desarrollo e innovación tecnológica en España es una birria; otrosí, por más que se niegue, vivimos una fuga de talento concretada en nuestros investigadores cualificados y universitarios capacitados que buscan lógicamente horizontes donde llevar a cabo sus proyectos profesionales y ser gratificados por unas compensaciones económicas *ad hoc*. España, no nos engañemos, se les queda pequeña y no responde a sus inquietudes ni cumple con sus expectativas. A la que nuestros jóvenes suficientemente preparados se dan un garbeo por el ancho mundo y conocen otros países y otras culturas, se decepcionan con el *provincionamismo* que se esparce por nuestro país. España no es tierra de oportunidades, desgraciadamente. Únase a ello la fragilidad en la mejora de la calidad del trabajo y esas legiones de trabajadores desempleados que permanecen en fuera de juego desde hace años y que confirman un agudo paro estructural. Hoy, por culpa del empleo precario, tener trabajo no constituye un pasaporte para regatear la pobreza o situaciones de exclusión social.

Agreguemos, en esta sarta de lamentaciones, el terrorífico paro juvenil y la falta de oportunidades para nuestros jóvenes que obliga a unos a tener que desempeñar empleos por debajo de su grado académico y a otros a buscarse la vida lejos de España. Como colofón de estas introversiones, reprochemos la deficiencia de nuestro sistema educativo y universitario —en la universidad pública escasean los recursos, los acicates docentes y, en casos concretos, sobra la política en las aulas, que es un impedimento para prosperar—, y los yerros en el mal planteamiento de la formación profesional, que han derivado en la desconexión entre nuestro mercado laboral y el modelo productivo y la formación de nuestra gente. Aunque duela decirlo: no necesitamos a tanto licenciado y máster universitario tal y como funciona España en la actualidad y a la vista de cómo se desenvuelve nuestro modelo productivo y patrón de crecimiento.

Para conseguir que la economía española tire, que se trace una ruta accesible para la recuperación y ventajosa para una consolidación consistente y estable, deben acometerse cambios estructurales para mejorar las inversiones, las habilidades y nuestra productividad, cuyos bajos niveles son el reflejo de la deficiente preparación de parte de nuestra población y revelan la excesiva dependencia de trabajadores temporales, de la generalización de unos salarios escasos —aquellos 23.000 euros como salario medio en España son indicativos de nuestra situación real, en la que el salario más frecuente es del orden de 17.000 euros al año—, y son corolario del apocado grado de innovación empresarial, secuela de una asignación ineficiente de capital a empresas de baja productividad y, desde luego, fruto de las barreras de entrada tan rígidas para quienes pretendan crear y poner en marcha empresas en España. Mencionábamos antes la lúgubre inversión en activos basados en el conocimiento no sólo circunscrita en derredor del I+D, también abarca a las capacidades empresariales para la innovación.

En España no funciona el llamado *ascensor social*; se ha roto. El paro de larga duración y el empleo precario de los desempleados que encuentran trabajo dañan el ascenso social. Quienes descienden de familias humildes necesitan hasta cuatro generaciones para aspirar a ser clase media. Los estudios son fundamentales. El 69 por ciento de los hijos de padres con estudios superiores va a la universidad; en cambio, el 56 por ciento de hijos con padres cuya formación no alcanza el segundo ciclo de enseñanza secundaria se queda con un bajo nivel educativo y no escala socialmente.

Es preciso volver a la carga: la formación es primordial para tener trabajo. Casi el 80 por ciento de nuestros jóvenes menores de veinticinco años con formación superior están ocupados. A más estudios, más trabajo. Para los jóvenes que han cursado estudios secundarios, la situación no está mal, pero es mejorable: su tasa de ocupación es del 60 por ciento. De quienes sólo cuentan con formación primaria, sólo trabaja algo más del 40 por ciento.

¿Qué tal el nene o la nena? Eso es lo que, con rigor protocolario, preguntamos al encontramos a ese viejo amigo con quien hacía tiempo que no coincidíamos El detalle es que el nene o la nena son lo que hoy conocemos como jóvenes adultos, esos niños que se hacen chavales y luego mayores, pero que, debido a las circunstancias de su calidad de *outsiders*, o sea, de jóvenes desempleados o ligando contratos temporales, no acaban de cargar energía para volar y abandonar el nido familiar. Quizá unos carezcan de estudios superiores y otros, contrariamente, son jóvenes formados universitariamente a quienes las puertas del mundo laboral no se les acaban de abrir. Y entonces, ¿qué? ¡Como en casa de los padres no se vive en ningún sitio! La precariedad laboral de esos jóvenes adultos pospone su emancipación hasta que encuentren un trabajo más o menos satisfactorio y una remuneración mínimamente decorosa. Un 60 por ciento de los jóvenes españoles de entre dieciocho y treinta y cuatro años vive con sus padres. Si tardan más años en emanciparse, como acaece, obviamente la tasa de fertilidad se retrasa y acaba reduciéndose, tal cual sucede en España. Además, para esos jóvenes adultos, conseguir su propio nido, o sea, la vivienda, es tarea ímproba por las duras condiciones de acceso, ya sea de propiedad o de alquiler... ¿Se puede destinar al pago de vivienda más de la mitad de lo que uno gana? Éste es el dilema al que se enfrentan en nuestro país miles de jóvenes que son víctimas de esa inconsistencia laboral que señalamos o que, incluso no siéndolo, debido al encarecimiento del acceso a la vivienda, en bastantes casos acaban alquilando una habitación en un piso compartido.

El trinomio clave que pesa cual espada de Damocles sobre nuestros jóvenes adultos está conformado por educación, mercado laboral y vivienda. Tres desafíos que hoy por hoy no hallan respuesta reconfortante a causa de nuestra estructura y coyuntura económica, con una particularidad adicional. Aunque España en los últimos años va creciendo en términos económicos, siendo el número de ocupados activos, según la Encuesta de Población Activa del segundo trimestre de 2019, de 19.804.900 personas, el mejor dato de empleo en los últimos diez años, seguimos por debajo de los 19.856.800 ocupados de 2008 y de los 20.476.900 de 2007, y con 3.230.600 desempleados, cuando a fines de 2007 eran 1.927.600. El paro del 14,02 por ciento en ese segundo trimestre de 2019 empaña la imagen de España. Si el paro no baja, y persiste en unas cotas muy altas, cuando España crece más que los grandes países de la zona euro, ¿cómo diantre bajará en el futuro esa nefasta tasa de desempleo si los vientos de cola se tornan vientos en contra? Nuestro paro prácticamente dobla el 7,5 por ciento de la zona euro en junio de 2019 y está muy por encima del 6,3 por ciento de la Europa de los 28; en Estados Unidos es del 3,7 por ciento. La cosa se complica un poco más: el 32 por ciento de los profesionales españoles teme por su empleo a causa del avance de los procesos automatizados, incluyendo los temidos robots.

¿Mejora el empleo para los mayores de cincuenta y cinco años? La verdad es que muy poco. Muchas veces, cuando llega a una empresa el currículum de una persona mayor de cincuenta y cinco años, se descarta *ipso facto*. Nuestros mayores ven cómo su tasa de paro *aumenta* por encima de la media; los mayores de cincuenta y cinco años forman un grupo muy vulnerable laboralmente. ¿A qué es achacable esa fatalidad? Estamos ante un vicio adquirido: se discrimina a nuestros mayores al creer que no encajarán en una plantilla joven, se da por sentado que pedirán un mayor salario, que su flexibilidad laboral será menor, que cargan con responsabilidades familiares y que se han quedado obsoletos en sus competencias, sobre todo en el tema digital; así que igual ni entran en un proceso de selección. No sólo hemos de hablar del paro juvenil, también hay que hacerlo del paro sénior. La receta para progresar es la de formarse, estar permanentemente actualizado y, máxime, en cuestiones digitales. Sería deseable que en España se fomentaran medidas de apoyo e inserción laboral para nuestros mayores, alejadas de retóricas parlamentarias y que fueran efectivas. Hoy, una persona de cincuenta y cinco años, o más, está en plena forma, acumula experiencia y sobre todo ha aprendido, formándose en la escuela de la vida.

La crisis y el elevado desempleo han sembrado disparidades en la pobreza y en los ingresos. En España, el porcentaje de nuestra población que se encuentra en riesgo de pobreza en 2018 es del 26,6 por ciento, con un ingreso medio por persona de 11.412 euros. El umbral de pobreza, en 2018, fue de 8.871 euros en el caso de una persona y de 18.629 euros en los hogares con dos adultos y dos niños. Según el nivel de formación, si ésta es superior, el riesgo de pobreza es sólo del 12,6 por ciento, en tanto que para quienes tienen niveles educativos equivalentes a la educación secundaria es del 33,8 por ciento. Hay más riesgo de pobreza en hogares formados por un adulto con hijos dependientes que en hogares sin niños dependientes. La situación económica de los hogares pone de manifiesto que el 10,4 por ciento llega a fin de mes con mucha dificultad; el 36 por ciento de los hogares no tiene capacidad para afrontar gastos imprevistos y el 34,2 por ciento de las familias no puede ir de vacaciones fuera de su casa al menos una semana al año. Más del 7 por ciento de las familias incurre en retrasos en los pagos relacionados con la vivienda principal: hipoteca o alquiler, gas, luz, comunidad... Este torrente de datos no es, en absoluto, para que cunda el pánico, sino para que sepamos reaccionar ante tal evidencia. De ahí que cuando se me inquiere acerca de cómo anda nuestra economía, mi respuesta sea un tanto escéptica.

Estamos de acuerdo en que debe potenciarse la productividad y que ésta constituye el principal desafío económico de España a medio plazo para no perder más ripio. Por varios motivos. Por la necesidad de aumentar el PIB per cápita y con ello el bienestar ciudadano. Por hacer de la industria un incontestable propulsor económico con el objetivo de que su peso sea del 20 por ciento en el PIB para 2020, quiméricamente anunciado por los gobernantes cuando actualmente la contribución de la industria manufacturera no llega al 12 por ciento del PIB. Mejorando la calidad de nuestro tejido empresarial, muy concentrado en una altísima proporción de microempresas con hasta nueve trabajadores —96 por ciento del total de empresas existentes en España—. Intentando paliar el desajuste entre la oferta y la demanda de habilidades entre los trabajadores y los empleos que se plasman en sueldos bajos, replanteando la necesidad de mayor preparación y el papel crucial de la formación profesional.

No podemos decir, por más que nos gustara, que el PIB per cápita en España se haya fortalecido durante los lustros postreros. De hecho, desde el estallido de la crisis financiera en 2008, cuando tal PIB per cápita era de 24.132 euros, hasta 2018, que es de 25.727 euros, se certifica un indubitable estancamiento. Este PIB per cápita, que forzosamente es consecuencia del modelo de la economía española, nos sitúa en la zona media de la Unión Europea.

Si comparamos el PIB per cápita de España con el de otros países en el año 2018, verbigracia, Irlanda, con 65.500 euros, como mencionábamos, reparamos en que deambulamos por la zona media, muy media, escorándonos hacia lo que sería el segundo pelotón europeo.

Nuestro PIB per cápita en 2018, decimos, fue de, redondeando, 25.700 euros, ligeramente por delante de Malta (25.600 euros), de Chipre (23.800 euros) y de Eslovenia (22.200 euros) y por detrás, por ejemplo, de Italia (29.000 euros). Estamos a considerable distancia de lo que es la media de la Unión Europea: 31.100 euros. Y si proseguimos con nuestra contrastación, poniendo los ojos en esos otros países a los que calificamos como de nuestro entorno económico, lo mejorcito de Europa, las diferencias son más pronunciadas. El PIB per cápita de Alemania es de 40.900 euros, el de Francia de 35.100 euros, el de Austria de 43.700 euros, el de Bélgica de 39.500 euros, el de Dinamarca de 51.300 euros... Si saltamos a Reino Unido, su PIB per cápita es de 36.000 euros. Esa comparación revela que, por estos lares, lo del crecimiento inclusivo no funciona y que falta un largo trecho para codearnos, en nuestro nivel de vida, con los conciudadanos de la Europa que nos sirve de referencia.

De las muchas explicaciones que argüir sobre ese particular, una, por sí sola, tiene el suficiente peso: nuestro modelo productivo. Y otra argumentación bastante convincente: nuestro tejido empresarial se concentra en demasía en empresas de dimensión reducida y muy pequeñas, y contamos con insuficientes empresas de un tamaño más o menos robusto. Sólo un 2 por ciento de las empresas españolas, unas 68.000, sobre un total de casi 3.300.000 empresas, tienen una plantilla de veinte o más asalariados, lo que delata que el 98 por ciento son empresas de dimensión más bien reducida, esto es, pequeña y mediana. Concretamente, el 56 por ciento de las empresas españolas no tiene asalariados; el 27 por ciento entre uno y dos asalariados; el 9 por ciento de tres a cinco asalariados; el 4 por ciento de seis a nueve; el 2 por ciento de diez a diecinueve asalariados...

Contexto estratégico de la expansión empresarial

Una premisa esencial para progresar es que se den unas finanzas robustas, con balances saneados, cuentas de resultados lustrosas y bien encaminadas —o sea, que arrojen superávit—, adecuada financiación, combinando para ello en dosis apropiadas tanto los recursos propios como los ajenos, y, simultáneamente, que apostemos centinelas para evitar el uso abusivo del endeudamiento bancario. Esta alternativa, la de recurrir a un exacerbado crédito bancario, ha desencadenado tristes episodios de insolvencias, bancarrota y quiebras que acarrean sonoros fracasos empresariales, cuyo origen se localizaba, junto con la pírrica aportación de los capitales propios, en la abusiva utilización de deuda bancaria para recabar la carencia de financiación no ajena, dando pábulo a una vulnerable dependencia financiera.

De las referencias que marcan Apple y las demás tecnológicas, de su curso firme, se infiere otro frente sobre el que reflexionar: el crecimiento y dimensionamiento. Cada empresa establece sus objetivos en ese sentido. En unos casos, las miras son las de ganar mercado a nivel local, provincial, autonómico o nacional o, a lo mejor, dar el paso hacia la internacionalización o, más sencillo, cumplir con expectativas exportadoras. La decisión que se tome influye en el diseño de la estructura empresarial que adoptar y obliga a precisar el contexto estratégico para llevar a cabo la expansión. Para entendernos; si de lo que se trata es de ampliar el mercado, hay que tener las ideas claras de si este paso se hace dentro o fuera de nuestras fronteras o, dicho de otra manera: somos y nos quedamos como empresa de ámbito local, provincial, autonómico, nacional o damos el salto en busca de nuevos horizontes lejos del territorio que nos ha visto nacer. Permítaseme un símil musical: si Julio Iglesias un buen día, cuando despuntaba como cantante, no hubiera cogido los bártulos con destino a Miami, asentándose en tierras norteamericanas, posiblemente no hubiera sido un artista de fama mundial reconocido por doquier ni habría cantado duetos con el mismísimo Frank Sinatra.

Esos retos exigen acelerar el ritmo inversor y atender desembolsos. Las nuevas tecnologías absorben recursos, sea en el campo que sea y la especialidad de que se trate, para estar al día *—Il faut être à la page—*. La irrupción tecnológica, los avances científicos, la automatización, la robotización... no se pueden detener y cada uno de nosotros debe estar alerta para no caer en fuera de juego.

Cuando a nivel empresarial se plantea un salto cualitativo, la pregunta es si crecemos orgánicamente, o sea, por nosotros mismos pasito a pasito —como Mercadona—, o lo hacemos adquiriendo otros pequeños o medianos o grandes negocios, en función de cuál sea nuestro tamaño, para ganar tiempo y hacernos con el control de otros productos y otras marcas —como muchas de las grandes constructoras españolas—. Igual la estrategia que debemos seguir es la de establecer alianzas empresariales en pos de obtener una mayor dimensión, manteniendo la propia personalidad y la esencia de cada empresa.

Así se va pergeñando el marco estratégico de la expansión empresarial, discutiéndose una serie de puntos clave que, según lo explicado, sintetizamos en la ampliación del mercado dentro de nuestro territorio nacional o allende nuestras fronteras y el *modus operandi*: diversificar las ventas, crecer hacia otros mercados, limitarse al ámbito nacional o abrazar la internacionalización. El Corte Inglés y Mercadona son clara muestra de lo que decimos. Y nuestras enormes constructoras, hoy reconvertidas en compañías transnacionales que despliegan varias líneas de negocios que hacen de ellas empresas multiactividad, singularizan esa toma de posiciones. Hasta los comienzos de la década del 2000, esas compañías españolas limitaban su campo de actuación al ámbito español. Fue entonces cuando dieron el gran salto, aupándose a posiciones de privilegio no sin antes superar dificultades.

Pensemos que si las grandes tecnológicas norteamericanas hubieran cercenado su radio de acción al ámbito propiamente estadounidense, hoy no serían los gigantes que son. Eso exige ansias de desarrollo y mucho denuedo inversor que costear: crecer tiene un precio.

Insistamos en esas ideas anteriores. Por un lado, hay que adecuarse y manejar las nuevas tecnologías, plantearse si el proceso de crecimiento tiene que ser orgánico o a través de adquisiciones, si hay que tender puentes para firmar alianzas que faciliten una dimensión apropiada, adquirir mayor conocimiento y, en cualquier caso, ser consciente de las condiciones que cada cual tiene, de nuestras virtudes y defectos, a la sazón, fortalezas y debilidades. Las grandes tecnológicas saben cómo tienen que crecer. A veces lo hacen incorporando a proveedores en la propia compañía. Operan en y por todo el planeta sin necesidad de contar con excesivos efectivos, humanos y materiales, establecidas en muchos países con estructuras muy menudas y sumamente ágiles. Ésta es una diferencia destacable en comparación con las formas empresariales tradicionales.

Por otro lado, hay que financiar todas esas inversiones. Es aquí donde interviene la función de los responsables financieros, quienes ofician, a la sazón, de imaginativos guionistas al encarar la tan necesaria transformación digital, tanto en lo que es el mismo proceso interno como en el planteamiento externo y, según la actividad, todo ese abanico de pagos vía *smartphone*, conectividad en el trabajo, ciberseguridad y muchas más cosas. Inversiones y más inversiones, siempre mesuradas, máxima atención con la financiación apropiada que acoplar a fin de evitar deslices a veces dolorosos.

En el paisaje se divisan, al hilo de lo que se comenta, las operaciones corporativas que en tiempos de dinero barato y con bajos costes de financiación permiten pagar buenos precios, con el peligro que ello entraña en cuanto a una sobrevaloración de determinadas compañías y los riesgos y vulnerabilidades que acarrea endeudarse con desmesura. Vivimos una época imparable de concentración empresarial, con consolidaciones trascendentales en sectores, sea en el plano regional, continental o mundial. Muchos operadores presentan un tamaño reducido para poder hacer frente a grandes compañías que con frecuencia van expandiéndose internacionalmente; los pequeños acaban engullidos por los grandes y el poderío económico gradualmente se acumula en unas pocas manos; las otras, son las de los omnipresentes fondos de inversión.

Otro perfil a tener en cuenta, como consecuencia de todo ese proceso disruptivo, es el inherente a la vertiente del marketing y al área comercial. Las cosas, en esta faceta, han sufrido un vuelco mayúsculo. Ahora es preciso acercarse al consumidor, ser parte activa en las redes sociales, estar en contacto permanente con la clientela objetiva, anticiparse, saber intuir cómo son y serán las tendencias en el consumo de la gente joven, conseguir el favor de los milenials, seducir a las generaciones «X», «Y» y «Z», tender puentes con los *singles*, combinar las ventas en tienda con el comercio en línea, fascinar y sorprender a la clientela, conjugar la omnicanalidad, lo que azuza otro debate relativo a políticas y estrategias comerciales: clientes, redes de ventas, establecimientos propios, franquicias

3

¿Cómo son las finanzas de los adalides de la economía disruptiva? Apple, como piedra de toque

¿Cómo son sus resultados?

Empecemos hablando de Apple Inc., ya que fue la primera compañía en superar, como explicamos, la barrera emblemática del billón de dólares por capitalización bursátil. Sus ventas en el sexenio 2013-2018 han ido en franco aumento, si bien la tendencia positiva, tras un 2015 culminante, se quebró en 2016, recuperándose en parte en 2017 y remontando el vuelo en 2018.

Su resultado operativo —que, a efectos de comparación con el formato usual de resultados al que por estos andurriales estamos acostumbrados, es equiparable, salvando algunas diferencias, con el resultado de explotación— se mueve entre 2013 y 2018 en unos niveles muy aceptables. Y, cómo no, el resultado neto después de impuestos se comporta saludablemente, excepto por el traspié de 2016 (véase la tabla 3.1).

¿Cómo son las cuentas de resultados de Apple? Tomemos los ejercicios de 2015 a 2018. Su coste de ventas se incrementa gradual y porcentualmente. En general, éste es un denominador común en cualquier sector y empresa, sobre el que debe actuarse, frenándolo o relajándolo. ¿Aumenta el coste de ventas en términos porcentuales porque los costes de aprovisionamientos suben

Tabla 3.1 **Apple Inc.**

	28-9-2013	27-9-2014	26-9-2015	24-9-2016	30-9-2017	29-9-2018
	m. m. $	m. m. $	m. m. $	m. m. $	m. m. $	m. m. $
Ventas netas	170.910	182.795	233.715	215.639	229.234	265.595
Resultado operativo	48.999	52.503	71.230	60.024	61.344	70.898
Resultado neto	37.037	39.510	53.394	45.687	48.351	59.531

o porque los precios de venta no pueden asumir y repercutir los repuntes de costes? Apple goza de una posición privilegiada y fija sus políticas de precios moviéndose en lo que sería la zona alta. Sin embargo, sus rivales aprietan. La imagen que proyecta Apple se identifica con prestancia, consagrando sus productos y servicios premium. En cualquier caso, el margen bruto va perdiendo algún punto, aunque en 2018 casi es igual al de 2017 (véase la tabla 3.2).

Tabla 3.2 **Apple Inc.: cuentas de resultados 2015-2018, en millones de dólares**

	26 sept 2015		24 sept 2016		30 sep 2017		29 sept 2018	
Concepto	m. m. $	%	m. m. $	%	m. m. $	%	m. m. $	%
Ventas netas	233.715	100,0	215.639	100,0	229.234	100,0	265.595	100,0
Coste de ventas	140.089	59,9	131.376	60,9	141.048	61,5	163.756	61,6
Margen bruto	93.626	40,1	84.263	39,1	88.186	38,5	101.839	38,4
Gastos operativos								
Investigación y desarrollo	8.067	3,5	10.045	4,7	11.581	5,1	14.236	5,4
Ventas, generales y administración	14.329	6,1	14.194	6,6	15.261	6,7	16.705	6,3
Total gastos operativos	22.396	9,6	24.239	11,3	26.842	11,7	30.941	11,7
Resultado operativo	**71.230**	**30,5**	**60.024**	**27,8**	**61.344**	**26,8**	**70.898**	**26,7**
Otros resultados	1.285	0,5	1.348	0,6	2.745	1,2	2.005	0,8
Beneficio antes de impuestos	72.515	31,0	61.372	28,4	64.089	28,0	72.903	27,5
Impuesto sobre beneficios (provisión)	19.121	8,2	15.685	7,2	15.738	6,9	13.372	5,0
Resultado neto después de impuestos	**53.394**	**22,8**	**45.687**	**21,2**	**48.351**	**21,1**	**59.531**	**22,5**

Crecen igualmente los gastos operativos en valor absoluto y en tanto por ciento sobre las ventas, aunque en 2018 Apple los estabiliza en el 11,7 por ciento de las ventas. Pese a ello, se atisba un pormenor relevante. Apple no está sufriendo un incremento agobiante de sus gastos, por más que a primer golpe de vista lo parezca, dado que una parte del mismo se va concentrando en la partida de gastos de investigación y desarrollo, que tiene un peso significativo en el monto de los gastos operativos, acrecentándose de año en año tanto en cifras absolutas como relativas. Si nos fijamos en la tónica de los gastos de ventas, generales y de administración, éstos se engrosan hasta 2017 en tanto porcentual sobre ventas, aunque en cotas moderadas, para retroceder en 2018. Entre 2015 y 2018, el aumento de los gastos de investigación y desarrollo de Apple es concluyente, al pasar de poco más de 8.000 millones de dólares —3,5 por ciento sobre las ventas netas— a 14.236 millones —5,4 por ciento.

El resultado operativo de Apple a lo largo del cuatrienio considerado va cayendo del 30,5 por ciento sobre ventas en 2015 al 26,7 por ciento en 2018. Sin embargo, sus cifras en valor absoluto son de enjundia, con más de 71.000 millones de dólares en 2015 y, de facto, replicando la cifra en 2018.

Un par de comentarios adicionales sobre el resultado neto final después de impuestos de Apple de 2015 a 2018. El primero: después del recorte en su cuantía de 2016 y 2017 en comparación con el excelente ejercicio de 2015, recobra auge en septiembre de 2018 al rozar los 60.000 millones de dólares, beneficio que supone un récord en la historia de la compañía fundada por el malogrado Steve Jobs. Y el segundo comentario: en 2018 el porcentaje de resultado neto después de impuestos sobre ventas netas queda establecido en el 22,5 por ciento, por encima de 2016 y 2017, y algo inferior al cosechado en 2015, que fue del 22,8 por ciento. Por ende, Apple, en el transcurso del ejercicio de 2018, logra recomponer su andadura económica para acabar luciendo un beneficio neto después de impuestos (BDI) muy respetable. Para ello, es primordial controlar los factores que intervienen en la configuración del resultado anual. Y esto es lo que hizo Apple en 2018. Sus ventas crecieron más que sus gastos operativos y el único punto negro lo protagonizó el mayor coste de ventas, al aumentar en un porcentaje superior al de las ventas del ejercicio.

¿Qué llama la atención de esas cuentas de resultados de Apple? Desde luego, sus elevados ingresos pese a que se contraigan en 2016, rehaciéndose en 2017 y revitalizándose en 2018, como igualmente, en tono negativo, esa subida del coste de ventas que en 2018 parece apaciguarse. Hay algo más... La ligereza de su estructura de gastos, liviana, no mastodóntica, adaptable, distinta a los corsés tradicionales. Los gastos operativos de Apple son moderados, al punto de que si prescindiéramos de la inclusión dentro de los mismos de los de I+D, se diría que para una empresa de tanta dimensión y catapultada al primer lugar por capitalización bursátil, sus gastos de ventas, generales y de administración son relativamente bajos (por encima del 6 por ciento sobre ingresos y deslizándose en 2018) en comparación con otros grandes conglomerados. Éste, reiteramos, es uno de los dones característicos de los relucientes líderes de la economía disruptiva, de las compañías más valoradas bursátilmente: estructuras ligeras y sutiles, nada recargadas como aquellas de los viejos dinosaurios.

Los secretos de sus ingresos

Otra arista que se pone de manifiesto a la vista del consistente sesgo de las ventas netas es la referente a la calidad de sus ingresos. Sin duda, en la existencia de Apple hay un antes y un después: el iPhone. Y, ¡cómo no!, una época antes del Mac y otras después del Mac. Pero las ventas del iPhone, que constituyen la columna vertebral de Apple, van perdiendo fuelle; acaso se deba a que hay mucho iPhone en manos de sus adeptos y éstos se cuentan por millones y que los usuarios ya no cambian de *smartphone* con la prontitud que antes lo hacían, alargando la vida media del aparato, y las avalanchas de cambios sólo se agolpan cuando se divulga un lanzamiento con primicias rompedoras; o también por una cuestión de precio: en el mercado coexisten distintas marcas, con un coste más ajustado y con parecidas prestaciones a las que brinda el iPhone. Sea como fuere, en 2015, las ventas del legendario iPhone ascendieron a 155.041 millones de dólares, cayeron en 2016 a 136.700 millones, se rehicieron en 2017 a 141.319 millones y en 2018 alcanzaron 166.699 millones.

Seguramente, el mayor tamaño de algunos modelos de iPhone castigue las ventas del iPad, que de cifrarse en 23.227 millones de dólares en 2015, durante los ejercicios siguientes dibujan una curva descendente: 20.628 millones en 2016, 19.222 millones en 2017 y 18.805 millones en 2018.

Entretanto, las ventas del deseado ordenador Mac se aquietan tras el bajón sufrido en 2016. Así, en 2015 ascendieron a 25.471 millones de dólares, achicándose en 2016 a 22.831 millones, rebotaron en 2017 a 25.850 millones y en 2018 se estrechaban a 25.484 millones.

¿Están apurando su potencial los legendarios productos de Apple o es que su magia y su erótica se evapora? En 2015, Apple colocaba en los mercados 231.218 miles de unidades del mítico iPhone, pero en 2016 comercializó 211.884 miles para en 2017 vender 216.756 miles y 217.722 miles en 2018.

Si esta trayectoria corrobora, en parte, la extenuación del propio iPhone, las unidades vendidas del iPad descienden de 54.856 miles de 2015 a 45.590 miles en 2016, a 43.753 miles de 2017 y a 43.535 miles de 2018.

En lo concerniente a sus ordenadores Mac, Apple vendía en 2015 20.857 miles de unidades, bajando a 18.484 miles en 2016, 19.251 miles en 2017 y en 2018 comercializó 18.209 miles.

Este decaimiento, probablemente, sensibiliza a los mercados financieros, dando pie a la posible volatilidad del precio de las acciones de Apple. Pese a la presentación de sus buenos resultados en 2018, Wall Street reaccionaba en aquel caluroso otoño entre el escepticismo y un deje agridulce al conocerse las entrañas de los datos de Apple, como si el parqué descontara que los mejores años de la historia de Apple quedaban atrás. Éste es un reto trascendental al que se enfrenta la firma de Cupertino: contagiar de confianza en el futuro a los mercados y, obviamente, a los inversores.

Ese rumbo de la facturación y de los millones de unidades de productos vendidas presiona a Apple a reinventarse constantemente y lo hace, por una parte, creando y desarrollando nuevos productos: Apple TV, Apple Watch, iPod Touch... y accesorios variopintos, cuyas ventas por 17.417 millones de dólares en 2018 certifican una buena progresión desde los 10.067 millones de dólares de 2015, 11.132 millones de 2016 y 12.863 millones de 2017.

Sin embargo, los responsables de Apple son conscientes de que sus productos tangibles tienen un techo. Esto explica que el negocio de la compañía de Cupertino se vaya orientando hacia los servicios: contenidos y servicios digitales, AppleCare, ApplePay, Apple Music En 2015, esa gama proporcionaba a Apple unos ingresos de 19.909 millones de dólares, en 2016 fueron 24.348 millones, en 2017 aumentaban a 29.980 millones y en 2018 saltan a 37.190 millones.

Por ahí van los tiros del crecimiento de Apple y el de las tecnológicas: servicios, *streaming*, contenidos digitales, hacer factible que todo cuanto se quiera comprar y consumir se canalice a través de sus servicios tecnológicos y de igual forma dando un paso decidido al entrar en la televisión de pago, compitiendo abiertamente con Netflix y HBO, con Apple TV+, y comprometiendo 6.000 millones de dólares para producir contenidos propios, en un pulso que promete ser feroz con Netflix, que en 2019 tenía previsto gastar 13.500 millones de dólares comprando y licenciando contenidos para su plataforma de vídeos, y con Amazon, que en 2019 desembolsaría sobre los 6.300 millones de dólares para tal cometido. Las tecnológicas rivalizan directamente con los gigantes cinematográficos por antonomasia, como Disney, que cuenta con un presupuesto de 24.000 millones y que destina 1.000 millones a contenidos exclusivos de Disney+.

Apple, en esa nueva estrategia de cine, opta por fichajes de estrellas de Hollywood, entre las cuales aparecen Oprah Winfrey, Steven Spielberg, Jennifer Aniston, Reese Witherspoon, Octavia Spencer, J. J. Abrams , para cautivar a sus suscriptores. Una consecuencia económica inmediata de esa pugna competitiva en el renglón cinematográfico para atraer a la clientela es que se dispara el coste de las series, que en 2019 oscila entre los 8 y los 15 millones de dólares por capítulo. En cualquier caso, Apple, como las demás tecnológicas, está escribiendo ya su futuro

Mucho se habla de que si China es el gran mercado de Apple... Con ser importante, sus ventas en ese gran país han ido declinando en esos ejercicios. En 2015, Apple vendía en China por importe de 58.715 millones de dólares. Después, en 2016, vino el pinchazo con el desplome a 48.492 millones de dólares, agudizado en 2017 a 44.764 millones y rebotando en 2018 a 51.942 millones.

En contraste, donde sí amplifica su cifra de negocios es en Japón: en 2018 vendió por importe de 21.733 millones de dólares, frente a los 17.733 millones de 2017, los 16.928 millones de 2016 y los 15.706 millones de 2015.

América es el primer mercado de Apple, obteniendo unos ingresos en 2018 de 112.093 millones de dólares, a bastante distancia de los 93.864 millones de 2015 y de los 86.613 millones de 2016, y superando los 96.600 millones de 2017. En los mercados chino y americano, Apple sufrió un batacazo entre 2016 y 2017 que explica la mengua de sus resultados.

Europa conforma el segundo mercado para Apple, al facturar durante el ejercicio 2018 62.420 millones de dólares, creciendo respecto de los 54.938 millones de 2017, sobrepasando los 49.952 millones de 2016 y a distancia de los 50.337 millones de 2015.

El resto de Asia y el Pacífico aporta a Apple unos ingresos en 2018 de 17.407 millones de dólares, frente a los 15.199 millones de 2017, 13.654 millones de 2016 y 15.093 millones de 2015.

La segmentación de las ventas netas por áreas geográficas, expresada en porcentajes, de 2015 a 2018, indica una evolución en la que América, que concentra entre un mínimo del 40 por ciento en 2015 y 2016 y un máximo del 42 por ciento tanto en 2017 como en 2018, se erige en el principal mercado para Apple, seguido de Europa, que representa, en términos de facturación, entre un mínimo del 22 por ciento en 2015, 23 por ciento en 2016, al igual que en 2018, y un máximo del 24 por ciento en 2017 de sus ventas totales.

China supone el otro gran mercado de Apple, si bien de concentrar el 25 por ciento de sus ventas netas en 2015 y deslizarse al 23 por ciento en 2016, se ha recortado posteriormente, en 2017 y 2018, al 20 por ciento. Ese estrechamiento del negocio de Apple en China es previo a las desavenencias arancelarias que estallan con Estados Unidos. El deslucimiento de su capacidad comercial en territorio chino es una de las inquietudes de los inversores, no sólo por el hecho de que en China las ventas de Apple crezcan sin demasiado nervio, sino por el empuje de los propios fabricantes locales, entre los que destaca, como mencionábamos, Huawei.

Japón, por su parte, es un mercado fiel a Apple que, si en 2015 apiñaba el 7 por ciento de su facturación total, durante el trienio 2016-2018 sus ventas allí equivalen al 8 por ciento del total. El resto de Asia y el Pacífico depara un contorno secundario, oscilando su peso relativo sobre la facturación total de la compañía de Cupertino entre el 6 por ciento de 2015 a 2017 y el 7 por ciento en 2018.

App Store y servicios, con el desafío incipiente de Apple TV+: éste es el atajo de Apple, empujando en su tentativa de facturar en 2020 unos 50.000 millones de dólares —en 2018 sobrepasaron los 37.000 millones—. Ese designio significa forzar la máquina de más propuestas de servicios: consumo tecnológico a raudales como eje del crecimiento, lo que conlleva fortalecer el capítulo de I+D e inversiones de otro cariz, como las cinematográficas, corroborando el carácter expansivo e invasivo de las tecnológicas. No sólo es el sector financiero, la banca, la que sufrirá los embates invasivos de las tecnológicas, ni las compañías musicales y tantos otros mercados donde la influencia de sus actores genuinos ha sido la nota dominante. El Cine, en mayúsculas, porque la vida es cine y más cine, es el coto al que acceden, con el arma de sus monumentales saldos de dinero que facultan para cualquier inversión, las tecnológicas y, en concreto, al margen de las consagradas Netflix y HBO, Apple, con Apple TV+, y Amazon, para ampliar su portafolio de servicios. Adonde no llegue por sus propios medios Apple, ahí está su abundante tesorería para posibilitar opciones de compra y asegurar recursos financieros para la investigación, el desarrollo, el impulso tecnológico y costear contenidos de factura propia para su televisión de pago.

La prerrogativa que otorga disponer de tanto *cash* es ésta: cuando se necesita invertir, se invierte; cuando es preciso comprar, se compra; cuando hay que gastar, se gasta Ni financiación bancaria que negociar, ni créditos que obtener, ni requisitos de ningún tipo, ni operaciones apalancadas, ni monsergas. Una caja con eficaces saldos de dinero confiere maniobrabilidad inmediata. Además, el tipo de servicios que ofrece una compañía como Apple es recurrente y eso redunda en ingresos por servicios más predecibles, a través de suscripciones con mayores márgenes. En 2018, el número de las suscripciones de pago de Apple alcanzaban los 270 millones. Ingresos asegurados y flujo de caja prevenido por los cobros, contrarrestando los impactos emocionales del consumo puntual. Se divisan expectativas positivas para la empresa que dirige Tim Cook al no depender su singladura únicamente del iPhone.

Las ventas netas por productos de Apple en el cuatrienio 2015-2018 son reveladoras de la preponderancia del iPhone, aportando el 66 por ciento en 2015, el 63 por ciento en 2016, el 62 por ciento en 2017 y, otra vez, el 63 por ciento en 2018 sobre la facturación global. Las ventas de la tableta iPad, en esos cuatro años, se encogen y pasan de suponer el 10 por ciento de los ingresos totales tanto en 2015 como en 2016, al 8 por ciento en 2017 y sólo el 7 por ciento en 2018. Los ingresos del Mac representaban el 11 por ciento del total de 2015 a 2017 y en 2018 se debilitan al 10 por ciento.

Y, efectivamente, la línea de negocio donde se detecta un vigor más pronunciado es la de los servicios, que en 2015 contribuía con el 9 por ciento a la facturación global, en 2016 lo hacía con el 11 por ciento, en 2017 con el 13 por ciento y en 2018 con el 14 por ciento. Los restantes productos vendidos por Apple suponían en 2015 el 4 por ciento de las ventas, en 2016 el 5 por ciento y, en 2017 y 2018, el 6 por ciento.

Los balances de la firma de Cupertino

Vayamos a los balances de Apple, tomando los ejercicios de 2013 a 2018 para tener una visión más completa de cómo ha sido su trayectoria en estos años. Para ello, en primer lugar, presentemos sus balances sintéticos, en forma de representación gráfica, donde sin más complejidad se aprecia, de una parte, el activo total o inversión global realizada y, de otra parte, el pasivo total o, mejor dicho, la financiación a disposición de la empresa que, a su vez, tiene dos orígenes: uno, el del patrimonio neto o recursos propios, y otro, que corresponde a la financiación ajena, esto es, la deuda total o lo que se suele denominar como pasivo exigible. A simple vista, el analista se hace una idea sobre los grandes trazos patrimoniales y financieros de la compañía sobre la que está trabajando.

En Apple se observa cómo a lo largo del período 2013-2018, su dimensión patrimonial se ensancha, pero encogiéndose la parcela representativa de su patrimonio neto en favor de una deuda que se extiende. Una conclusión inicial, según la representación gráfica de los balances sintéticos de esos ejercicios, es la de un empeoramiento de la situación patrimonial y la posición financiera de Apple (véase el gráfico 3.1).

Gráfico 3.1 **Apple Inc.: balances sintéticos 2013-2018, en millones de dólares**

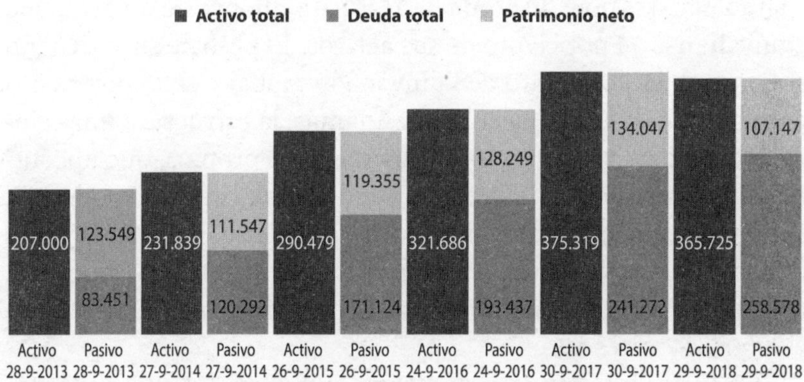

Esta impresión tiene que ser contrastada adentrándonos en las entrañas de esos guarimos tan sintéticos. Es el momento en el que el balance resumido, en el que se expresan las masas patrimoniales, empiece a desvelar intimidades de Apple (véase el gráfico 3.2).

En 2013, la configuración del balance de Apple era muy buena. Sus activos totales ya estaban muy influenciados por su componente monetario. Entre *cash* e inversiones financieras a corto

Gráfico 3.2 **Apple Inc.: balances resumidos 2013-2018, en millones de dólares**

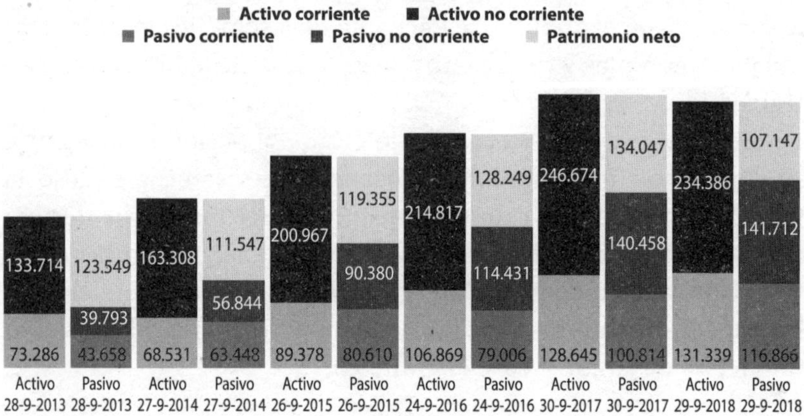

y largo plazo, Apple disponía de 146.761 millones de dólares, que equivalían al 71 por ciento de sus activos. El peso de su activo fijo suponía el 65 por ciento de la inversión global y el 35 por ciento correspondía a activo circulante. Además, la estructura financiera de Apple se construía sobre sus recursos propios, que aportaban el 60 por ciento de la financiación total, con una moderada deuda a largo plazo equivalente al 19 por ciento del pasivo y una deuda a corto plazo que suponía el 21 por ciento. La cobertura que su activo circulante ofrecía ante el pasivo corriente era adecuada: 1,67 veces.

En 2014, los activos monetarios sumaban 155.239 millones de dólares, el 67 por ciento de la inversión total. El activo fijo, en peso porcentual sobre la inversión total, se incrementaba respecto al ejercicio precedente, constituyendo el 70 por ciento de la inversión, y, en consecuencia, el activo circulante recortaba posiciones al 30 por ciento. Sin embargo, se apreciaba una mengua en la calidad de la estructura financiera al ceder los recursos propios, ajustándose al 48 por ciento, pisando con garbo la deuda a largo plazo —equivalente al 25 por ciento del pasivo— y expandiendo sus dominios la deuda a corto plazo al inyectar el 27 por ciento de la financiación global.

Esa silueta de teórico empeoramiento de la situación patrimonial y financiera de Apple persiste en los tres ejercicios siguientes, de 2015 a 2017. En el plano del activo, el inmovilizado oscila entre el 69 por ciento de la inversión total en 2015 al 66 por ciento en 2017, y el activo circulante, entre el 31 por ciento y el 34 por ciento. No obstante, por el lado del pasivo es donde el panorama se enturbia. Caen los recursos propios no en valor absoluto, que sí se van envalentonando, sino en su peso relativo sobre el conjunto de la financiación, al extremo de reducirse del 41 por ciento en 2015 al 36 por ciento en 2017. Eso acarrea que la deuda a largo plazo amplíe su parcela, y de representar el 31 por ciento de la financiación en 2015, crezca al 37 por ciento en 2017, mientras la deuda a corto se estabiliza.

La sensación resultante después de ese vistazo a los balances de Apple es que se deslucen, lo que hace que se encienda alguna señal de alerta para quienes son reticentes a sus balances.

¿Qué paisaje presentaba el balance de Apple cerrado a 29 de septiembre de 2018? *Prima facie*, se reafirma el ensombrecimiento de la posición financiera de Apple. Su patrimonio neto contribuye únicamente con el 29 por ciento a la financiación total de la compañía, la deuda a largo plazo se consolida como la gran alternativa, con un peso del 39 por ciento de los recursos totales, y la deuda a corto representa el 32 por ciento. El activo fijo en cifras absolutas se ha aligerado algo y el circulante aumenta un poco; el primero equivale al 64 por ciento de la inversión global y el segundo al 36 por ciento. Sobre el papel, se colige un desgaste de la perspectiva patrimonial y, más en concreto, financiera en el transcurso del período 2013-2018.

No es de extrañar que cuando lanzo este comentario en clase, las muecas de desaprobación cundan entre el alumnado, sensibilizado al visualizar cómo un icono de la talla de Apple va cediendo solvencia, su endeudamiento aumenta al igual que su dependencia financiera y su magnífica posición en el corto plazo mengua. Raudo, alertado por el *feedback* de la clase, reacciono. ¡Qué no cunda el pánico, muchachos!, bramo para *incontinenti* e insisto en que nunca hay que guiarse por las apariencias ni por esa primera impresión.

Si las cosas financieramente en Apple pintaran mal, reflexiono, ¿sería Apple un plato deliciosamente apetitoso en Wall Street y cotizando al alza?, ¿capitalizaría más de un billón de dólares?, ¿sería la primera empresa del ranking? ¡No, claro que no! Sus accionistas, si Apple mostrara síntomas de ocaso, se batirían en retirada, los inversores huirían, sus títulos cotizarían a la baja, sus acciones no se apreciarían en los mercados de valores, su equipo gestor habría sido derrocado si la firma de Cupertino realmente presentara visos de inestabilidad financiera y todas las alarmas de los mercados bursátiles se habrían disparado, con recomendaciones de venta inundando los despachos de los agentes de bolsa. Entonces, ¿por qué hay que conservar la calma cuando esos balances de Apple dejan entrever sombras?

Diseccionemos los balances de Apple de esos ejercicios, ciñéndonos al cuatrienio 2015-2018. En el ejercicio de 2015, el *cash* e inversiones financieras de Apple sumaban 205.666 millones de dólares, es decir, el 71 por ciento de sus activos, y en 2016, ascendían a 237.585 millones de dólares, el 74 por ciento de sus activos. En 2017, ¡268.895 millones, el 72 por ciento! En 2018, los recursos monetarios de la compañía ascendían a 237.100 millones, el 65 por ciento del activo.

Apple rompe el patrón clásico del activo fijo, proverbialmente concebido como un activo encadenado y muy concentrado en inmovilizado en bienes y equipo. Apple exhibe unos activos primordialmente materializados en dinero. Eso da un juego de liquidez exultante a las inversiones. Apple se endeuda, en especial, por su agresiva política retributiva a favor de sus accionistas, pagando suculentos dividendos y recomprando acciones...

¿Cómo son los intestinos de sus balances de los ejercicios de 2015 a 2018? Entonemos un claro mensaje positivista... (véase la tabla 3.3).

Con fina ironía, el analista deslizaría aquello de que los balances de Apple son bonitos y rezuman sensualidad. ¿Por qué? Si miramos sus activos de esos cuatro ejercicios, se advierte, dentro del activo corriente, la bravura de su liquidez, el modoso papel de las cuentas a cobrar y un nivel de stock muy bajo. Que los activos corrientes cristalicen en liquidez transmite un empaque

Tabla 3.3 **Apple: balances cerrados de 2015 a 2018**

	Apple 26-09-2015		Apple 24-09-2016		Apple 30-09-2017		Apple 29-09-2018	
Activo	**m. m. $**	**%**	**m. m. $**	**%**	**m. m. $**	**%**	**m. m. $**	**%**
Efectivo y otros activos líquidos equivalentes	21.120	7,3	20.484	6,4	20.289	5,4	25.913	7,1
Inversiones financieras a corto plazo	20.481	7,1	46.671	14,5	53.892	14,4	40.388	11,0
Deudores comerciales y otras cuentas a cobrar	16.849	5,8	15.754	4,9	17.874	4,8	23.186	6,3
Existencias	2.349	0,8	2.132	0,7	4.855	1,3	3.956	1,1
Otros activos corrientes	28.579	9,8	21.828	6,8	31.735	8,5	37.896	10,4
Activo corriente	**89.378**	**30,8**	**106.869**	**33,2**	**128.645**	**34,3**	**131.339**	**35,9**
Inversiones financieras a largo plazo	164.065	56,5	170.430	53,0	194.714	51,9	170.799	46,7
Inmovilizado material	22.471	7,7	27.010	8,4	33.783	9,0	41.304	11,3
Fondo de comercio (*goodwill*)*	5.116	1,8	5.414	1,7	5.717	1,5	N/d	-
Inmovilizado intangible	3.893	1,3	3.206	1,0	2.298	0,6	N/d	-
Otros activos no corrientes	5.422	1,9	8.757	2,7	10.162	2,7	22.283	6,1
Activo no corriente	**200.967**	**69,2**	**214.817**	**66,8**	**246.674**	**65,7**	**234.386**	**64,1**
Activo total	**290.345**	**100**	**321.686**	**100**	**375.319**	**100**	**365.725**	**100**
Pasivo	**m. m. $**	**%**	**m. m. $**	**%**	**m. m. $**	**%**	**m. m. $**	**%**
Periodificaciones a corto plazo	8.940	3,1	8.080	2,5	7.548	2,0	7.543	2,1
Acreedores comerciales y otras cuentas a pagar	35.490	12,2	37.294	11,6	49.049	13,1	55.888	15,3
Deudas a corto plazo	10.999	3,8	11.605	3,6	18.473	4,9	20.748	5,7
Otros pasivos corrientes	25.181	8,7	22.027	6,8	25.744	6,9	32.687	8,9
Pasivo corriente	**80.610**	**27,8**	**79.006**	**24,6**	**100.814**	**26,9**	**116.866**	**32,0**
Periodificaciones a largo plazo	3.624	1,2	2.930	0,9	2.836	0,8	2.797	0,8
Pasivos por impuesto diferido	-	0,0	-	0,0	-	0,0	-	0,0
Deudas a largo plazo	53.329	18,4	75.427	23,4	97.207	25,9	93.735	25,6
Otros pasivos no corrientes	33.427	11,5	36.074	11,2	40.415	10,8	45.180	12,4
Pasivo no corriente	**90.380**	**31,1**	**114.431**	**35,6**	**140.458**	**37,4**	**141.712**	**38,7**
Reservas	91.939	31,7	96.998	30,2	98.180	26,2	66.946	18,3
Capital	27.416	9,4	31.251	9,7	35.867	9,6	40.201	11,0
Patrimonio neto	**119.355**	**41,1**	**128.249**	**39,9**	**134.047**	**35,7**	**107.147**	**29,3**
Pasivo total	**290.345**	**100**	**321.686**	**100**	**375.319**	**100**	**365.725**	**100**

* Apple inc. No informa del detalle de sus otros activos no corrientes, ni del inmovilizado intangible, ni tampoco sobre el fondo de comercio en su informe anual del ejercicio cerrado a 29 de septiembre de 2018

tremendo por muchos motivos. Cubre gran parte de la deuda a corto plazo con *cash*, tiene disponibilidad inmediata de dinero para llevar a cabo *ipso facto* cualquier transacción, puede encajar sin dificultades cualquier pequeña adversidad que surja —como el pago afianzando la sanción impuesta por la Unión Europea, según la Comisión en virtud de las ventajas fiscales recibidas de Irlanda y que comportó para Apple un desembolso de 14.300

millones de euros; de ahí, en parte, la disminución del saldo de inversiones financieras, con independencia de los jugosos pagos a sus accionistas por recompras de acciones y dividendos— gracias a su efectivo, le unge de osadía ante cualquier negociación, con excelente disposición para adquirir, en cuestión de horas, otro negocio que se ponga a tiro...

No estará de más que en este instante rememore experiencias de años atrás, bueno, de lustros pasados o, mejor, de décadas pretéritas, mas también de ayer por la tarde.

Les explico a mis alumnos, en este punto del análisis de los activos de Apple, que, en mis tiempos de estudiante, cuando me sentaba donde ellos lo hacen ahora, era muy difícil encontrar un balance en cuyo activo predominara la liquidez. Lo más habitual, entonces y todavía hoy, era y es contemplar activos cargados de stock y de cuentas a cobrar con los saldos monetarios bajo mínimos. Eran, aquellos, otros tiempos en los cuales se tiraba con facilidad de la deuda bancaria. Los bancos, más que mirar la capacidad de devolución de los préstamos que concedían, atendían a la garantía que ofrecía tanto el patrimonio de la empresa como el de sus propietarios mediante avales. Con esa caución echaban millas de crédito. Después, con las ulteriores crisis financieras que se desataron, por ejemplo, la del primer quinquenio de los años noventa y sin duda la de 2008, la banca ha extremado sus cautelas a la hora de dar crédito. Actualmente, el criterio predominante es el de que la empresa genere *cash flow* suficiente, o sea, dinero, para devolver en condiciones de normalidad la deuda, considerando, eso sí, el tipo de negocio, el sector en el que opera y sus perspectivas de futuro.

La verdad es que la contracción crediticia que ha imperado a lo largo de estos años, con más énfasis desde el golpe de 2008, ha ayudado a que un gran número de empresas reaccione. ¿Cómo? Usando menos financiación bancaria, lo que tiene sus aspectos positivos por la menor dependencia financiera y sumisión hacia la banca y sirve, al mismo tiempo, para apuntalar la financiación propia y, lógicamente, por el otro frente, se traduce en aspectos negativos: los bancos conceden menos crédito y más selectivos cuando, al fin y al cabo, el negocio bancario básico consiste en recibir dinero en forma de depósitos y dejarlo, o sea, prestarlo, ganando por el diferencial entre las operaciones de activo y el coste de los pasivos. El recorte de los tipos de interés, junto con la macroprudencia bancaria en la concesión de crédito, castiga las cuentas de resultados del sector financiero cuyos márgenes y excedentes se estrechan.

Y sigo señalando, en mi explicación a los estudiantes, que se infiere cómo la gestión de los activos empresariales se está focalizando mucho más en propender a la liquidez, de modo que los voluminosos saldos de cuentas a cobrar de la clientela tienden a disminuir y, en particular, aminorándose descarados niveles de stock. Éste es el sello de las grandes tecnológicas, rubricado por otra impronta: los activos empresariales son menos fijos y más circulantes.

Riesgos del endeudamiento

Las empresas españolas han ido aprendiendo a golpe de crisis, por las bofetadas del estrangulante endeudamiento, sobre todo bancario, al que durante tanto tiempo recurrían, descuidando el flanco del patrimonio neto, es decir, el de reforzar sus recursos propios. Y pasó lo que pasó... Fijémonos en la tabla siguiente, en la que se presenta la evolución del producto interior bruto en España, desde 2002 a 2018, y la financiación empresarial en esos mismos años, según datos del Banco de España (véase la tabla 3.4).

Hasta el año 2008, la economía española crecía y, en paralelo, lo hacía la financiación empresarial. Si en 2002 la financiación empresarial suponía el 65 por ciento del PIB, en 2008 la deuda de nuestras empresas representaba el 113 por ciento del PIB. Las circunstancias obligaron a reducir el intimidatorio endeudamiento que en 2017 sólo constituía el 76 por ciento y en 2018 se podaba al 73 por ciento.

Durante los años de expansión económica, vivimos una etapa de crecimiento con apalancamiento. Sinceramente, eso del apalancamiento no es exactamente mi debilidad, por más que otros

Tabla 3.4

Año	Producto Interior Bruto, en millones de €	Financiación a las sociedades no financieras, en millones de €
2002	749.288	486.222
2003	803.472	555.646
2004	861.420	632.875
2005	930.566	774.047
2006	1.007.974	994.123
2007	1.080.807	1.175.769
2008	1.116.207	1.261.105
2009	1.079.034	1.246.501
2010	1.080.913	1.244.017
2011	1.070.413	1.194.031
2012	1.039.758	1.099.706
2013	1.025.634	1.009.447
2014	1.037.820	950.182
2015	1.081.165	925.451
2016	1.118.743	905.373
2017	1.166.319	891.797
2018	1.208.248	888.301

Fuente: Banco de España

magníficos colegas y buenos amigos loen sus excelencias a diestro y siniestro. Cuando a lo largo de mi vida me han ido narrando las infinitas bondades y los límpidos y embriagadores perfumes del apalancamiento, que hablando en plata es deuda pura y dura, siempre me he hecho el longui, o sea, el despistado. No exagero si digo que cuando alguien ensalzaba las cualidades del susodicho apalancamiento, con el paso del tiempo me enteraba de la posterior entrada en estado de coma y, peor, de la defunción de la entidad apalancada, poniéndome al corriente de las penurias infernales a que se veía condenada.

¡Cuidado con el apalancamiento, que los peligros son realmente amenazantes! ¿Cuántos fiascos han tenido y siguen teniendo su origen en el uso y abuso del apalancamiento, que a la postre ha degenerado en deuda impagada? ¿Cuántos desastres empresariales, insolvencias, quiebras, bancarrotas se han forjado por culpa de la borrachera del apalancamiento? ¡Infinidad, aquí en España y en cualquier otro rincón del mundo, incluido el propio Estados Unidos! Está bien utilizar un apalancamiento convincente y mesurado, aunque la verdad, cuando se examinan determinados balances, al cabo de unos minutos se entiende hacia qué abismos endiablados puede precipitar el aciago juego del apalancamiento...

Los casos de Abengoa, FCC, Sacyr y OHL

Algunos ejemplos de conocidas empresas ilustran, con sus guarismos y sus balances sintéticos, el porqué de ese serio temor al apalancamiento excesivo.

Abengoa, multinacional española que cotizaba en el IBEX 35 hasta 2015 y que se lanzó a una atrevida expansión internacional en el sector de la energía y el medioambiente con las llamadas renovables, simboliza claramente los riesgos de un endeudamiento desorbitado (véase la tabla 3.5).

Tabla 3.5 **Abengoa: balances sintéticos 2007 - Septiembre 2015**

	Activo m. m. €	Deuda total m. m. €	Recursos propios m. m. €
Ejercicio 2007	8.110	7.312	798
Ejercicio 2008	9.795	9.168	627
Ejercicio 2009	12.370	11.199	1.171
Ejercicio 2010	16.974	15.344	1.630
Ejercicio 2011	18.794	17.068	1.726
Ejercicio 2012	19.334	17.474	1.860
Ejercicio 2013	21.153	19.260	1.893
Ejercicio 2014	25.247	22.600	2.646
30-9-2015	27.357	24.741	2.616

Una somera ojeada a la evolución de los balances de Abengoa en el transcurso del período reseñado, que pone de relieve la azarosa disyuntiva financiera a la que la compañía sevillana se enfrentaba, basta para darse cuenta de su apurada situación de resultas de una arriesgada exposición a la deuda y de unos cabizbajos recursos propios.

El crecimiento de Abengoa, que triplicó ampliamente el tamaño de sus activos de 2007 a 2015, se sustentó sobre los pilares de un endeudamiento galopante y una clamorosa ausencia de recursos propios que estuvieran más o menos en sintonía con la envergadura que la empresa iba adquiriendo. Tanto va el cántaro a la fuente que al final se rompe, reza el dicho popular, y eso es lo que voces irreverentes profetizábamos al sondear sus cuentas año tras año. Y el drama de Abengoa llegó.

Las cuentas de resultados de la compañía sevillana correspondientes al período previo a su crisis, que tuvo lugar durante el otoño de 2015, son expresivas (véase la tabla 3.6).

Tabla 3.6 **Abengoa: cuentas de resultados 2011 - 30 septiembre 2015**

	2011		2012		2013		2014		Sept. 2015	
Cuentas de resultados: síntesis	**m. m. €**	**%**	**m. m. €**	**%**	**m. m. €**	**%**	**m. m. €**	**%**	**m. m. €**	**%**
Ingresos de explotación	7.948	100%	8.349	100%	7.687	100%	7.339	100%	5.041	100%
Consumos	−5.108	−64%	−5.253	−63%	−4.462	58%	−4.082	−56%	−2.791	−55%
Gastos de personal	−697	−9%	−799	−10%	−755	−10%	−872	−12%	−670	−13%
Amortizaciones	−258	−3%	−472	−6%	−516	−7%	−475	−6%	−363	−7%
Otros gastos de explotación	−1.040	−13%	−1.050	−13%	−1.201	−16%	−977	−13%	−688	−14%
Resultado de explotación	**+844**	**+11%**	**+775**	**+10%**	**+751**	**+10%**	**+933**	**+13%**	**+529**	**+10%**
Resultado financiero	−695	−9%	−729	−9%	−639	−8%	−855	−12%	−658	−13%
Resultado ordinario	**+149**	**+2%**	**+46**	**+1%**	**+112**	**+2%**	**+78**	**+1%**	**−129**	**−3%**
Participación en asociadas (ben/pérd)	+4	0%	+3	0%	−5	0%	+7	0%	+8	0%
Resultado antes de impuestos (BAI)	**+153**	**+2%**	**+49**	**+1%**	**+107**	**1%**	**+85**	**+1%**	**−121**	**−2%**
Impuesto sobre beneficios	+29	0%	+123	+1%	+26	0%	+59	+1%	+118	+2%
Resultado de actividades continuadas	**+182**	**+2%**	**+172**	**+2%**	**+133**	**+1%**	**+144**	**+2%**	**−3**	**−0%**
Resultado de operaciones interrumpidas	+91	+1%	–	–	−23	0%	−22	0%	−385	−8%
Resultado neto del ejercicio	**+274**	**+3%**	**+172**	**+2%**	**+110**	**+1%**	**+122**	**+2%**	**−388**	**−8%**

El descenso de sus ingresos fue una de las causas que la empujó a un estado crítico, pero, sin duda, aunque su resultado de explotación mantuviera el tipo en esos ejercicios, el foco de su infección se localizaba en un arriesgado endeudamiento que exigía su costoso peaje en forma de gastos financieros. La dimensión de los sucesivos resultados financieros negativos acabó por devorar los atisbos del superávit de explotación, hundiendo a Abengoa en la consecución de déficit ordinario en septiembre de 2015 y por más que el elixir del impuesto sobre beneficios con signo positivo procurara enmendar los renglones torcidos, no pudo impedirse la caída que teñía de rojo su resultado neto.

Fomento de Construcciones y Contratas (FCC), una de las grandes constructoras españolas con presencia en muchos países, también fue víctima de su voluminosa deuda y de su abatido patrimonio neto, saliendo del IBEX 35 en 2016 (véase la tabla 3.7).

Tabla 3.7 **FCC: balances resumidos en millones de euros**

	2008	2009	2010	2011	2012	2013	2014	2015	2016	2017
Activo										
Activo fijo o activo no corriente	11.832	12.833	13.394	11.074	10.578	8.442	7.854	8.184	7.009	6.761
Activo circulante o activo corriente	8.760	8.428	8.585	11.373	9.160	7.160	6.169	4.678	3.761	3.806
Activo total = inversión empresarial	20.592	21.261	21.979	22.447	19.738	15.602	14.023	12.862	10.770	10.567
Pasivo										
No exigible o patrimonio neto	3.196	3.137	3.206	2.915	1.722	243	495	487	937	938
Deuda a largo plazo o pasivo no corriente	8.760	10.620	10.963	7.535	7.572	3.472	7.834	7.718	6.596	6.113
Deuda a corto plazo o pasivo corriente	8.636	7.504	7.810	11.997	10.444	11.887	5.694	4.657	3.237	3.516
Pasivo total = financiación empresarial	20.592	21.261	21.979	22.447	19.738	15.602	14.023	12.862	10.770	10.567
Deuda total = recursos ajenos totales	17.396	18.124	18.773	19.532	18.016	15.359	13.528	12.375	9.833	9.629

Tales desdichas padecerían en el mismo año 2016 otros dos conglomerados constructores españoles que dejaron el IBEX 35: Sacyr y OHL (véase la tabla 3.8).

Los balances suelen ser los mares a los que van a parar unos ríos que son las cuentas de resultados. Por ello, procede examinar las cuentas de resultados de FCC, Sacyr y OHL a lo largo del período comprendido entre 2008 y 2017 para interpretar adecuadamente el contexto de unos balances que denotan tensiones financieras de grueso calibre (véanse las tablas 3.9, 3.10 y 3.11).

Tabla 3.8 **Sacyr y OHL: balances resumidos en millones de euros**

Sacyr	**2008**	**2009**	**2010**	**2011**	**2012**	**2013**	**2014**	**2015**	**2016**	**2017**
Activo										
Activo fijo o activo no corriente	14.355	13.844	14.677	10.795	9.787	8.906	8.629	6.778	7.024	8.098
Activo circulante o activo corriente	13.758	6.514	6.436	5.915	5.174	4.252	3.149	3.679	3.665	5.478
Activo total = inversión empresarial	28.113	20.358	21.113	16.710	14.961	13.157	11.778	10.457	10.689	13.576
Pasivo										
No exigible o patrimonio neto	2.653	2.924	3.791	2.548	1.476	968	1.326	1.912	2.080	2.004
Deuda a largo plazo o pasivo no corriente	10.843	11.014	5.623	8.296	7.724	6.647	4.318	5.052	5.272	7.253
Deuda a corto plazo o pasivo corriente	14.617	6.421	11.699	5.866	5.761	5.543	6.133	3.494	3.337	4.319
Pasivo total = financiación empresarial	28.113	20.358	21.113	16.710	14.961	13.157	11.778	10.457	10.689	13.576
Deuda total = recursos ajenos totales	25.460	17.434	17.322	14.162	13.485	12.190	10.452	8.546	8.609	11.572

OHL	**2008**	**2009**	**2010**	**2011**	**2012**	**2013**	**2014**	**2015**	**2016**	**2017**
Activo										
Activo fijo o activo no corriente	4.865	6.412	8.582	8.763	8.622	10.104	10.510	10.234	8.589	1.665
Activo circulante o activo corriente	2.788	3.121	4.020	4.164	3.585	3.576	3.720	5.055	4.331	10.543
Activo total = inversión empresarial	7.653	9.533	12.602	12.926	12.207	13.680	14.230	15.289	12.920	12.208
Pasivo										
No exigible o patrimonio neto	703	1.195	2.025	1.978	2.721	3.282	3.492	4.812	4.043	4.183
Deuda a largo plazo o pasivo no corriente	3.929	4.407	6.718	6.957	6.384	7.310	7.049	6.583	5.454	1.124
Deuda a corto plazo o pasivo corriente	3.020	3.931	3.860	3.992	3.102	3.087	3.689	3.894	3.424	6.901
Pasivo total = financiación empresarial	7.653	9.533	12.602	12.926	12.207	13.680	14.230	15.289	12.920	12.208
Deuda total = recursos ajenos totales	6.950	8.338	10.578	10.948	9.485	10.398	10.738	10.477	8.877	8.025

Tabla 3.9 **FCC: cuentas de resultados**

	2008		2009		2010		2011		2012		2013		2014		2015		2016		2017	
	m. m. €	%	m. m. €	%	m. m. €	%	m. m. €	%	m. m. €	%	m. m. €	%	m. m. €	%	m. m. €	%	m. m. €	%	m. m. €	%
Importe cifra de negocios	14.016	100	12.700	100	12.114	100	11.755	100	11.152	100	6.726	100	6.334	100	6.476	100	5.952	100	5.802	100
Coste de ventas	7.049	50	6.152	48	5.609	46	5.448	46	5.204	47	2.661	40	2.240	35	2.547	39	2.143	36	2.186	38
Margen bruto	6.968	50	6.548	52	6.505	54	6.306	54	5.949	53	4.066	60	4.094	65	3.929	61	3.809	64	3.616	62
Gastos de personal	3.261	23	3.297	26	3.301	27	3.293	28	3.191	29	1.996	30	1.917	30	1.859	29	1.822	31	1.780	31
Otros gastos de explotación	2.427	17	2.199	17	2.191	18	2.137	18	2.508	22	1.886	28	1.637	26	1.475	23	1.381	23	1.209	21
Amortización del inmovilizado	724	5	738	6	732	6	644	5	641	6	424	6	404	6	433	7	405	7	371	6
Gastos de explotación	6.411	46	6.233	49	6.224	51	6.073	52	6.340	57	4.305	64	3.958	62	3.766	58	3.608	61	3.360	58
Resultado previo explotación	556	4	315	2	282	2	233	2	–391	–4	–239	–4	136	2	163	3	201	3	256	4
Trabajos realizados para su activo	85	1	50	0	83	1	54	0	76	1	100	1	45	1	32	1	53	1	35	1
Otros ingresos de explotación	375	3	358	3	338	3	322	3	428	4	226	3	219	3	186	3	175	3	154	3
Resultado de explotación	1.017	7	723	6	702	6	609	5	113	1	87	1	400	6	381	6	429	7	445	8
Resultado financiero	–469	–3	–275	–2	–397	–3	–379	–3	–508	–5	–517	–8	–388	–6	–365	–6	–311	–5	–287	–5
Resultado ordinario	548	4	448	4	305	3	230	2	–395	–4	–430	–6	11	0	17	0	118	2	158	3
Resultados extraordinarios	–70	–1	8	0	71	1	–208	–2	–516	–5	–390	–6	–745	–12	–58	–1	–335	–6	–9	0
Resultados método de la participación	13	0	–6	0	17	0	33	0	–128	–1	59	1	–85	–1	35	1	56	1	34	1
Resultado antes de impuestos	490	3	450	4	394	3	55	0	–1.039	–9	–761	–11	–819	–13	–6	0	–161	–3	183	3
Impuesto sobre beneficios	–94	–1	–115	–1	–80	–1	–27	0	164	1	136	2	64	1	41	1	–35	–1	–60	–1
Resultado operaciones continuadas	396	3	335	3	314	3	28	0	–875	–8	–625	–9	–755	–12	35	1	–196	–3	124	2
Resultados operaciones interrumpidas	0	0	0	0	0	0	–25	0	–217	–2	–905	–13	21	0	–89	–1	–7	0	0	0
Resultado del ejercicio	396	3	335	3	314	3	3	0	–1.092	–10	–1.530	–23	–733	–12	–54	–1	–203	–3	124	2

NOTA: diferencias porcentuales por redondeos de las cifras reportadas en miles de euros por la Compañía.

Tabla 3.10 **SACYR: cuentas de resultados**

	2008		2009		2010		2011		2012		2013		2014		2015		2016		2017	
	m. m. €	%	m. m. €	%	m. m. €	%	m. m. €	%	m. m. €	%	m. m. €	%	m. m. €	%	m. m. €	%	m. m. €	%	m. m. €	%
Importe cifra de negocios	**5.379**	**100**	**5.858**	**100**	**4.820**	**100**	**3.949**	**100**	**3.614**	**100**	**3.065**	**100**	**2.901**	**100**	**2.949**	**100**	**2.860**	**100**	**3.093**	**100**
Coste de ventas	**3.123**	**58**	**3.874**	**66**	**2.685**	**56**	**1.979**	**50**	**1.897**	**53**	**1.512**	**49**	**1.175**	**41**	**1.245**	**42**	**1.093**	**38**	**1.176**	**38**
Margen bruto	**2.256**	**42**	**1.984**	**34**	**2.135**	**44**	**1.971**	**50**	**1.716**	**47**	**1.553**	**51**	**1.725**	**59**	**1.704**	**58**	**1.767**	**62**	**1.917**	**62**
Gastos de personal	722	13	721	12	734	15	739	19	754	21	768	25	718	25	741	25	866	30	949	31
Otros gastos de explotación	1.359	25	1.320	23	1.128	23	1.121	28	1.032	29	686	22	675	23	819	28	683	24	751	24
Amortización del inmovilizado	161	3	176	3	164	3	188	5	187	5	187	6	114	4	110	4	113	4	118	4
Gastos de explotación	**2.243**	**42**	**2.216**	**38**	**2.026**	**42**	**2.048**	**52**	**1.973**	**55**	**1.641**	**54**	**1.507**	**52**	**1.670**	**57**	**1.662**	**58**	**1.818**	**59**
Resultado previo explotación	**14**	**0**	**−232**	**−4**	**109**	**2**	**−78**	**−2**	**−257**	**−7**	**−87**	**−3**	**218**	**8**	**34**	**1**	**105**	**4**	**99**	**3**
Trabajos realizados para su activo	127	2	65	1	52	1	23	1	18	0	13	0	9	0	4	0	1	0	2	0
Otros ingresos de explotación	182	3	210	4	223	5	261	7	175	5	144	5	81	3	107	4	98	3	172	6
Resultado de explotación	**322**	**6**	**44**	**1**	**384**	**8**	**206**	**5**	**−63**	**−2**	**70**	**2**	**308**	**11**	**145**	**5**	**204**	**7**	**272**	**9**
Resultado financiero	**−821**	**−15**	**−563**	**−10**	**−477**	**−10**	**−566**	**−14**	**−450**	**−12**	**−405**	**−13**	**−277**	**−10**	**−355**	**−12**	**−262**	**−9**	**−304**	**−10**
Resultado ordinario	**−499**	**−9**	**−519**	**−9**	**−92**	**−2**	**−360**	**−9**	**−514**	**−14**	**−335**	**−11**	**31**	**1**	**−210**	**−7**	**−57**	**−2**	**−32**	**−1**
Resultados extraordinarios	**−433**	**−8**	**17**	**0**	**7**	**0**	**−1.110**	**−28**	**18**	**0**	**49**	**2**	**31**	**1**	**35**	**1**	**31**	**1**	**−16**	**−1**
Resultados método de la participación	519	10	−171	−3	274	6	−672	−17	−869	−24	160	5	171	6	−468	−16	207	7	259	8
Resultado antes de impuestos	**−413**	**−8**	**−673**	**−11**	**188**	**4**	**−2.142**	**−54**	**−1.366**	**−38**	**−126**	**−4**	**234**	**8**	**−642**	**−22**	**181**	**6**	**212**	**7**
Impuesto sobre beneficios	128	2	276	5	30	1	539	14	386	11	−188	−6	−194	−7	−157	−5	−46	−2	−43	−1
Resultado operaciones continuadas	**−285**	**−5**	**−397**	**−7**	**218**	**5**	**−1.602**	**−41**	**−980**	**−27**	**−314**	**−10**	**39**	**1**	**−800**	**−27**	**135**	**5**	**169**	**5**
Resultados operaciones interrumpidas	38	1	911	16	−8	0	0	0	3	0	−189	−6	0	0	1.183	40	0	0	0	0
Resultado del ejercicio	**−246**	**−5**	**514**	**9**	**211**	**4**	**−1.602**	**−41**	**−977**	**−27**	**−503**	**−16**	**39**	**1**	**384**	**13**	**135**	**5**	**169**	**5**

NOTA: diferencias porcentuales por redondeos de las cifras reportadas en miles de euros por la Compañía.

Tabla 3.11 **OHL: cuentas de resultados**

	2008		2009		2010		2011		2012		2013		2014		2015		2016		2017	
	m. m. €	%	m. m. €	%	m. m. €	%	m. m. €	%	m. m. €	%	m. m. €	%	m. m. €	%	m. m. €	%	m. m. €	%	m. m. €	%
Importe cifra de negocios	**4.009**	**100**	**4.390**	**100**	**4.910**	**100**	**4.870**	**100**	**4.030**	**100**	**3.684**	**100**	**3.731**	**100**	**4.369**	**100**	**3.863**	**100**	**3.216**	**100**
Coste de ventas	**2.469**	**62**	**2.592**	**59**	**2.821**	**57**	**2.698**	**55**	**2.384**	**59**	**1.972**	**54**	**2.043**	**55**	**2.565**	**59**	**2.753**	**71**	**2.121**	**66**
Margen bruto	**1.540**	**38**	**1.798**	**41**	**2.089**	**43**	**2.172**	**45**	**1.646**	**41**	**1.712**	**46**	**1.687**	**45**	**1.804**	**41**	**1.109**	**29**	**1.095**	**34**
Gastos de personal	544	14	613	14	683	14	708	15	652	16	671	18	720	19	891	20	927	24	839	26
Otros gastos de explotación	619	15	683	16	873	18	674	14	771	19	708	19	998	27	865	20	742	19	452	14
Amortización del inmovilizado	185	5	212	5	246	5	252	5	171	4	168	5	183	5	166	4	137	4	73	2
Gastos de explotación	**1.348**	**34**	**1.508**	**34**	**1.803**	**37**	**1.634**	**34**	**1.594**	**40**	**1.547**	**42**	**1.901**	**51**	**1.922**	**44**	**1.806**	**47**	**1.365**	**42**
Resultado previo explotación	**192**	**5**	**289**	**7**	**287**	**6**	**538**	**11**	**52**	**1**	**165**	**4**	**–214**	**–6**	**–118**	**–3**	**–697**	**–18**	**–270**	**–8**
Trabajos realizados para su activo	46	1	15	0	13	0	6	0	4	0	5	0	4	0	3	0	1	0	1	0
Otros ingresos de explotación	199	5	226	5	416	8	414	9	644	16	856	23	815	22	797	18	710	18	113	4
Resultado de explotación	**438**	**11**	**530**	**12**	**716**	**15**	**959**	**20**	**701**	**17**	**1.026**	**28**	**605**	**16**	**682**	**16**	**14**	**0**	**–156**	**–5**
Resultado financiero	**–162**	**–4**	**–199**	**–5**	**–332**	**–7**	**–441**	**–9**	**–387**	**–10**	**–524**	**–14**	**–303**	**–8**	**–478**	**–11**	**–65**	**–2**	**–47**	**–1**
Resultado ordinario	**276**	**7**	**331**	**8**	**384**	**8**	**518**	**11**	**314**	**8**	**503**	**14**	**302**	**8**	**205**	**5**	**–51**	**–1**	**–202**	**–6**
Resultados extraordinarios	**–16**	**0**	**5**	**0**	**–16**	**0**	**14**	**0**	**–40**	**–1**	**5**	**0**	**9**	**0**	**2**	**0**	**8**	**0**	**23**	**1**
Resultados método de la participación	7	0	–2	0	14	0	11	0	7	0	120	3	98	3	227	5	–35	–1	–45	–1
Resultado antes de impuestos	**267**	**7**	**334**	**8**	**382**	**8**	**543**	**11**	**281**	**7**	**628**	**17**	**409**	**11**	**434**	**10**	**–78**	**–2**	**–225**	**–7**
Impuesto sobre beneficios	–85	–2	–121	–3	–130	–3	–195	–4	–342	–8	–223	–6	–224	–6	–175	–4	–157	–4	7	0
Resultado operaciones continuadas	**182**	**5**	**212**	**5**	**252**	**5**	**348**	**7**	**–61**	**–2**	**405**	**11**	**185**	**5**	**259**	**6**	**–235**	**–6**	**–218**	**–7**
Resultados operaciones interrumpidas	0	0	0	0	0	0	1	0	1.162	29	0	0	0	0	0	0	0	0	498	15
Resultado del ejercicio	**182**	**5**	**212**	**5**	**252**	**5**	**349**	**7**	**1.101**	**27**	**405**	**11**	**185**	**5**	**259**	**6**	**–235**	**–6**	**280**	**9**

Nota: diferencias porcentuales por redondeos de las cifras reportadas en miles de euros por la Compañía.

La contracción del importe de la cifra de negocios en FCC, con una drástica bajada en 2013, reordenando su negocio, la carga de los gastos de explotación, el empeoramiento del resultado previo de explotación, la necesidad de generar otros ingresos con los que enderezar el resultado de explotación, la sacudida de los asfixiantes costes financieros netos, las minusvalías de carácter extraordinario y la exigencia de desprenderse de activos operacionales menos estratégicos para dar un golpe de timón a su actividad y reestructurar la deuda, deslindan la delicada postura financiera de una empresa histórica como FCC.

Algo de eso ocurre con Sacyr, cuya cifra de negocios, por distintas razones, entre ellas su adelgazamiento empresarial al desprenderse de compañías participadas en un afán de generar liquidez con la que atender sus apremiantes compromisos de pago por deudas contraídas por inversiones de variado porte —como su cartera de acciones en Repsol, incluyendo componendas para hacerse con el control de la petrolera—, se va encogiendo en el transcurso de esos ejercicios. La flaqueza de su resultado previo de explotación entre 2008 y 2013, que se intenta recomponer a partir de 2014, requiriendo de otros ingresos merced a los que saldar con signo positivo el resultado de explotación propiamente dicho, se fustiga sobremanera por la dentellada de los costes financieros, de modo que cada ejercicio, entre 2008 y 2017, la cuenta de resultados de Sacyr vomita déficit ordinario. En 2011, encima, la bofetada de una pérdida extraordinaria de más de 1.100 millones de euros es letal. El tono de esos ejercicios es preocupantemente deficitario y sólo se mitiga en parte con las ganancias derivadas de operaciones interrumpidas.

La fisonomía de las cuentas de pérdidas y ganancias de OHL, otra de nuestras afamadas constructoras con multiactividad que opera en varios países, es más favorable, sobre todo, por lo que respecta a su cuenta de explotación que, salvo en 2017, presenta superávit. Sin embargo, la embestida de su resultado financiero negativo, fruto de un endeudamiento incómodo y costoso, es dolorosa. Con todo, OHL logra capear el temporal crítico hasta 2016, año en el que, al igual que en 2017, afloran pérdidas por operaciones continuadas.

El análisis de las cuentas de resultados esclarece las raíces de unos balances maltrechos, donde las deudas campan a sus anchas y presionan agudamente el acontecer financiero, desequilibrando la armonía vital, como sucede en FCC y Sacyr, de la misma manera que en Abengoa.

Fue en 2008 cuando todo reventó o, bueno, casi todo, indico prolongando mi plática en clase. ¿Qué moraleja extrajo nuestro empresariado a partir de tan nefasta experiencia? ¡Que el endeudamiento financiero tenía que rebajarse, controlarse, ajustarse, dimensionarse! Y eso es lo que vemos tras el trienio 2009-2011, al margen de otras observaciones que agregar basándonos en un examen más profundo: la economía española no acaba de estar a la altura que debiera en los años posteriores en cuanto a su progresión; sin embargo, nuestras empresas reducen paso a paso su financiación ajena y persisten con tesón en el empeño de desendeudarse.

Aun cuando el desenvolvimiento de nuestra economía en valor absoluto y en euros corrientes sea timorato, sí es destacable la regeneración de su calidad: se crece sin que la deuda empresarial y familiar se dispare; al contrario, ésta se va ajustando a la baja. Si bien nuestra economía, como deja patente la trayectoria del PIB desde 2002 hasta hoy, y con mayor intensidad en ejercicios postreros, progresa a pocas revoluciones, hay que reconocerle, empero, un mérito indiscutible por lo que respecta a su estofa: se purifica al aminorar la deuda privada —la deuda de las familias, que al acabar 2008 se elevaba a 912.818 millones de euros, caía, al cierre de 2018, a 704.277 millones de euros; cosa opuesta es la deuda pública, que si al comienzo de 2008 se cifraba en 384.662 millones de euros, en junio de 2019 su cuantía era de 1.210.509 millones de euros— a diferencia de aquellos años de la década de los 2000, en que el PIB trepaba a golpe de deuda.

Volvamos a Apple y continuemos ahondando en sus activos. El gran componente del activo fijo no viene dado por tochos, ladrillos, inmuebles, máquinas, equipamiento e inmovilizados de similar pelaje. En otro tiempo, se daba un frenesí inversor en terrenos y edificios, era una verdadera obsesión.

Apple prescribe una renovación en la orientación de la inversión empresarial. Sus inmovilizados materiales representan nada más el 9 por ciento del activo total —en 2018, el 11 por ciento— y eso que en 2017 la compañía inauguró su novísima sede central en Cupertino, con su majestuoso auditorio Steve Jobs, en el que más de la mitad del espacio se encuentra bajo tierra y dispone de un aforo de mil personas, dentro del Apple Park. Y, no obstante, la inversión estrella del activo fijo se concreta en dinero, sí, dinero colocado a largo plazo. Sus inversiones financieras de este tipo superan el 50 por ciento del activo entre 2015 y 2017, para descender a poco menos del 47 por ciento en 2018.

Contrariamente a lo que pudiera pensarse, el inmovilizado intangible de Apple es más bien austero. Y su fondo de comercio (*goodwill*), ese activo que a veces es indicativo de onerosas y presuntuosas adquisiciones de negocios, es justito y adecentado. Aunque debemos enfatizar un pero nada convincente en las cuentas de Apple de 2018: no se detalla el montante de su fondo de comercio, ni tampoco se desglosa el saldo de su inmovilizado intangible. Y todos los extremos son descollantes y categóricos acerca del perfil inversor de Apple, si bien con ese hándicap apuntado.

Pasivos y mimos al accionista

Quienes están atentos y sienten pasión por el estudio de los estados financieros, en seguida advierten la estructura del pasivo de Apple, con una deuda enorme y unos recursos propios que pierden importancia y dejan que desear. Apple presenta un prominente apalancamiento y, como se ha repetido, ésta es una faceta en la que es aconsejable no despistarse. Repasemos esa estructura financiera de Apple para contagiarnos de sus esencias.

Los pasivos corrientes, o sea, la deuda a corto plazo, corresponden fundamentalmente a deuda operativa, esto es, vinculada al negocio de Apple. Predomina la deuda de carácter comercial por encima de la financiera. Éste es un punto que todo analista debe considerar. Cuando antes calificábamos los balances de Apple de bonitos y limpios, de alguna manera pretendíamos imbuir de la sensatez y coherencia de los conceptos que lo integran: sus activos son los que deben ser y otra cosa a dilucidar por cada cual será la de juzgar si los saldos de cada activo se encuadran en unos valores cabales y en consonancia con el contexto de su estructura económica y de la tipología de su actividad.

La deuda a largo plazo está muy ligada al guion de la estrategia fiscal seguida por Apple en aras de aligerar y posponer, que no eludir ni evadir, el pago del impuesto sobre sociedades, independientemente de que exista financiación inherente a determinados activos, así como un grueso, que en 2018 ascendía a más de 34.000 millones de dólares, de impuestos diferidos.

Tomemos nota del dinero que amasa Apple en su activo, tanto circulante como fijo, y vemos cómo cubre sobradamente la totalidad de la deuda; y decimos dinero, o sea, tesorería y activos monetarios, liquidez, pues, colocada a corto y largo plazo, no otra clase de activos correspondientes a otras categorías. Luego, con su efectivo más sus inversiones financieras a corto y largo plazo, Apple está en condiciones de liquidar perfectamente la totalidad de sus deudas, esto es, la suma de los pasivos corrientes y de los pasivos no corrientes, hasta 2017; en 2018, su caudal monetario respondía del 92 por ciento de su exigible total.

Ese plus de liquidez y el hecho de que el principal ingrediente de su activo sea *cash* más inversiones financieras legitima a Apple para usar deuda, empuñando unos recursos propios digamos que ceñidos. En el balance de Apple, con el armazón de su cuenta de pérdidas y ganancias, y el desparpajo de su resultado operativo, la lozanía de su cuenta de pérdidas y ganancias es donde el apalancamiento financiero encuentra su plenitud y toda su expresividad. La rentabilidad para los accionistas se mueve en unos porcentajes admirables, en una franja entre el 35 por ciento y casi acariciando el 56 por ciento entre 2015 y 2018; aparte de esta validez, la capacidad para generar efectivo de Apple es muy recia. Eso sí que es saber manejar y emplear el numerario, domar la gestión financiera y reverenciar la función de sus responsables...

El flujo de efectivo de explotación generado por Apple entre 2015 y 2018 fue francamente bueno. Verbigracia, en 2015, año espectacular en la evolución de la compañía de Cupertino, le permitió destinar más de 56.000 millones a pagos netos por inversiones, más de 35.000 millones a recomprar acciones y casi 11.600 millones a pago de dividendos.

Esa política retributiva hacia el capital tiene su réplica tanto en 2016 como en 2017, destinando, respectivamente, casi 30.000 millones de dólares y unos 33.000 millones a la recompra de acciones, y al reparto de dividendos, también respectivamente, 12.150 millones y 12.769 millones. Más de 42.000 millones anuales destinó Apple a compensar a sus accionistas.

El año 2018 fue fogoso en lo atinente al *cash flow* que la compañía de Cupertino obtuvo por su actividad operacional, con 77.434 millones de dólares, más que los 64.225 millones generados en 2017. Apple pagó 13.712 millones en concepto de dividendos y recompró acciones en Wall Street por 72.738 millones, o sea, que retribuyó a sus accionistas con 86.450 millones. Unos números, sin duda, espectaculares.

¡Cuán diferente es el hogaño de la mano de Apple que no aquel antaño de mis años mozos!, suelto a veces vociferante en clase cuando voy explicando esa gratificante política retributiva con los inversores. Antes, y no tan antes, recuerdo que sociedades cotizadas y no cotizadas mendigaban a los accionistas para ampliar capital, para financiar las bases de lo que, se pregonaba, serían unas sólidas inversiones. Y los accionistas, en cuadro y con cara de póker, veían cómo se prometía el oro y el moro a futuro, pero a la hora de tocar dinerito en forma de dividendos, ¡nada de nada!

El anzuelo para que el accionista picara y tocara dinerito contante y sonante consistía en que vendiera sus derechos de suscripción a raíz de una ampliación de capital social. El hombre, o la mujer, cobraba sus pesetas —entonces ésa era nuestra moneda, anterior al euro—, pero al procederse al aumento de capital social emitiendo nuevas acciones y el viejo accionista no acudir a la misma y vender los derechos de suscripción, su participación accionarial en la sociedad se diluía. Eso explico sosegadamente retando a los estudiantes a percatarse del cambio de marcha en la política retributiva a los accionistas. No son pocas hoy en día, como apuntábamos, las empresas cotizadas en las que han ido tomando participaciones inversores o fondos activistas, a veces peleones, que se cuadran con las compensaciones a los accionistas y que son impertinentemente celosos con la gestión y retribución de los altos ejecutivos, cuestionando, e incluso llegando a impedir, los cobros de desorbitados «bonus» en favor de la cúpula directiva, diseñados al dictado de unas fantasiosas metas alcanzadas por obra y gracia de la artesanía imaginativa de la contabilidad creativa.

Tiempo atrás, lo de recomprar acciones no se daba ni por asomo en los conservadores moldes de las sociedades cotizadas, y acá, en España, es una posibilidad de retribución a los accionistas nada extendida. Ahora, en cambio, quien invierte en esas compañías tecnológicas sabe que cada año cobrará sus buenos dineritos, ya sea por la distribución de dividendos, ya por la recompra de sus acciones o combinando ambas.

En consecuencia, brotan varias grafías sobre la significación de rentabilidad que tener muy en cuenta al invertir. Una cosa es cobrar el dividendo anual, otra observar cuánto gana la empresa y a cuánto van ascendiendo sus fondos propios, y una tercera, cardinal, es comprobar cómo va aumentando la capitalización bursátil, gracias a lo cual la inversión que en su día se hizo, por ejemplo, en acciones de Apple, va revalorizándose.

Esa revalorización no consiste simplemente en una anotación más o menos contable o ínsita en la protocolaria misiva remitida a los accionistas por parte de los encopetados gerifaltes de la sociedad de que se trate, y atiborrada de loas a sí mismos por su, según tales personajes, brillante gestión, sino que es auténticamente líquida al vender las acciones en bolsa cobrando su importe en metálico. Y no olvidemos el más reconfortante trato fiscal que se otorga en Estados Unidos que en España a ese tipo de transacciones. Por demás, en línea con lo comentado, la recompra de acciones conlleva otro efecto agregado: se retiran del mercado acciones, para luego amortizarlas y reducir la cifra del capital social, y el número de acciones vivas en circulación se reduce, con lo cual quienes resistan como titulares de las acciones supérstites verán cómo se revalorizan sus títulos tanto a través de los dividendos como por la vía de las mejoras que se produzcan en los capitales propios de la empresa al disminuir el número de acciones y de accionistas.

Una de las cosas más agradecidas para el contable ávido lector de balances y para el estudioso entusiasta de los estados financieros es la sencillez de los modelos de las cuentas anuales de las compañías estadounidenses, tan fáciles de interpretar, sin estuchados pomposos ni retahílas de cuentas de espinosa comprensión y engorrosa literatura, tal cual acontece en el contexto español, donde leer y descifrar un balance y una cuenta de pérdidas y ganancias es tarea ardua y monstruosa.

El pasivo de Apple, entendiendo como tal la suma del pasivo exigible o deudas y del patrimonio neto, se avista despejado. Por una parte, la deuda a corto plazo o pasivo corriente que va creciendo al ritmo de su evolución patrimonial, configurado prioritariamente por deudas operativas vinculadas al desarrollo de su actividad y que, de suponer el 27,8 por ciento sobre el total de recursos de la compañía en 2015, se incrementa a casi el 32 por ciento en 2018.

De otra parte, su pasivo no corriente, o deuda a largo plazo, con un marcado componente de endeudamiento financiero y de pasivos a largo plazo, donde los impuestos diferidos, por la estrategia fiscal de Apple y otras grandes empresas norteamericanas, adquieren relevancia específica. Esta rúbrica del pasivo exigible a largo plazo es la que más avanza en el cuatrienio considerado, a causa de los saldos de las deudas a largo plazo. En suma, los pasivos no corrientes se disparan de poco más de 90.000 millones de euros en 2015 a casi 142.000 millones en 2018, agrandando su peso porcentual como fuente de financiación del 31,1 por ciento al 38,8 por ciento.

Finalmente, aparece la simplicidad del patrimonio neto, que, sin más rodeos ni filigranas, se concentra en el capital social y en las reservas, o sea, las ganancias no distribuidas. Los recursos propios de Apple han ido menguando durante esos ejercicios tanto en valor absoluto como en porcentaje, pasando de 119.355 millones de dólares en 2015, representativos del 41,1 por ciento de la financiación global de la compañía, a 107.147 millones en 2018, el 29,3 por ciento. Apple, en consecuencia, se decanta de manera nítida por recurrir al apalancamiento en busca de potenciar la rentabilidad de sus accionistas, lo que suscita un acalorado debate acerca del posible menoscabo de su solvencia financiera y de su solidez patrimonial.

Sin duda, la desaceleración o, mejor dicho, capitidisminución, de los capitales propios junto con más representatividad de los recursos ajenos es vestigio de declinación en términos financieros para cualquier empresa. En la medida en que el espacio ocupado por la deuda a largo plazo va ensanchándose, y eso es en detrimento de la parcela del pasivo que llena el patrimonio neto, se deduce que se está ante una erosión financiera. En términos porcentuales, se resume diciendo que los recursos propios de Apple representaban en 2015 el 41,1 por ciento de la financiación total —un porcentaje bastante aceptable, sin ser necesariamente óptimo— y se contrajeron al 29,3 por ciento en 2018 —porcentaje realmente bajo—; en definitiva, casi 12 puntos de recursos propios que se esfuman con las secuelas propias de la pérdida de independencia financiera, mayor endeudamiento, más costes financieros y dependencia de terceros más acentuada. Ergo, el análisis económico-financiero que, con carácter rutinario, se formule sobre Apple relativo a los ejercicios 2015 a 2018 concluirá incidiendo en el quebranto de su situación patrimonial y de su posición financiera, aunque no en una pérdida de calidad de su cuenta de resultados, como se ha visto.

No obstante, las compañías tecnológicas, y otras que disputan ligas diferentes, como en el sector de la distribución, por ejemplo, están rompiendo la percepción de las encorsetadas hormas del análisis de los estados financieros y, de algún modo, la composición y calidad de los activos empresariales influye en que se desvirtúe la firmeza de los arraigados indicadores y ratios utilizados para llevar a cabo el análisis empresarial.

Es incuestionable que la solvencia global de Apple —activo total *versus* deuda total— va a peor en el cuatrienio 2015-2018, como lo es que su coeficiente de endeudamiento —deuda total *versus* patrimonio neto— se va distorsionando, que su dependencia financiera —deuda total *versus* activo total— resta catadura a su solidez, que su solvencia corriente o ratio de liquidez —activo corriente *versus* pasivo corriente— no ofrece unos valores sobradamente robustos... *A contrario sensu*, su solvencia inmediata —que compara su activo corriente sin stock frente a la deuda a corto plazo— se mueve en zona cómoda y su liquidez de primer grado —que relaciona el efectivo y las inversiones financieras a corto plazo *versus* las deudas a corto plazo— es congruente.

Dicho esto, asoma sobre el escenario analítico la calidad del activo, su composición, en contraposición al volumen total de deuda. Y en el activo de Apple emerge la excitación que otorga su dinero, plasmado en efectivo, inversiones financieras a corto plazo e inversiones financieras a largo plazo, que en 2015 sumaba 205.666 millones de dólares frente a una deuda total de 170.990 millones; que en 2016 ascendía a 237.585 millones para cubrir un exigible total de 194.437 millones; que en 2017 se elevaba a 268.895 millones para pagar deudas globales por 241.272 millones, y que, en 2018, con 237.100 millones de dólares cubría el 92 por ciento de los pasivos exigibles, que importaban 258.578 millones.

Por último, el singular protagonismo en Apple del *cash*, del dinero efectivo junto con las inversiones financieras, transfigura la prosaica paráfrasis, digamos que literal o ultraortodoxa, que se haga sobre los típicos ratios que se emplean como herramientas del análisis económico y financiero. La concreción de dinero que caracteriza a las empresas líderes del panorama mundial —como a renglón seguido escudriñaremos con las otras grandes tecnológicas—, en vez de tener invertido su peculio en otros tipos de activos, más o menos sosos o desaboríos, dispensa reciedumbre a sus guarismos, dotándolos de una maciza autonomía financiera.

4

Las finanzas de las otras grandes tecnológicas

Alphabet

Contextualizando Google

¿Quién no entra en Google varias veces al día buscando informaciones y datos para inspirarnos ante algún trabajo que preparar, acopiando fuentes y referencias, instruirnos sobre un tema concreto, indagar cualquier cosa o simplemente para husmear y curiosear dimes y diretes, rumores, secretos a voces, historias desgarradoras? Es ya un ritual que justo cuando conocemos o nos presentan a una persona o personaje, en cuestión de segundos le demos al buscador de Google para saber quién es él o ella, a qué se dedica, qué misterios esconde y qué confidencias se han publicado. ¡Puro siglo XXI! ¿Qué sería de nuestras vidas actualmente sin Google? Lo concluyente de nuestros *smartphones* no es que podamos hablar por teléfono con nuestra abuela o con mamá, con nuestra pareja, con ese o aquel amigo, *wasapear* a cada instante; no, lo definitivo es disponer de Google. Google, el buscador creado por Larry Page y Serguéi Brin a finales de la década de los años noventadel siglo pasado —¡parece que fue ayer y estamos hablando del año 1998!— se integra en un grupo empresarial cuya cabecera es

Alphabet Inc. ¿Cómo son las cuentas de esta gran empresa mundial que por capitalización bursátil rivaliza con Apple, Microsoft o Amazon, siguiendo sus pasos y aguardando su momento para saltar el listón del billón de dólares de capitalización en Wall Street?

Resumamos sus principales magnitudes económicas de 2013 a 2018 que demuestran el vigor de Alphabet. Sus ingresos entre 2013 y 2018 se multiplican al pasar de 55.519 millones de dólares a 136.819 millones y su resultado operativo camina con firmeza, aun cuando entre 2016 y 2018 se estanca.

Por el contrario, su resultado neto, que de 2013 a 2016 seguía una línea ascendente, pinchaba en 2017, y en 2018 alza el vuelo hacia los 31.000 millones de dólares. ¿Por qué? En seguida lo examinamos (véase la tabla 4.1).

Tabla 4.1 **Alphabet Inc. Ejercicios 2013 a 2018 (millones de $)**

	31-12-2013	31-12-2014	31-12-2015	31-12-2016	31-12-2017	31-12-2018
Ventas netas	55.519	66.001	74.989	90.272	110.855	136.819
Resultado operativo (explotación)	15.403	16.496	19.360	23.716	26.146	26.321
Resultado neto	12.733	14.136	16.348	19.478	12.662	30.736

Escribía Richard Waters en *Financial Times* que «una vez que los ingresos de una compañía alcanzan la cifra de 100.000 millones de dólares, la mayoría de las empresas están destinadas a una madurez cómoda. La ley de las grandes cifras entra en juego», y puntualizaba: «No sucede lo mismo con Google. El mercado de publicidad en las búsquedas ya tiene veinte años, pero el crecimiento de la compañía de internet se ha vuelto a acelerar en los últimos tres años».

De los ingresos producidos por Alphabet, más del 99 por ciento corresponden a Google. Con el dinero que le proporciona Google, Alphabet costea sus semilleros de nuevos negocios, que en los próximos años se convertirán en columna vertebral de su organización y actuarán de lanzadora para fortificar su diversificada estrategia que incide en una miscelánea de campos sobre los que está investigando y que, a la larga, se traducirá en la puesta en marcha de poderosas líneas de facturación.

Esas perspectivas llevan a que los inversores tengan una fe casi ciega en Alphabet, a pesar de la persecución a la que está sometida en Europa, donde en 2017 la Comisión Europea la multaba con 2.736 millones de dólares y en 2018 se la castiga por sus éxitos, de nuevo por parte de Bruselas, con 4.343 millones de euros por el abuso de dominio, al considerar que Google implanta restricciones ilegales a los operadores y fabricantes de móviles con Android para dominar en las actividades de búsquedas. En 2019, las controversias sobre Google en Europa perduran. Añádase a ello la famosa «Tasa Google» de la que España, junto con Francia —empeñada en aplicar a partir de 2019 y 2020 su nuevo impuesto a las tecnológicas «GAFA» (por Google, Amazon, Facebook y Apple)—, se erige en pionera en el ámbito europeo para machacar a las compañías tecnológicas estadounidenses, y así se entiende el enfado del inefable Donald Trump cuando ve que las autoridades europeas ponen en la diana de los dardos impositivos, que él juzga como despiadados, a los líderes empresariales estadounidenses.

¿Cuestión de envidia o complejo de inferioridad por parte de una Europa cuyo auge creativo se deshilacha y su carácter económico paulatinamente se ensombrece, con sus grandes empresas dejando de copar los lugares de honor del ranking mundial, y condenada, de no darse un giro copernicano, en un futuro no muy lejano a ser el parque temático por excelencia del mundo con los europeos como meros figurantes? Anatomía de la decadencia europea , propuesta de título para radiografiar el ocaso de nuestra vieja Europa.

Se estará de acuerdo en que las reacciones de Trump son bastante imprevisibles y que, en un momento dado, sus decisiones son capaces de quebrar la armonía del comercio mundial por la vía de aranceles dándole a la tecla, más o menos incendiaria, del proteccionismo como alternativa para implementar medidas de bloqueo comercial. Sin embargo, también habrá que convenir que el papel que juega la aparentemente puritana Unión Europea, con una vis excesivamente administrativista, sobre todo en el caso de las tecnológicas, puede echar más leña al fuego, propiciando un agravamiento del conflicto entre Estados Unidos y

Europa, con consecuencias negativas para varios sectores, entre los cuales sobresale el manufacturero y la industria automotriz, que tiene a Alemania como tractor europeo y tirando del carro de buena parte de la industria europea.

En el primer semestre de 2019, la Unión Europea de los 28 exportó a Estados Unidos por valor de 219.400 millones de euros e importó 144.700 millones, con un superávit comercial de 74.600 millones. Durante 2018, la Unión Europea exportaba por importe de 406.400 millones de euros a Estados Unidos e importaba 266.700 millones, con un saldo favorable de 139.700 millones.

En el fondo de ese asunto quizá haya una miopía crónica por parte de una Europa paralizada, que asiste pasmada y sin capacidad de reacción ante la indiscutible hegemonía de la economía norteamericana, que va lanzada con sus grandes compañías tecnológicas como adalides de esta era disruptiva y digitalizada. O, como antes se decía, prestando gran atención a China, que en desarrollos tecnológicos se convierte en puntera, con Europa cual simple sujeto pasivo.

Cuesta entender que Google quisiera hacerse sibilinamente en Europa con posiciones de dominio saltándose la ley. Es más razonable pensar que la firma de Mountain View, en su día, supo actuar para no perder ripio ante las revoluciones que se cuecen en el entramado tecnológico y compró un sistema operativo como Android que le faculta para seguir ostentando la supremacía con su motor de búsqueda. Hoy en día, la gran rivalidad en los sistemas operativos está protagonizada por Android, de Google, y iOS, de Apple. Sin embargo, Google no cobra por Android y la inversión hecha en este sistema es la que permite a la compañía del condado de Santa Clara, en palabras de su consejero delegado, Sundair Pichai, «ofrecer a los fabricantes de teléfonos la opción de precargar *apps* populares de Google (como Search, Chrome, Play, Maps, Gmail), algunas de las cuales nos generan un beneficio».

Sobre Alphabet, al igual que sobre las demás grandes tecnológicas, sobrevuelan fantasmas de nerviosismo en los mercados bursátiles, preocupados por las obstrucciones políticas y las puntillosas regulaciones que, especialmente en Europa, intentan frenar su creciente poder y, en particular, proteger la privacidad personal. Tampoco ayuda para los intereses de una firma global de la enjundia de Google o, mejor dicho, de Alphabet, el pulso que se dirime entre estadounidenses y chinos. Más barreras que franquear en la andadura de la empresa californiana.

Alphabet, una vez lograda la meta de facturar más de 100.000 millones de dólares anuales —hito logrado en 2017—, entra efectivamente en una situación de madurez que le imprime una ágil progresión a sus cifras de negocios más vinculadas con lo intangible —cuyos límites actualmente son difíciles de imaginar— que no con lo tangible. Y eso lleva a pensar en qué derroteros tomará su futuro, construyéndose en torno a una prominente diversificación que simultanea varios terrenos de juego incipientes, que ponen la vista en el horizonte a largo plazo, en comparación con Apple, cuyas ventas de aparatos en unidades físicas parece que están tocando techo y le empujan a forzar sus potentes servicios, como se ha dicho.

Ingresos y resultados de la madre de Google

¿Qué aspectos merecen resaltarse a la vista de las cuentas de resultados de la tecnológica domiciliada en California, en el condado de Santa Clara, en el transcurso de los ejercicios 2014 a 2018? (véase la tabla 4.2).

Ante todo, debe enfatizarse en el crecido y brioso conglomerado que es Alphabet, que diversifica su actividad a través de distintos sectores, unos ya asentados y otros en los que la entidad de Santa Clara va abriéndose camino recordando a los pioneros del Viejo Oeste americano, apuntando buenas maneras en varios campos, desde lo que entendemos propiamente como internet y software, vendiendo dispositivos electrónicos con un catálogo que se amplía, penetrando en el sector de la automoción con el coche autónomo, asomando con fuerza en la parcela tecnológica pero a la vez, y éste es un potencial que en el futuro deparará excelentes réditos a la madre de Google, dedicándose muy en serio a sectores ligados con la salud y la biotecnología, las telecomuni-

Tabla 4.2 **Alphabet Inc.: cuentas de resultados 2014-2018**

	31-12-2014		31-12-2015		31-12-2016		31-12-2017		31-12-2018	
Concepto	**m. m. $**	**%**	**m. m. $**	**%**	**m. m. $**	**%**	**m. m. $**	**%**	**m. m. $**	**%**
Ventas netas	66.001	100	74.989	100	90.272	100	110.855	100	136.819	100
Coste de ventas	25.691	39	28.164	38	35.138	39	45.583	41	59.549	44
Margen bruto	40.310	61	46.825	62	55.134	61	65.272	59	77.270	56
Gastos operativos										
Investigación y desarrollo	9.832	15	12.282	16	13.948	15	16.625	15	21.419	16
Ventas y marketing	8.131	12	9.047	12	10.485	12	12.893	12	16.333	12
Generales y administración	5.851	9	6.136	8	6.985	8	6.872	6	8.126	6
Multa comisión europea	0	0	0	0	0	0	2.736	2	5.071	4
Total gastos operativos	23.814	36	27.465	36	31.418	35	39.126	35	50.949	37
Resultado operativo	**16.496**	**25**	**19.360**	**26**	**23.716**	**26**	**26.146**	**24**	**26.321**	**19**
Otros resultados	763	1	291	0	434	1	1.047	1	8.592	6
Beneficio antes de impuestos	17.259	26	19.651	26	24.150	27	27.193	25	34.913	25
Impuesto sobre beneficios (provisión)	3.639	5	3.303	4	4.672	5	14.531	13	4.177	3
Resultado neto de operaciones continuadas	**13.620**	**21**	**16.348**	**22**	**19.478**	**22**	**12.662**	**12**	**30.736**	**22**
Resultado neto de operaciones discontinuadas	**516**	**1**	**0**	**0**	**0**	**0**	**0**	**0**	**0**	**0**
Resultado neto después de impuestos	**14.136**	**21**	**16.348**	**22**	**19.478**	**22**	**12.662**	**12**	**30.736**	**22**

caciones y la domótica, redes de banda ancha, el siempre restringido sector financiero como Fintech...

Google aprovecha oportunidades de crecimiento. En su día se hizo con YouTube, un filón que le reporta unos ingresos anuales en torno a los 20.000 millones de dólares y con buenos pronósticos de intensificación al hallarse todavía en proceso de maduración. ¡Ah, y la nube, la nube de Google!, que renta ingresos por unos 4.000 millones de dólares anuales, a pesar de que la compañía entró algo tarde en ese mercado liderado por Amazon y Microsoft. Ahora, Google se lanza en serio a ofrecer acceso a la inteligencia artificial que desarrolla y al aprendizaje automático en la nube.

Se cumple de esta manera lo que deslizábamos previamente: las tecnológicas punteras que encarnan ese rompedor modelo disruptivo no limitan su quehacer única y exclusivamente al propio sector que las vio nacer; al contrario, van extendiendo su radar de actuación hacia otras parcelas en las que no entran con bombo y platillo, sino que de forma recatada y paso a paso van tomando posiciones. Su conocimiento tecnológico es la base que les permite alzarse sobre sus puntales. Los esfuerzos en materia de investigación y desarrollo, en soluciones tecnológicas, para progresar en otros frentes, son decisivos y es imprescindible encarar esa expansión con denuedo investigador y empeño empresarial, no sólo para obtener réditos a futuro, también para ofrecer soluciones que sumen en las vidas de los ciudadanos. El quehacer de Google en el sector de la salud, estudiando, desarrollando, proponiendo y encontrando soluciones muy efectivas, trabajando codo con codo con médicos, investigadores, enfermeras, compañías farmacéuticas, hospitales, centros de investigación, es un espaldarazo para avanzar con garantías en el combate, a veces cruento y frecuentemente mortal, que enfrenta actualmente a la humanidad con enfermedades que nos torturan cual plagas del medioevo.

Las tecnológicas, reiteramos, son empresas extensivas y expansivas, a la par que invasivas, por adentrarse en cotos privados donde hasta la fecha prevalecen otros actores preponderantes que no han sabido evolucionar con la pericia y destreza de las disruptivas tecnológicas.

Pensando en Alphabet/Google —a lo mejor yerro en esta afirmación—, creo que los mercados y analistas, los inversores y el público en general, no son del todo conscientes del vasto potencial que atesora la compañía cuando apunta al progreso de su negocio principal y con muy buen porte para impulsar segmentos rompedores e insólitos sobre los que asentar su mañana. Acaso todas esas capacidades que uno advierte al constatar la trayectoria y las cuentas de Alphabet no hayan sido interpretadas por buena parte del mundo terrenal...

Es posible que alguien alegue, en este momento, lo del coche sin conductor de Google, Waymo, y suelte que mucho ruido y pocas nueces. Sí, estamos de acuerdo. Igual su modelo de negocio respecto a Waymo esté en una encrucijada en función de cuál sea el enfoque de sus ingresos a largo plazo, aunque en 2018 pusiera el pie en el acelerador y en 2019 continuara haciéndolo. Tal vez haya que esperar todavía unos años, no sé cuántos, para ver hacia dónde se encamina el proyecto. Incluso, mascullo, no será descartable que Alphabet, como consecuencia de la exigente concentración en todos esos nuevos negocios en que anda metida, un buen día diera un paso al lado y se decida a vender su software a fabricantes de automóviles o a aliarse con ellos para que éstos hicieran los coches y Google se limitara a la, digamos, parte inteligente. La empresa cuenta con una baza excepcional, que todos conocemos y manejamos, y es que Google es conectividad por excelencia y los automóviles cada vez incorporan más sistemas prodigiosos y equipos de conectividad, con la gente dentro de un vehículo constantemente enganchada a un dispositivo de Internet... Es dable que en adelante Waymo represente una porción muy jugosa de los ingresos de Alphabet, aunque hoy por hoy el mercado aún no lo vislumbre.

Los ingresos de Alphabet proceden de su gran división, Google. La facturación propiamente dicha de Google en 2018 alcanzó 96.336 millones de dólares, cuando en 2017 fue de 77.788 millones y en 2016 de 63.785 millones. Por su parte, los ingresos correspondientes al apartado de miembros de la red de Google, como indica la compañía, ascendieron a 19.982 millones de dólares en 2018, sobrepasando los 17.587 millones de 2017 y los 15.598 millones de 2016. En conjunto, lo que constituye el negocio de los ingresos publicitarios de Google, que sumaban 79.383 millones de dólares en 2016 y 95.375 millones en 2017, cerró 2018 con 116.318 millones.

Otros ingresos, con carácter residual, supusieron en 2016 una suma de 10.601 millones de dólares, acrecentada a 15.003 millones en 2017 y concretada en 19.906 millones en 2018.

En total, la adición de la facturación de lo que es el segmento Google dentro del conjunto de Alphabet presenta un comportamiento convincente y creciente, con 89.984 millones de dólares en 2016, 110.378 millones en 2017 y 136.224 millones en 2018.

Por su parte, otras actividades desarrolladas por Alphabet aún barajan cuantías muy parcas, con 288 millones de dólares en 2016, 477 millones en 2017 y 595 millones en 2018. Tales cuantías reflejan los ingresos y ventas de internet y servicios de televisión, así como los procedentes de licenciar servicios de investigación y desarrollo. La facturación de Google representa para Alphabet en 2018 el 99,6 por ciento de sus ingresos totales, exactamente al mismo nivel que en 2017 y una décima menos que en 2016.

Estados Unidos es el gran mercado de la empresa fundada en 1998 por Larry Page y Serguéi Brin, iniciada como proyecto en las aulas de la Universidad de Standord en 1996. Entre 2016 y 2017 ingresaba en el país americano el 47 por ciento de su facturación total, descendiendo en 2018 al 46 por ciento. Por su parte, la región compuesta por Europa, Oriente Medio y África, tras suponer en 2016 el 34 por ciento de los ingresos de Alphabet, bajó su peso en 2017 y 2018 al 33 por ciento. La región de Asia-Pacífico concentraba en 2016 el 14 por ciento de los ingresos de Alphabet y tanto en 2017 como en 2018 representa el 15 por ciento. El resto de América es el mercado más pequeño para Alphabet, con una cuota del 5 por ciento sobre su cifra de negocios tanto en 2016 como en 2017, repuntando en 2018 al 6 por ciento.

Porcentajes al margen, ¿cuánto factura Alphabet en cada una de las zonas geográficas reseñadas? En Estados Unidos, 63.269 millones de dólares en 2018 —42.781 millones en 2016 y 52.449 millones en 2017—; en Europa, Oriente Medio y África, 44.567 millones de dólares en 2018 —en 2016, 30.304 millones, y en 2017, 36.046 millones—; en Asia-Pacífico, 21.374 millones en 2018 —en 2016, 12.559 millones, y en 2017, 16.235 millones—; y en el resto de América, 7.609 millones de dólares en 2018 —4.628 millones en 2016 y 6.125 millones en 2017.

Entremos en la otra cara de las cuentas de resultados. Al estilo de Apple, Alphabet ve cómo el porcentaje de su coste de ventas le araña algunos puntos porcentuales a lo largo de esos ejercicios y consecuentemente su margen bruto se estrecha. Si el coste de ventas en Alphabet en 2014 equivalía al 39 por ciento de su facturación, en 2018 es del 44 por ciento. El margen, por ende, se contrae del 61 por ciento al 56 por ciento de 2014 a 2018. He aquí uno de los motivos de preocupación por parte de los inversores: gradualmente, los costes de aprovisionamiento van al alza y eso merma potencia lucrativa. A más ventas, más coste de ventas, algo que otras compañías, como por ejemplo Amazon, manejan con acierto en sentido contrario gracias a su enérgica capacidad de compra, tanto en unidades físicas como en dinero.

Pero quedémonos en el entramado de los gastos de explotación de Alphabet, entre los que sobresale el arrojo en lo atinente a I+D, partida que absorbe mínimamente el 15 por ciento de su cifra de ventas y que en 2018 fue de 21.419 millones de dólares, 1,5 veces más que el total que en España destinamos a este concepto en 2017.

Esta voluntad en investigación y desarrollo, no circunscrita sólo al terreno privativo del clásico negocio de Google, sino aplicable a las demás líneas de negocio, es la siembra para que las distintas áreas empresariales vayan pegando fuerte en los respectivos mercados y sus corolarios fructifiquen. Tanto en biotecnología como en salud, los resultados de las investigaciones no son inmediatos y requieren insistencia e inversión a largo plazo a fin de recoger los frutos de las semillas sembradas. Los recursos destinados a I+D por Alphabet, contabilizados como gastos puros y duros en sus cuentas de pérdidas y ganancias, acumulan desde 2014 a 2018 una cuantía respetable de 74.106 millones de dólares.

En lo concerniente al capítulo de gastos por ventas y marketing se encuentra anclado, entre 2014 y 2018, en el 12 por ciento sobre las ventas netas, aunque en valor absoluto se doblan en ese quinquenio.

Y más que templados y retrocediendo porcentualmente aparecen los gastos generales y de administración en un templo, como es Alphabet, en el que la digitalización desempeña un papel primordial, junto a su transversabilidad y trazabilidad. Su peso es bajo, del 6 por ciento en los dos últimos ejercicios.

La guindilla picante, tanto en 2017 como en 2018, para la cuenta de resultados, al agriarla, son las multas de la Comisión Europea por 2.736 millones de dólares y 5.071 millones, respectivamente, que disparan en ambos ejercicios los gastos operativos de Alphabet más allá de los 39.000 millones de dólares en 2017 y rozando los 51.000 millones en 2018, restando su resultado operativo, que tanto en 2017 como en 2018 se estanca sobre los 26.000 millones. De no ser por esas sanciones, proseguiría la senda ascendente del resultado operativo en ese lustro examinado.

De esta guisa, el resultado neto del ejercicio 2017 pierde nervio porcentual en comparación con la tendencia del trienio precedente, desplomándose en valor absoluto a 12.662 millones de dólares. En 2018 se atisba en Alphabet una sobresaliente recuperación, con la consecución del beneficio neto más alto de esos años, por 30.736 millones de dólares, que, al mismo tiempo, restablece el tanto porcentual del mismo al 22 por ciento sobre las ventas netas.

Los balances de Alphabet

Tomemos la batuta de director de orquesta y empecemos a interpretar la partitura contable de los balances de Alphabet.

La representación gráfica de los balances sintéticos de Alphabet de 2015 a 2018 muestra un crecimiento patrimonial sin aspavientos basado en una alta financiación propia y con baja dependencia del endeudamiento. Primera impresión, pues, favorable acerca de las finanzas de la madre de Google (véase el gráfico 4.1).

Gráfico 4.1 **Alphabet Inc.: balances sintéticos 2015-2018, en millones de dólares**

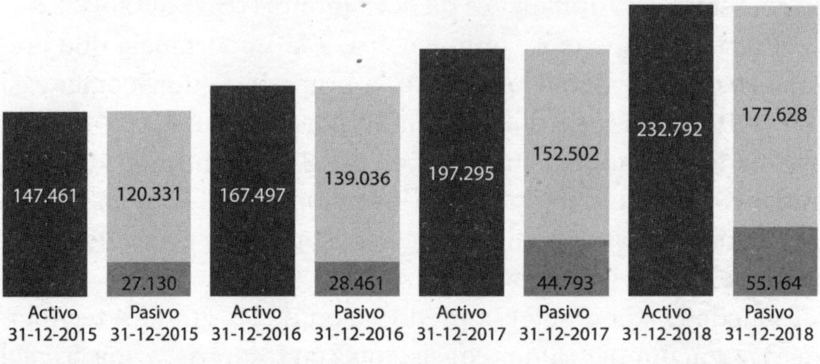

Pasemos a los balances resumidos.

Gráfico 4.2 **Alphabet Inc.: balances resumidos 2015-2018, en millones de dólares**

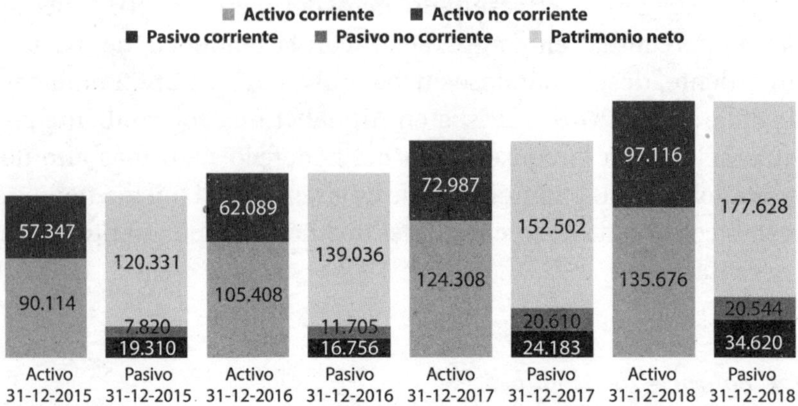

Relativo protagonismo del activo fijo, aquí sí que con peso del inmovilizado material, y, atención, fracción relevante la del fondo de comercio, lo que obliga a remontarse al pasado porque cuando nació Alphabet afloró el *goodwill* vinculado a Google. En nuestros afanes como sabuesos de la información financiera, tendríamos que olfatear en los orígenes del fondo de comercio, preguntarnos por su valoración, qué elementos tienen una mayor incidencia en su configuración. Por otra parte, se aprecia que el inmovilizado intangible, en sentido estricto, esto es, sin el fondo de comercio, en Alphabet es de poca monta (véase la tabla 4.3).

Prestemos atención, también acá, a la importancia que juega el *cash* en el ejercicio 2017 en la propietaria de Google: casi 102.000 millones de dólares, un 52 por ciento del activo total, plasmado en liquidez, mientras en 2018 suma más de 109.000 millones —47 por ciento de la inversión global—, y en ambos ejercicios además con un pico nada despreciable colocado en inversiones financieras a largo plazo.

Queda corroborada esa predilección de las grandes tecnológicas por acumular saldos consistentes en tesorería, arma crucial

Tabla 4.3 **Alphabet: balances cerrados de 2015 a 2018, en m. m $**

	31-12-2015		31-12-2016		31-12-2017		31-12-2018	
Activo	**m. m. $**	**%**	**m. m. $**	**%**	**m. m. $**	**%**	**m. m. $**	**%**
Efectivo y otros activos líquidos equivalentes	16.549	11,2	12.918	7,7	10.715	5,4	16.701	7,2
Inversiones financieras a corto plazo	56.517	38,3	73.415	43,8	91.156	46,2	92.439	39,7
Deudores comerciales y otras cuentas a cobrar	13.909	9,4	14.232	8,5	18.705	9,5	21.193	9,1
Existencias	491	0,3	268	0,2	749	0,4	1.107	0,5
Otros activos corrientes	2.648	1,8	4.575	2,7	2.983	1,5	4.236	1,8
Activo corriente	**90.114**	**61,1**	**105.408**	**62,9**	**124.308**	**63,0**	**135.676**	**58,3**
Inversiones financieras a largo plazo	5.183	3,5	5.878	3,5	7.813	4,0	13.859	6,0
Inmovilizado material	29.016	19,7	34.234	20,4	42.383	21,5	59.719	25,7
Fondo de comercio (*goodwill*)	15.869	10,8	16.468	9,8	16.747	8,5	17.888	7,7
Inmovilizado intangible	3.847	2,6	3.307	2,0	2.692	1,4	2.220	1,0
Otros activos no corrientes	3.432	2,3	2.202	1,3	3.352	1,7	3.430	1,5
Activo no corriente	**57.347**	**38,9**	**62.089**	**37,1**	**72.987**	**37,0**	**97.116**	**41,7**
Activo total	**147.461**	**100**	**167.497**	**100**	**197.295**	**100**	**232.792**	**100**
Pasivo	**m. m. $**	**%**	**m. m. $**	**%**	**m. m. $**	**%**	**m. m. $**	**%**
Periodificaciones a corto plazo	788	0,5	1.099	0,7	1.432	0,7	1.784	0,8
Acreedores comerciales y otras cuentas a pagar	2.233	1,5	2.595	1,5	4.018	2,0	4.447	1,9
Deudas a corto plazo	5.653	3,8	0	0,0	0	0,0	0	0,0
Otros pasivos corrientes	10.636	7,2	13.062	7,8	18.733	9,5	28.389	12,2
Pasivo corriente	**19.310**	**13,1**	**16.756**	**10,0**	**24.183**	**12,3**	**34.620**	**14,9**
Periodificaciones a largo plazo	151	0,1	202	0,1	340	0,2	396	0,2
Pasivos por impuesto diferido	189	0,1	226	0,1	430	0,2	1.264	0,5
Deudas a largo plazo	1.995	1,4	3.935	2,3	3.969	2,0	4.012	1,7
Otros pasivos no corrientes	5.485	3,7	7.342	4,4	15.871	8,0	14.872	6,4
Pasivo no corriente	**7.820**	**5,3**	**11.705**	**7,0**	**20.610**	**10,4**	**20.544**	**8,8**
Reservas	87.349	59,2	102.729	61,3	112.255	56,9	132.579	57,0
Capital	32.982	22,4	36.307	21,7	40.247	20,4	45.049	19,4
Patrimonio neto	**120.331**	**81,6**	**139.036**	**83,0**	**152.502**	**77,3**	**177.628**	**76,3**
Pasivo total	**147.461**	**100**	**167.497**	**100**	**197.295**	**100**	**232.792**	**100**

en cualquier instante para poder cerrar transacciones que interesen, compras de otras empresas, afrontar desembolsos concretos y, en todo caso, disponer de fondos monetarios suficientes con los que trillar el camino por el que transitar y encarar ventajosamente oportunidades de negocio, a la par que asegurar la financiación de costosos y largos proyectos; en fin, esos dineros facilitan expandirse sin necesidad de recurrir a endeudamiento financiero.

Obsérvese igualmente la baja incidencia de los saldos de deudores comerciales y del stock testimonial. Por consiguiente, destaca en esos balances la abundante liquidez en el conjunto de la inversión de Alphabet, dinero en efectivo que ha ido en aumento en los cuatro años ínsitos en los balances que anteceden y que, a la postre, atestigua el buen sabor de boca, pese a contratiempos de índole europea, de los resultados cosechados.

Constatemos asimismo la preponderancia del activo circulante que oscila entre un máximo del 63 por ciento y un mínimo del 58,3 por ciento, en ese cuatrienio, de la inversión total de Alphabet, con ese acento en un activo corriente muy líquido, mientras el activo fijo se ciñe a ocupar entre un mínimo del 37 por ciento y un máximo del 41,7 por ciento del activo total.

¿Qué lectura se hace respecto del pasivo, es decir, la estructura financiera de Alphabet? Reiterado y acaparador dominio de los recursos propios que se mueven en torno al 80 por ciento, excepto en 2017, al recortarse al 77 por ciento, y en 2018, descendiendo a algo más del 76 por ciento. El patrimonio neto, en consecuencia, financia todo el activo no corriente y una parte más que considerable del activo corriente. La deuda de Alphabet es de poca monta, con un exigible a largo plazo que oscila sobre cotas muy bajas en esos años y sólo despunta algo en 2017, al constituir poco más del 10 por ciento de los recursos totales de la compañía para, a continuación, en 2018, descender por debajo del 9 por ciento. La deuda a corto plazo, por su parte, fluctúa entre un mínimo del 10 por ciento y un máximo, en 2018, que roza el 15 por ciento.

En resumen, estamos ante una empresa impecablemente capitalizada, cuyo activo fundamental solidifica en dinero, que hace alarde de una deuda muy circunspecta, con unos niveles francamente muy confortables. La solvencia de Alphabet es magnífica, su coeficiente de endeudamiento bajo, su independencia financiera excepcional En pocas palabras: una situación financiera excelente para dedicarse a proyectos que jalonen el mañana de Alphabet.

El flujo de tesorería resultante de las actividades de explotación de Alphabet se ha potenciado en los últimos años y si en

2016 se cuantificaba en 36.036 millones de dólares y en 2017 casi repite al cifrarse en 37.091 millones, en 2018 alcanzó los 47.971 millones.

No obstante, la política retributiva del capital vía dividendos de Alphabet no es tan generosa como la de Apple. En concreto, dos son los conceptos que constan en su estado consolidado de *cash flow* inherentes al capítulo retributivo: el primero, los pagos netos relacionados con actividades de premios basados en acciones que han ido aumentando, que si en 2017 fueron de 4.166 millones de dólares, en 2018 ascendieron a 4.993 millones, y, el segundo, recompras de acciones de capital, que en 2017 sobrepasan los 4.800 millones de dólares y en 2018 exceden de 9.000 millones.

Microsoft

La incombustible compañía de Bill Gates

El indudable mérito de Microsoft es que lleva más de veinte años en el cuadro de honor de las seis grandes empresas del mundo por capitalización bursátil, instituida, por derecho propio, como parte consustancial de nuestras vidas con carácter cotidiano y rutinario, y, sin ápice de exageración, en una utilidad cuasi innata para gran parte de la población nacida ya en el entorno de Windows.

Estas líneas que escribo utilizando Word se las debo, aunque las pague anualmente, a Microsoft. Las tablas y gráficos que monto en PowerPoint son gracias a Microsoft, al igual que las presentaciones de mis clases o conferencias. El corrector de Microsoft siempre está a mi lado, ayudándome cuando cometo un fallo gramatical, riguroso con la ortografía, proponiéndome sinónimos. El correo electrónico que cada mañana sobre las 6 de la joven madrugada pongo en marcha —con días que está en modo *non-stop*— es Microsoft Outlook. Y cuando, por los caprichos del destino, al lanzarme por esos mundos del Señor no dispongo del software de Microsoft, ¡las dificultades arrecian y lucho contra la adversidad, que éste es, al cabo, el sino perico!

Durante años, máxime con la eclosión tan estridente de las otras grandes compañías tecnológicas —Apple, Alphabet, Amazon, Facebook—, se le reprochaba a Microsoft que presentara, desde la perspectiva del ávido y exigente consumidor, un encefalograma plano en ese trepidante entorno disruptivo, de drásticas modificaciones, de constantes e impetuosas innovaciones. Parecía que Microsoft quedaba descolgada de la cima de las grandes tecnológicas, como si estuviera apagada, sin emitir señales que anunciaran buenas nuevas tecnológicas, dando pie a las chismosas opiniones cenizas que insinuaban su declive.

En el fondo, eso tenía una explicación. La primera tecnológica que despuntó con donaire en Wall Street, en la última década del siglo pasado, o sea, en los años noventa, causando furor y que propuso un giro copernicano no sólo en nuestras vidas, sino en el progreso tecnológico, fue Microsoft. Bajo la sombra de ese líder, vieron la luz otros émulos, compitiendo en la arena tecnológica, que no exactamente rivales en el sentido estricto del vocablo; es decir, sin ánimo de confrontación, que remaron a buen ritmo en los siguientes años y ya en el decenio de los años 2000 las tecnológicas fueron saliendo a la palestra.

Tocar puerto arribando a un determinado punto de conocimiento tecnológico, como sucede con toda investigación, necesitó mucho tiempo, elogioso denuedo y profusos recursos financieros, pero una vez alcanzada esa inflexión, los florecimientos ulteriores están siendo inconmensurables y con presteza inusitada. La velocidad a la que se expande la cultura tecnológica y la constante excitación que conlleva, el poso fértil de los equipos de investigadores de primera línea son sumandos concluyentes en esa carrera emprendida por las compañías tecnológicas que, en su día, tuvo una precursora singular en el entonces llamado gigante azul, la estadounidense IBM, y, tiempos después, en el auge y la estela trazada por Microsoft, la empresa de Bill Gates, que, si años atrás representó todo un símbolo en nuestras referencias, en 2019, renovando el liderazgo bursátil, constituye el paradigma de cómo adecuarse e incrustarse en el contexto predominante.

Mientras tanto, en lo que parecía ser, a falta de supremacía en el marco tecnológico, una travesía huérfana de arrestos, en el ánimo inversionista Microsoft calaba como un valor seguro, fiable y garantista y, me atrevería a decir, que refugio al socaire de vaivenes en las bolsas. Y sí, en cierta medida, la compañía de Bill Gates, en el transcurso de varios ejercicios, permanecía en una posición anodina ante un mercado consumidor insaciable demandando más cambios y riguroso reclamando novedades, debido a la dinámica tan intensa que caracteriza a la época actual.

En su singladura, Microsoft ha vivido y saborea ahora momentos de radiante esplendor, aunque también ha acumulado fracasos. En Europa, donde la palabra fracaso es sinónimo de apestado, las decepciones hubieran golpeado a Bill Gates. En América, patria de titanes, tierra de pioneros, país de forjadores y empresarios de pura cepa, el fracaso no es más que un tropiezo instructivo en el trayecto. Y a largo plazo, cuando se tienen las ideas claras, se trabaja a fondo y bien en lo que se conoce, se evoluciona no necesariamente de cara a la galería sino para progresar y se sabe innovar, los premios y reconocimientos acaban llegando. Si Microsoft, en ese ranking de las grandes compañías por capitalización bursátil, se movía entre la tercera y cuarta posición, sin despegar del todo y faltando que diera un grandilocuente salto hacia delante, al cierre de 2018 protagonizaba el *sorpasso*, pasando a capitalizar 786.498 millones de dólares y liderando ese cuadro de honor.

Al volver de las vacaciones de 2019, el 1 de septiembre, Microsoft seguía en cabeza de las grandes compañías del mundo por capitalización bursátil, capitalizando 1.052.618 millones de dólares, por delante de Apple (943.334 millones), que de nuevo había recuperado semanas antes el billón de capitalización; de Amazon (878.653 millones), de Alphabet (824.667 millones), de Facebook (529.707 millones) y de Berkshire Hathaway (497.125 millones), entre otras.

¿A qué se debe ese brinco de Microsoft, más o menos repentino, que la empuja al estrellato a finales de 2018 y durante 2019 después de años cumpliendo un papel de gregario de otras tecnológicas, como Apple, Alphabet e incluso Amazon?

Ingresos, gastos y modelo de negocio de Microsoft

En Microsoft, cuyo ejercicio concluye a 30 de junio de cada año, se advertía, en el transcurso de tiempos recientes, una frenada, por no decir retroceso, de su cifra de negocios, tras el avance en el ejercicio concluido a 30 de junio de 2015 (véase la tabla 4.4).

Tabla 4.4 **Microsoft**

	30-6-2013	30-6-2014	30-6-2015	30-6-2016	30-6-2017	30-6-2018
	m. m. $	m. m. $	m. m. $	m. m. $	m. m. $	m. m. $
Ventas netas	77.849	86.833	93.580	85.320	89.950	110.360
Resultado operativo	26.764	27.759	18.161	20.182	22.326	35.058
Resultado neto	21.863	22.074	12.193	16.798	21.204	16.571

Su resultado operativo sufrió un desplome contundente en 2015 para *a posteriori* reponerse de tal impacto. No obstante, en el ejercicio fiscal cerrado a 30 de junio de 2018, Microsoft volvía por sus fueros gracias al negocio de la nube (Azure), con una facturación total de 110.360 millones de dólares, y su resultado operativo se disparaba a más de 35.000 millones, pero su resultado neto, debido a los efectos contables de las provisiones por impuestos y a la vis negativa que para la compañía con sede en Redmond comportó la reforma fiscal estadounidense —nunca llueve a gusto de todos, según el refranero—, se rebajaba sustancialmente. El ejercicio cerrado a 30 de junio de 2019 reafirmaba la progresión de Microsoft, con unas ventas netas de 125.840 millones de dólares y un resultado de 39.240 millones.

La perspectiva resumida sobre los perfiles de sus cuentas de resultados en términos comparables según la información facilitada por la compañía correspondiente al ejercicio 2018 —de ahí que al ser cifras comparables no coincidan con los datos relativos al cierre de cada ejercicio— dan una pista (véase la tabla 4.5).

Microsoft formaliza sus ingresos a través de dos grandes líneas: la venta de productos y las prestaciones de servicios, junto a otras actividades. Tradicionalmente, la compañía estaba muy centrada en la venta de productos y no destacaba por su agresividad en el apartado de servicios (véase la tabla 4.6).

Tabla 4.5 **Microsoft Corp.: extracto de sus cuentas de resultados comparables**

	30-6-2016 ingresos m. m. $	30-6-2017 ingresos m. m. $	30-6-2018 ingresos m. m. $
Ingresos	91.154	96.571	110.360
Productos	67.336	63.811	64.497
Servicios y otros	23.818	32.760	45.863
Resultado operativo	26.078	29.025	35.058
Beneficio antes de impuestos	25.639	29.901	36.474
Impuesto sobre las ganancias	5.100	4.412	19.903
Beneficio neto después de impuestos	20.539	25.489	16.571

NOTA: según presentación comparativa de la compañía al cierre del ejercicio terminado a 30 de junio de 2018, no coincidente con los datos de sus cuentas de resultados incluidas en las cuentas anuales de los ejercicios indicados.

Tabla 4.6 **Microsoft Corp.: cuentas de resultados 2015-2018**

Concepto	30-6-2015		30-6-2016		30-6-2017		30-6-2018	
	m. m. $	%	m. m. $	%	m. m. $	%	m. m. $	%
Ventas netas	93.580	100	85.320	100	89.950	100	110.360	100
Coste de ventas	33.038	35	32.780	38	34.261	38	38.353	34,8
Margen bruto	60.542	65	52.540	62	55.689	62	72.007	65,2
Gastos operativos								
Investigación y desarrollo	12.046	13	11.988	14	13.037	14	14.726	13,3
Ventas y marketing	15.713	17	14.697	17	15.539	17	17.469	15,8
Generales y administración	4.611	5	4.563	5	4.481	5	4.754	4,3
Deterioro, integración y reestructuración	10.011	11	1.110	2	306	0	0	0
Total gastos operativos	42.381	46	32.358	38	33.363	37	36.949	33,4
Resultado operativo	**18.161**	**19**	**20.182**	**24**	**22.326**	**25**	**35.058**	**31,8**
Otros resultados	346	1	-431	-1	823	1	1.416	1,3
Beneficio antes de impuestos	18.507	20	19.751	23	23.149	26	36.474	33,1
Impuesto sobre beneficios (provisión)	6.314	7	2.953	3	1.945	2	19.903	18,0
Resultado neto después de impuestos	**12.193**	**13**	**16.798**	**20**	**21.204**	**24**	**16:571**	**15,1**

Si observamos el detalle de las cuentas de resultados de Microsoft en el cuatrienio 2015-2018, en seguida se aprecia dónde está el quid de la cuestión: deterioro, integración y reestructuración, en cuya trastienda del concepto contable aparece un nombre propio que en su día lucía todo su fulgor conectando a la gente y que, por esas cosas que a veces pasan en la élite empresarial y que uno no alcanza a comprender —tres cuartos de lo mismo sucedió poco tiempo después con la otra gran firma adversaria de la adquirida por Microsoft—, su luminosidad se fue atenuando, cuando había supuesto todo un maravilloso golpe de timón en tiempos de la embrionaria revolución tecnológica, siendo incapaz tal firma de saber defender su preeminencia y pronto fue declinando y cediendo posiciones en el mercado. Estamos hablando de Nokia. La otra firma rival de Nokia, como perspicazmente habrás sospechado, es BlackBerry, otro mojón de la conectividad catapultado a icono de una época floreciente y que deplorablemente ha desaparecido del mapa. ¡Cuánta añoranza aflora al recordar el agradable teclado de sus aparatos, con los caracteres sobresaliendo y haciendo fácil la escritura sobre sus dispositivos!

Nokia, BlackBerry y tantas otras empresas aupadas a la gloria en momentos culminantes de su historia son esos casos dignos de estudio cuando los números uno que dominan a su libre antojo, en el mejor sentido de la expresión, sus respectivos sectores se van eclipsando. ¿Por qué? Con toda probabilidad, porque no supieron discernir cómo sería el futuro y no dieron con la brújula que les dirigiera hacia nuevos espacios. Quizá porque simplemente se durmieron en los laureles del éxito y no pensaron en el día de mañana. Acaso porque sus conquistas los endiosaron y perdieron de vista el mundo terrenal. Tal vez porque no palparon cómo se estaba fraguando una imparable revolución tecnológica que transformaría el mundo... O igual ¡nada de eso! Lo dicho: lo importante no es volar alto, sino saber mantener el vuelo a la altura óptima para seguir surcando los cielos en busca de otros parajes, sabiendo aguantar al llegar a la cima, manteniendo el equilibrio al estar arriba, copando puestos de raigambre, como Rafa Nadal, Roger Federer, Novak Djokovic..., como Microsoft, a la sazón.

Microsoft, consciente de que tenía que potenciar su línea de telefonía móvil, hizo una apuesta de riesgo al quedarse con parte del negocio de la otrora encumbrada Nokia. Sin embargo, tal jugada resultó fallida y se saldó con una decepción estrepitosa. Eso es lo que están recogiendo los 10.000 millones de dólares de deterioro, integración y reestructuración que golpean en seco la cuenta de resultados de la compañía de Bill Gates en el ejercicio cerrado a 30 de junio de 2015, así como los flecos ulteriores.

Por más que las apariencias llevaran a calificarla como una empresa carente de gancho y poco incisiva, con falta de genio innovador, Microsoft, con el transcurrir del tiempo, siempre está ahí: lo estaba en el año 2000, como quinta compañía del mundo por capitalización bursátil; seguía estando en ese ranking en la tercera posición en el año 2006 y repetía en 2017, cuando todo o casi todo ha cambiado, y en el cuarto lugar a 31 de julio de 2018 Microsoft brillaba inalterable, nervuda, sólida con una capitalización que el 2 de agosto de 2018 alcanzaba 825.814 millones de dólares. Precisamente, cuando meses después la volatilidad acechaba a los mercados financieros, en la recta final del año 2018, Microsoft era menos vulnerable y más resistente a las oscilaciones bursátiles. Y así fue como se elevó a la cima a 31 de diciembre de 2018 y ahí seguía en el verano de 2019.

Uno de los peros que se le echan en cara a la compañía de Bill Gates, hoy dirigida por Satya Nadella, es que perdió el tren, o no se supo subir al mismo, en la gran guerra de los *smartphones*, cediendo ante Apple y Google. Fue entonces cuando quien era el CEO de Microsoft, Steve Ballmer, jugó aquella aguerrida baza que luego devino en fatalmente arriesgada: comprar el negocio de telefonía móvil de Nokia a fin de seguir en vanguardia. La aventura fue un revés y Ballmer dejaba su cargo en Microsoft.

A partir de ese momento, Microsoft se reinventa aprovechando su enorme potencial, al margen de la compra de LinkedIn que la mete de lleno en el frenético y pujante territorio de las redes sociales, dirigiendo su punto de mira, al mando de Satya Nadella, hacia otros objetivos, como son los servicios en la nube (*cloud computing*), el negocio impulsado por el propio Nadella desde hacía años en el seno de la propia compañía. La reconversión necesaria de Microsoft, que daba sus frutos al cierre del ejercicio concluido a 30 de junio de 2018, con una facturación total de 110.360 millones de dólares y que continuaba en 2019 con unos ingresos de 125.840 millones, reafirma que de compañía de software para PC se transmuta en proveedor de servicios en la nube para empresas, órbita en la que el crecimiento se prevé venturoso. El acelerón de sus ventas acredita ese proceder: en el ejercicio cerrado a 30 de junio de 2018, la facturación se incrementa, en comparación con el ejercicio finalizado en 2016, en más de 25.000 millones de dólares, logrando un resultado operativo de 35.000 millones, y en 2019 los ingresos *versus* 2016 crecen en más de 40.000 millones, lo que equivale al 47 por ciento de la cifra de negocios de aquel ejercicio.

Aunque la posición de Microsoft en la nube anduviera rezagada respecto a la de Amazon Web Services en lo concerniente a las infraestructuras y servicios y como plataforma, la compañía de Redmond destaca en su línea de aplicaciones en la nube con su servicio en línea Office 365 y la gestión de relaciones con los clientes. La facturación global por la línea de la nube es del 20 por ciento —más de 20.000 millones de dólares— sobre el total que ingresa Microsoft y supone más del 60 por ciento de su crecimiento actual.

El reto de Microsoft es el de reforzar ventas y beneficios a través de servicios adicionales con elevados márgenes que simultanea con costes de incorporación bajos. El desafío apunta a la inteligencia artificial. La nube, dicen los expertos, se ha convertido en una herramienta básica para descentralizar tareas informáticas y el mañana vendrá dado por toda suerte de artilugios y dispositivos conectados —el internet de las cosas—, que es hacia donde apuntan los propósitos de la empresa de Bill Gates. El negocio de la nube es, sin duda, el gran lance de Microsoft, y en este caso mucho más esperanzador que el frustrante de Nokia, para seguir danzando con estilo entre las grandes empresas mundiales con mayor capitalización bursátil y acrecentar su volumen de negocio. Los datos de 2018 relativos a Microsoft ponían de relieve sendas particularidades: se ha sabido subir a tiempo al *cloud computing* y empieza a anticiparse con éxito a tendencias que predominarán en el sector tecnológico durante los próximos años.

Los 110.360 millones de dólares facturados en 2018 por Microsoft provienen básicamente de tres líneas. La primera de ellas, presentada como productividad y procesos de negocio, supuso unos ingresos de 35.865 millones de dólares y en la misma se recogen, entre otros, los de LinkedIn —5.259 millones— y los de

Office —28.316 millones—. La línea de negocio identificada como «nube inteligente» sumó una facturación en 2018 de 32.219 millones de dólares, que incluyen 26.129 millones de servidor y servicios en la nube, y 5.846 millones de servicios empresariales.

La línea que se identifica con informática personal supuso ingresar, en 2018, 42.276 millones de dólares y en su desglose figuran Windows, con 19.518 millones, juegos por 10.353 millones, publicidad de búsqueda por 7.012 millones y dispositivos por 5.134 millones.

El resultado operativo de Microsoft en 2018, que asciende a 35.058 millones de dólares, se desglosa en 12.924 millones procedentes de productividad y procesos de negocio, 11.524 millones del negocio de la nube y 10.610 millones de informática personal.

El *cash flow* por operaciones de Microsoft en 2018 se concretó en 43.884 millones de dólares, por encima de los 39.507 millones de 2017 y los 33.325 millones de 2016. La recompra de acciones en 2018 que Microsoft llevó a cabo sumó 10.721 millones de dólares, desembolsando por pagos de dividendos 12.699 millones.

Los balances de Microsoft

En nuestro recorrido por Microsoft queda un asunto pendiente. ¿Cuál es la fisonomía de los balances de la compañía de Bill Gates?

La representación gráfica de los balances sintéticos de Microsoft guarda parecido con la de Apple. Crece su dimensión patrimonial, que lo hace aumentando su deuda y acotando la relevancia de sus recursos propios. Del 30 de junio de 2015 al 30 de junio de 2018, la proporción del patrimonio neto se ha encogido del 46 por ciento al 32 por ciento y, consiguientemente, el impulso de la financiación ajena se ha extendido, pasando del 54 por ciento de la financiación global al 68 por ciento (véase el gráfico 4.3).

Esta primera toma de contacto con los balances de Microsoft, que *in promptu* causa desazón entre sus seguidores por la acidez

Gráfico 4.3 **Microsoft Corp.: balances sintéticos 2015-2018, en millones de dólares**

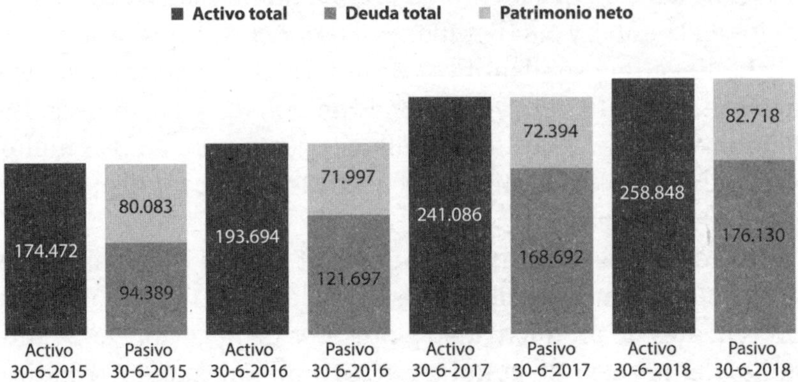

que desprenden sus números, se va enmendando a medida que examinamos el contenido de sus activos y pasivos.

Los balances resumidos de Microsoft son del siguiente tenor (véase el gráfico 4.4):

Gráfico 4.4 **Microsoft Corp.: balances resumidos 2015-2018, en millones de dólares**

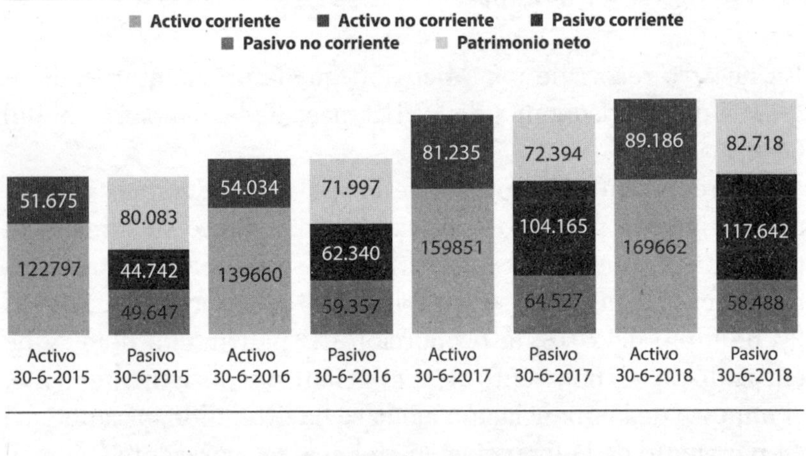

Activos fijos en un segundo plano desde la perspectiva inversora y activos circulantes predominando, con subida progresiva del exigible a largo plazo, freno en la deuda a corto plazo y sostenimiento del volumen del patrimonio neto. Así se compendia la trayectoria de los balances de la empresa de Bill Gates. ¿Cuáles son las intimidades de esos balances? (véase la tabla 4.7)

Tabla 4.7 **Microsoft: balances cerrados de 2015 a 2018, en m. m. $**

	Microsoft 30-6-2015		Microsoft 30-6-2016		Microsoft 30-6-2017		Microsoft 30-6-2018	
Activo	**m. m. $**	**%**	**m. m. $**	**%**	**m. m. $**	**%**	**m. m. $**	**%**
Efectivo y otros activos líquidos equivalentes	5.595	3,2	6.510	3,4	7.663	3,2	11.946	4,6
Inversiones financieras a corto plazo	90.931	52,1	106.730	55,1	125.318	52,0	121.822	47,1
Deudores comerciales y otras cuentas a cobrar	17.908	10,3	18.277	9,4	19.792	8,2	26.481	10,2
Existencias	2.902	1,7	2.251	1,2	2.181	0,9	2.662	1,0
Otros activos corrientes	5.461	3,1	5.892	3,0	4.897	2,0	6.751	2,6
Activo corriente	**122.797**	**70,4**	**139.660**	**72,1**	**159.851**	**66,3**	**169.662**	**65,5**
Inversiones financieras a largo plazo	12.053	6,9	10.431	5,4	6.023	2,5	1.862	0,7
Inmovilizado material	14.731	8,4	18.356	9,5	23.734	9,8	29.460	11,4
Fondo de comercio (*goodwill*)	16.939	9,7	17.872	9,2	35.122	14,6	35.683	13,8
Inmovilizado intangible	4.835	2,8	3.733	1,9	10.106	4,2	8.053	3,1
Otros activos no corrientes	3.117	1,8	3.642	1,9	6.250	2,6	14.128	5,5
Activo no corriente	**51.675**	**29,6**	**54.034**	**27,9**	**81.235**	**33,7**	**89.186**	**34,5**
Activo total	**174.472**	**100**	**193.694**	**100**	**241.086**	**100**	**258.848**	**100**
Pasivo	**m. m. $**	**%**	**m. m. $**	**%**	**m. m. $**	**%**	**m. m. $**	**%**
Periodificaciones a corto plazo	23.223	13,3	27.468	14,2	34.102	14,1	28.905	11,2
Acreedores comerciales y otras cuentas a pagar	7.197	4,1	7.478	3,9	8.108	3,4	10.738	4,1
Deudas a corto plazo	7.576	4,3	13.198	6,8	10.218	4,2	3.998	1,5
Otros pasivos corrientes	11.651	6,7	11.213	5,8	12.099	5,0	14.847	5,7
Pasivo corriente	**49.647**	**28,5**	**59.357**	**30,6**	**64.527**	**26,8**	**58.488**	**22,6**
Periodificaciones a largo plazo	2.095	1,2	6.441	3,3	10.377	4,3	3.815	1,5
Pasivos por impuesto diferido	1.295	0,7	1.476	0,8	531	0,2	541	0,2
Deudas a largo plazo	27.808	15,9	40.783	21,1	76.073	31,6	72.242	27,9
Otros pasivos no corrientes	13.544	7,8	13.640	7,0	17.184	7,1	41.044	15,9
Pasivo no corriente	**44.742**	**25,6**	**62.340**	**32,2**	**104.165**	**43,2**	**117.642**	**45,4**
Reservas	11.618	6,7	3.819	2,0	3.079	1,3	71.223	27,5
Capital	68.465	39,2	68.178	35,2	69.315	28,8	11.495	4,4
Patrimonio neto	**80.083**	**45,9**	**71.997**	**37,2**	**72.394**	**30,0**	**82.718**	**32,0**
Pasivo total	**174.472**	**100**	**193.694**	**100**	**241.086**	**100**	**258.848**	**100**

El volumen de sus activos totales ha ido creciendo de 2015 a 2018, pasando de 174.472 millones de dólares a 258.848 millones, si bien su mayor tamaño se financia a través de deuda que, en total, ascendía a 94.389 millones en 2015 y al cierre de 2018 a 176.130 millones. De nuevo, la figura del apalancamiento prevalece en la política financiera de la empresa en busca de la rentabilidad para sus accionistas cuyos valores son buenos, aunque lejos de la obtenida por Apple en 2018, al moverse entre un 15,2 por ciento en 2015, 23,3 por ciento en 2016, 29,2 por ciento en 2017 y 20 por ciento en 2018.

La preponderancia del activo corriente sobre el no corriente es otra de las características de Microsoft en línea con el sello de las grandes tecnológicas. El sesgo de sus inversiones hacia la liquidez en Microsoft es otro marchamo genuino. En concreto, 133.768 millones de dólares son los que tenía Microsoft a 30 de junio de 2018 entre efectivo e inversiones financieras a corto plazo, que representaban el 51,7 por ciento de los activos totales, más otros 1.862 millones colocados en inversiones financieras a largo plazo.

Ésa es la vitola de los balances de Microsoft, que siempre se desenvuelven con una liquidez envidiable y que vuelven a poner en tela de juicio los valores estándar que se recomiendan en los manuales. Tal liquidez en 2018 proporciona una cobertura del 76 por ciento de su deuda total y cubre 2,28 veces la deuda a corto plazo.

En el resto del activo corriente, aparecen los saldos de deudores comerciales y otras cuentas a cobrar, moderados, y un stock mínimo, a lo largo de los cuatro ejercicios que examinamos.

Por lo que respecta al activo fijo, que en 2018 sobrepasa los 89.000 millones de dólares, incluye un inmovilizado material creciente, aunque nada estridente, y el principal componente viene dado por el fondo de comercio, donde se refleja la adquisición de LinkedIn por 26.200 millones de dólares, formalizada en diciembre de 2016 junto con las compras de otros negocios hechas con anterioridad, sumando en conjunto 35.683 millones, que absorben el 13,8 por ciento de la inversión global de la compañía. Con todo, el inmovilizado intangible se mueve en unas cotas ajustadas.

El pasivo exigible a largo plazo, más o menos en consonancia, decíamos, con los balances de Apple, constituye la primera fuente de financiación, templando la deuda a corto plazo que disminuye en 2018 respecto a 2017, y manejando unos recursos propios que sólo suponen el 32 por ciento de su financiación global.

La trayectoria de Microsoft en lo referente a su patrimonio

neto se asemeja a la de Apple: de año en año se desvanece el protagonismo de los capitales propios en favor de un mayor endeudamiento. Balances, pues, los de las tecnológicas que hasta ahora hemos escudriñado, en particular los de Apple y Microsoft, que plantan cara a los valores más puritanos de los ratios más básicos de la solvencia empresarial, y lo hacen alardeando de un bagaje de muchos miles de millones de dólares en *cash*...

Amazon

El auge de la criatura de Jeff Bezos

La progresión en términos bursátiles de Amazon ha sido espectacular de unos años acá, escalando posiciones hasta encumbrarse en fechas cercanas a lo más alto del podio por capitalización bursátil. Amazon, con todos los honores, integra el admirado triunvirato que ha sobrepasado el billón de dólares, junto con Apple y Microsoft.

La porfía de Jeff Bezos está fuera de toda duda y su coraje emprendedor es contagioso. Claro que, como aludíamos, esa omnipotencia de Bezos levanta polvaredas por acá y por allá, incluyendo al mismo inquilino de la Casa Blanca, Donald Trump, mientras sus ansias expansivas no topan con barreras. Entre sus intenciones se encuentra la logística de la última milla y disponer de una flota aérea propia para evitar la dependencia de otras firmas. Sus apetencias, como modelo de negocio, son marcadamente inclusivas, integrando no sólo la faceta puramente comercial —la de comprar y vender todo tipo de productos y servicios—, sino además toda la estructura logística (véase la tabla 4.8).

Tabla 4.8 **Amazon.Inc.**

	31-12-2013	31-12-2014	31-12-2015	31-12-2016	31-12-2017	31-12-2018
	m. m. $	m. m. $	m. m. $	m. m. $	m. m. $	m. m. $
Ventas netas	74.452	88.988	107.006	135.987	177.866	232.887
Resultado operativo	745	178	2.233	4.186	4.106	12.421
Resultado neto	274	-241	596	2.371	3.033	10.073

La singladura de Amazon es valiente y sus ventas entre 2013 y 2018 se han más que triplicado, pasando de facturar 74.452 millones de dólares a 232.887 millones. Su superioridad en la distribución en línea, donde las previsiones apuntan a que en breve se haría con la mitad del mercado, es indiscutible. Su tasa de crecimiento anual es destacable. El consumo de los hogares es la columna vertebral de su actividad, junto a otra clave fundamental: la logística. Su negocio se agranda con fuste especial, consolidada como el coloso de la distribución en línea, y con sólo mencionar su nombre, cualquier comerciante de la tienda de proximidad, cualquier dueño de un supermercado, cualquier modesto distribuidor local apegado a su población o territorio geográfico, cualquier cadena comercial, tiembla.

El envite de Amazon reside al mismo tiempo en los servicios en la nube para empresas. Es rara la semana en que no se sepa de alguna nueva gesta de la empresa de Jeff Bezos. Televisión y películas en *streaming*, música en *streaming*, la posibilidad de pedir papel higiénico desde el mismo baño pulsando el botón Amazon Dash Bezos, a finales de junio de 2018, se aupaba al primer lugar de la lista de las personas más ricas del mundo. Los negocios de Amazon se amplían: publicidad, con los anuncios que se insertan cuando el usuario busca artículos en su página web y gestionando la información que tiene de sus consumidores para vender anuncios en otras páginas, con buena aportación de rentabilidad; asistencia sanitaria; afianzándose como el primer proveedor de servicios en la nube para empresas, con Amazon Web Services generando un margen aceptable...

El tractor que tira del carro de los ingresos de Amazon es el de las ventas en línea, las tiendas en línea, que en 2016 supusieron una facturación de 91.431 millones de dólares, en 2017 de 108.354 millones y en 2018 fueron de 122.987 millones. Las tiendas físicas, con la adquisición de la cadena norteamericana de supermercados Whole Foods Market, en junio de 2017, que acabó formalizándose el 28 de agosto de aquel año por un montante de 13.700 millones de dólares, significó el desembarco de Amazon en lo que conocemos como comercio tradicional, lo que le ha servido de banco de pruebas para experimentar adelantos y establecer un contacto más próximo y físico con su cliente. Sus ventas en 2017 sólo fueron de 5.798 millones de dólares y en 2018, culminada la integración de Whole Foods Market, de 17.224 millones.

Los servicios de terceros, incluyendo cualesquiera gastos de envío y tramitación relacionados, crecen de la misma manera que su volumen de negocios y si en 2016 sumaban 22.993 millones de dólares, en 2017 se cifraron en 31.881 millones y en 2018, 42.745 millones. Por su parte, los servicios de suscripción, donde se incluyen las cuotas anuales y mensuales de los miembros de Amazon Prime, así como el audiolibro, vídeo digital, *e-book*, música digital y otros servicios no clasificados en Amazon Web Services, conforma otra de las líneas cada vez más rampantes en cuanto a facturación, pasando de 6.394 millones de dólares en 2016, a 9.721 millones en 2017 y saltando a 14.168 millones en 2018; por tanto, más que doblándose en dos años. La ventaja de esos ingresos radica en su carácter de previsibles y recurrentes. Y el cine, como explicábamos a propósito de Apple y su Apple TV+, es otra de las fijaciones de Amazon, con una previsión de gasto en contenidos de 6.300 millones de dólares en 2019.

La línea de negocio de Amazon Web Services prospera aceptablemente: su facturación de 12.219 millones de dólares en 2016 pasó a 17.459 millones en 2017 y alcanzó 25.655 millones en 2018. El resto de los servicios, incluyendo especialmente los ingresos procedentes de publicidad, así como las ventas relacionadas con otras ofertas de servicios de Amazon, pasaron de 2.950 millones de dólares en 2016 a 4.653 millones en 2017 y a 10.108 millones en 2018.

¿Cuál es el principal mercado de Amazon? En 2018, Estados Unidos lideró la facturación con 160.146 millones de dólares —en 2017 fueron 120.486 millones y en 2016, 90.349 millones—, Alemania supuso unas ventas de 19.881 millones, el segundo mercado más importante para Amazon —16.951 millones en 2017 y 14.148 millones en 2016—, y, a continuación, Reino Unido con 14.524 millones —en 2016, 9.547 millones, y en 2017, 11.372 millones—. Después aparece Japón: si en 2016 sus ventas en el país del sol naciente ascendieron a 10.797 millones y en 2017 a 11.907

millones, en 2018 repuntaron a 13.829 millones de dólares. Por último, agrupado geográficamente como resto del mundo se engloba la facturación restante, que en 2018 se cifró en 24.507 millones de dólares, frente a los 11.146 millones de 2016 y los 17.150 millones de 2017.

Las cuentas de resultados de Amazon

Formulemos algunas precisiones al respecto. La primera de ellas, que sus ventas netas en Estados Unidos en 2018, por 141.366 millones de dólares, aportaron 7.267 millones de beneficio operativo, en tanto que sus ventas netas en el plano internacional, con 65.866 millones de dólares, comportaron unos costes operativos de 68.008 millones, saldándose pues con una pérdida de 2.142 millones. En lo que constituye Amazon Web Services, las ventas netas de 25.655 millones contribuyeron con 7.296 millones de dólares al beneficio de la compañía (véase la tabla 4.9).

Tabla 4.9 **Amazon Inc.: cuentas de resultados de 2015 a 2018, en m. m. $**

Concepto	31-12-2015		31-12-2016		31-12-2017		31-12-018	
	m. m. $	%	m. m. $	%	m. m. $	%	m. m. $	%
Ventas netas	107.006	100	135.987	100	177.866	100	232.887	100
Coste de ventas	71.651	67,0	88.265	64,9	111.934	62,9	139.156	59,8
Margen bruto	35.355	33,0	47.722	35,1	65.932	37,1	93.731	40,2
Gastos operativos								
Investigación y desarrollo	12.540	11,7	16.085	11,8	22.620	12,7	28.837	12,4
Ventas, generales y administración	20.582	19,2	27.451	20,2	39.206	22,0	52.473	22,5
Total gastos operativos	33.122	31,0	43.536	32,0	61.826	34,8	81.310	34,9
Resultado operativo	**2.233**	**2,1**	**4.186**	**3,1**	**4.106**	**2,3**	**12.421**	**5,3**
Otros resultados	-665	-0,6	-294	-0,2	-300	-0,2	-1.160	-0,5
Beneficio antes de impuestos	1.568	1,5	3.892	2,9	3.806	2,1	11.261	4,8
Impuesto sobre beneficios (provisión)	972	0,9	1.521	1,1	773	0,4	1.188	0,5
Resultado neto después de impuestos	**596**	**0,6**	**2.371**	**1,7**	**3.033**	**1,7**	**10.073**	**4,3**

Otra pincelada destacable es la concentración de las ventas de Amazon en el cuarto trimestre del año —la estacionalidad de ese período del año en lo tocante al consumo es inevitable, más aún si pensamos en la lluvia de fechas comerciales que ha arreciado de un tiempo acá: con independencia de las Navidades y otras festividades señaladas en la recta final del año, el Black Friday, el Cyber Monday, el señuelo del día de la venta sin IVA y un largo etcétera de reclamos , ¡cualquier pretexto vale para parir un día de impulsos comerciales y consumo a granel!—, que en 2018 alcanzaron 72.383 millones de dólares *versus* los 56.576 millones del tercer trimestre, los 52.886 millones del segundo y los 51.042 millones del primero.

No obstante, el resultado operativo de Amazon indica unos niveles relativamente bajos: 2,1 por ciento en 2015, 3,1 por ciento en 2016, 2,3 por ciento en 2017 y 5,3 por ciento en 2018, año en el que se percibe una mejora ostensible, superando los 12.000 millones de dólares, muy por encima de los 2.233 millones de 2015. Eso quiere decir que Amazon, con unos fuertes ingresos que le reportan suficiente tonificación para gestionar en mejores condiciones sus costes de ventas, está tomando velocidad de crucero en un tipo de negocio y sector en el que los márgenes, en teoría, son estrechos. Aprovechando su inmenso potencial, la empresa de Bezos se refuerza abriéndose hacia nuevas oportunidades y ventanas de negocios más remuneradoras. Ésta es la vía por la que va discurriendo Amazon.

Veamos las causas que inciden en la moderación de su resultado operativo. El coste de ventas de Amazon es elevado, como también lo son sus gastos de entrega y de marketing, amén de su esfuerzo tecnológico, registrado directamente como gasto del ejercicio. Concretamente, el coste de ventas de Amazon va disminuyendo porcentualmente sobre las ventas a medida que éstas aumentan y así se reduce del 67 por ciento en 2015 al 59,8 por ciento en 2018. La explicación es muy simple: el mayor volumen negociado por Amazon es decisivo para optimizar su margen bruto, que del 33 por ciento en 2015 salta al 40,2 por ciento en 2018.

Dentro de los gastos, sobresale el esfuerzo que la compañía hace en investigación, desarrollo y tecnología, que no sólo crece en valor absoluto hasta los 28.837 millones de dólares en 2018 —repetimos, más del doble que todo el gasto por I+D de España en 2017—, sino también en porcentaje sobre las ventas, significando el 12,4 por ciento en 2018.

La partida esencial dentro de los gastos operativos reside en los que se agrupan como ventas, generales y administración. Dentro de ellos, mención especial merece el apartado de entregas y distribución, en el que se recogen los costes en que incurre la empresa, tanto en la operación como en la dotación de personal de los centros logísticos, así como los gastos inherentes a los centros de servicio al cliente y tiendas físicas, con inclusión de los costos atribuibles a la compra, recepción, inspección y almacenamiento de inventarios; recogida, embalaje y preparación de pedidos de clientes para su envío; procesamiento de pagos y costes de transacción relacionados, incluidos los costes asociados con la garantía de ventas, responder a las consultas de los clientes y la gestión de la cadena de suministro de los dispositivos electrónicos fabricados. De la misma forma, en esos gastos de entregas y distribución figuran reflejadas las cantidades pagadas a terceros que colaboran con Amazon a lo largo del proceso de entregas y servicios al cliente. Pues bien, en 2018 los gastos de entregas y distribución se elevaron a 34.027 millones de dólares, frente a los 25.249 millones de 2017 y los 17.619 de 2016.

El concepto de marketing en Amazon aumenta hasta 13.814 millones de dólares en 2018, por 10.069 millones en 2017 y 7.233 millones en 2016. En cuanto a los gastos generales y de administración propiamente dichos, supusieron 4.336 millones de dólares en 2018, frente a 3.674 millones en 2017 y 2.432 millones en 2016.

El beneficio neto de Amazon era bajo en 2015, cuando ganó 596 millones de dólares, sólo el 0,6 por ciento de las ventas netas; se refuerza en 2016 con 2.371 millones, el 1,7 por ciento de la facturación; se mantiene en 2017 porcentualmente cuando su cuantía es de 3.033 millones y ya en 2018 se advierte un tirón hasta 10.073 millones de dólares, equivalentes al 4,3 por ciento de los ingresos totales.

La interpretación que cabe hacer a nivel de conjunto sobre Amazon es la de ir combinando líneas de negocio con márgenes altos y bajos. Sabido es que el sector de la distribución como tal se mueve en márgenes más bien exiguos. Las cantidades que se manejen, la rotación de los productos, la capacidad de compra, son factores que configuran de manera contundente los resultados. Cualquier atisbo de expansión de Amazon le llevará a ir penetrando en sectores con mayores beneficios, más lucrativos. Porque además de su decidida actividad en línea, en 2017 Amazon daba un paso en una dirección complementaria al adquirir la cadena de supermercados Whole Foods, con descuentos y reparto gratuito para sus clientes Prime. El futuro de Amazon no se limitará al puro comercio electrónico, sino que está posicionándose y buscando ese *mix* ideal entre el modelo en línea y el clásico de toda la vida.

Como se ha reiterado, estamos ante una clase de empresas que son extensivas y que van ampliando el espectro de sus actividades de acuerdo con su estrategia, extendiéndose como una mancha de petróleo, lentamente, pasito a pasito. Además, la entrada de Amazon en el sector financiero, como la de las otras grandes tecnológicas, alerta a la banca tradicional, forzada cada vez más a reinventarse no sólo en su forma de operar, sino también en el plano directivo. Actualmente, acceden a puestos de altos ejecutivos de las entidades financieras profesionales expertos en el negocio digital. La banca, pues, se renueva adaptándose a los nuevos tiempos, al entorno marcadamente tecnológico y disruptivo que nos invade.

Amazon afronta altos costes e inversiones prominentes en centros de logística y distribución tanto en Estados Unidos, donde compite, entre otras, con un peso pesado como la distribuidora Walmart, como en el resto del mundo, donde otras cadenas se alían para hacer frente a su briosa expansión e incluso van surgiendo sus réplicas y la lógica reacción de las empresas legendarias del *retail* como, verbigracia, en España, El Corte Inglés, que se inclina claramente por la omnicanalidad; Mercadona y «su colmena» como novedoso y específico formato de comercio electrónico; Inditex, que concentra fuerzas en el negocio en línea persiguiendo una simbiosis entre la venta minorista de toda la vida y la electrónica.

En el plano internacional, Amazon cuenta con rivales de envergadura, como los nuevos gigantes asiáticos, encarnados en la china Alibaba, la nipona Rakuten, la hindú Flipkart, que precisamente ha pasado a ser controlada por Walmart tras ganarle el pulso a Amazon... No es descabellado aventurar que el crecimiento inorgánico de Amazon implicará pagar onerosos peajes en cuanto se interese por empresas que le proporcionen una complementariedad estratégica para sus intereses.

En otro aspecto, Amazon compite abiertamente con Microsoft y Google en varios sectores, con la misma Apple, con Netflix en *streaming*, negocio éste que requiere costosas compras, e igualmente con Spotify.

Hoy por hoy, el crecimiento de Amazon sacrifica rentabilidad para captar clientes e introducirse en cualquier mercado. Su filosofía bien pudiera ser la de perder a corto plazo para asegurar las ganancias del largo plazo. En todo caso, Amazon, al igual que Netflix, actualmente tienen unas cotizaciones bursátiles muy elevadas, no por sus datos económicos y financieros, los llamados fundamentales, sino por sus expectativas de crecimiento, que las hacen muy sensibles a cómo se comporte el ciclo económico y a cómo tire, o no tire, el consumo, sobre todo el de las familias.

Amazon y Netflix anticipan cómo será presumiblemente el mañana, tanto en los hábitos de consumo como en el negocio audiovisual. ¿Quién iba a decir pocos años atrás que una compañía incipiente como Netflix plantaría cara a las *majors* de Hollywood, a los poderosos estudios cinematográficos de Los Ángeles, a las gigantescas productoras de la industria del cine, remodelando por completo el consumo de películas y series, reconfigurando el mundo del entretenimiento a través de internet vía *streaming*? Y Netflix ya ve cómo asoman rivales enconados y con sus arcas repletas de numerario para luchar por una golosa cuota de mercado

Los balances de la compañía de Seattle

¿Cómo son los balances de Amazon correspondientes a estos últimos ejercicios? Un primer vistazo a esos cuatro años ya nos da una idea sobre unos perfiles diferentes a los de las empresas analizadas hasta ahora. Amazon es, ante todo, una empresa comercial que vende y que compra —creo que es más correcto que decir: que compra y que vende, según las circunstancias que en nuestros días concurren en el comercio en línea y los aciertos que se dan en la probabilidad de lo que se venderá, dónde, cuánto y cuándo —, que necesita disponer de un stock suficiente de los tantísimos productos y referencias que transacciona y su tipo de negocio exige un mínimo de infraestructuras en forma de inmovilizados materiales e intangibles, los centros logísticos, una pieza clave en su operativa.

Si echamos un vistazo a sus balances sintéticos de 2015 a 2018 se observa, primero, su desarrollo patrimonial, con un activo en trance de triplicarse, y, segundo, el marcado protagonismo de la deuda, si bien sus recursos propios tienden a reforzarse (véase el gráfico 4.5).

Gráfico 4.5 **Amazon Inc.: balances sintéticos 2015-2018, en millones de dólares**

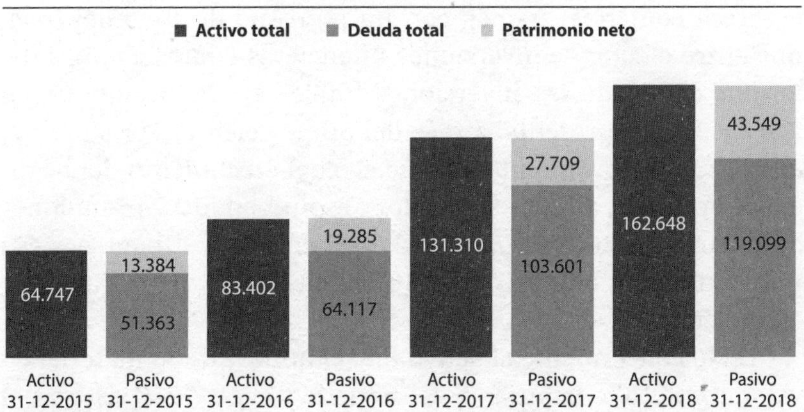

Los balances resumidos de Amazon invitan a pormenorizar en sus aspectos cardinales (véase el gráfico 4.6).

Por el frente de la inversión destaca una igualdad de fuerzas entre el activo fijo y el activo circulante. A medida que la cifra de negocios de Amazon se ha ido incrementando, el activo fijo cobra mayor importancia a causa de las inversiones en inmovilizaciones materiales, y asimismo por la vía del fondo de comercio, habida cuenta de las adquisiciones de negocio realizadas.

Gráfico 4.6 **Amazon Inc.: balances resumidos 2015-2018, en millones de dólares**

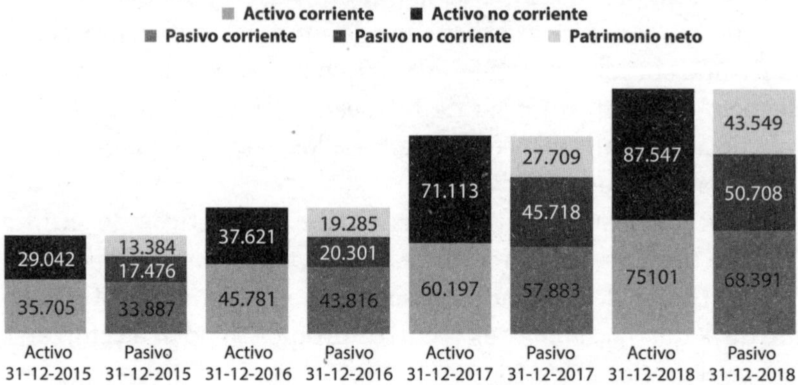

El activo circulante ofrece las caras habituales de cualquier empresa comercial, eso sí, con un peso significativo del *cash*, que entre efectivo e inversiones financieras equivale a más del 25 por ciento de las inversiones totales en 2018, aunque en 2015 y 2016 representaba más del 30 por ciento. Por su parte, el stock, que obviamente se hace eco del crecimiento del negocio de Amazon, aumenta en valor absoluto, de 10.243 millones de dólares en 2015 a 17.174 millones en 2018, si bien su peso porcentual se rebaja de casi el 16 por ciento en 2015 al 10,6 por ciento en 2018.

En lo concerniente al activo fijo, el inmovilizado material en valor absoluto se triplica en ese período y el *goodwill*, esto es, el fondo de comercio, debido a las adquisiciones de negocios mencionadas, con la de Whole Foods Market especialmente, engorda (véase la tabla 4.10)

Las inversiones segmentadas por áreas geográficas de Amazon en 2018 se condensan en Estados Unidos, con 47.251 millones de dólares; en la vertiente internacional suman 19.923 millones; en lo que constituye la línea de negocio de Amazon Web Services, son de 26.340 millones, y el resto, 69.134 millones, corresponden a lo que es la estructura propiamente corporativa de Amazon.

Tabla 4.10 **Amazon Inc.: balances cerrados de 2015 a 2018, en m. m. $**

	Microsoft 30-6-2015		Microsoft 30-6-2016		Microsoft 30-6-2017		Microsoft 30-6-2018	
Activo	**m. m. $**	**%**	**m. m. $**	**%**	**m. m. $**	**%**	**m. m. $**	**%**
Efectivo y otros activos líquidos equivalentes	15.890	24,5	19.334	23,2	20.522	15,6	31.750	19,5
Inversiones financieras a corto plazo	3.918	6,1	6.647	8,0	10.464	8,0	9.500	5,8
Deudores comerciales y otras cuentas a cobrar	5.654	8,7	8.339	10,0	13.164	10,0	16.677	10,3
Existencias	10.243	15,8	11.461	13,7	16.047	12,2	17.174	10,6
Otros activos corrientes	-	0,0	-	0,0	-	0,0	-	0,0
Activo corriente	**35.705**	**55,1**	**45.781**	**54,9**	**60.197**	**45,8**	**75.101**	**46,2**
Inversiones financieras a largo plazo	-	0,0	-	0,0	-	0,0	-	0,0
Inmovilizado material	21.838	33,7	29.114	34,9	48.866	37,2	61.797	38,0
Fondo de comercio *(goodwill)*	3.759	5,8	3.784	4,5	13.350	10,2	14.548	8,9
Inmovilizado intangible	-	0,0	-	0,0	-	0,0	-	0,0
Otros activos no corrientes	3.445	5,3	4.723	5,7	8.897	6,8	11.202	6,9
Activo no corriente	**29.042**	**44,9**	**37.621**	**45,1**	**71.113**	**54,2**	**87.547**	**53,8**
Activo total	**64.747**	**100**	**83.402**	**100**	**131.310**	**100**	**162.648**	**100**
Pasivo	**m. m. $**	**%**	**m. m. $**	**%**	**m. m. $**	**%**	**m. m. $**	**%**
Periodificaciones a corto plazo	3.118	4,8	4.768	5,7	5.097	3,9	6.536	4,0
Acreedores comerciales y otras cuentas a pagar	20.397	31,5	25.309	30,3	34.616	26,4	38.192	23,5
Deudas a corto plazo	-	0,0	-	0,0	-	0,0	-	0,0
Otros pasivos corrientes	10.372	16,0	13.739	16,5	18.170	13,8	23.663	14,5
Pasivo corriente	**33.887**	**52,3**	**43.816**	**52,5**	**57.883**	**44,1**	**68.391**	**42,0**
Periodificaciones a largo plazo	-	0,0	-	0,0	-	0,0	-	0,0
Pasivos por impuesto diferido	-	0,0	-	0,0	-	0,0	-	0,0
Deudas a largo plazo	8.227	12,7	7.694	9,2	24.743	18,8	23.495	14,4
Otros pasivos no corrientes	9.249	14,3	12.607	15,1	20.975	16,0	27.213	16,7
Pasivo no corriente	**17.476**	**27,0**	**20.301**	**24,3**	**45.718**	**34,8**	**50.708**	**31,2**
Reservas	1.822	2,8	3.931	4,7	8.152	6,2	18.590	11,4
Capital	11.562	17,9	15.354	18,4	19.557	14,9	24.959	15,3
Patrimonio neto	**13.384**	**20,7**	**19.285**	**23,1**	**27.709**	**21,1**	**43.549**	**26,8**
Pasivo total	**64.747**	**100**	**83.402**	**100**	**131.310**	**100**	**162.648**	**100**

En cuanto a sus activos fijos materiales, plasmados en propiedades y equipamiento, el volumen invertido en Estados Unidos en 2018 se concreta en 27.052 millones de dólares, a nivel internacional 8.552 millones, Amazon Web Services canaliza 18.851 millones y la sede corporativa 7.342 millones.

La vertiente financiera de Amazon, esto es, su pasivo, pone de relieve, en primer lugar, unos recursos propios ajustados que en el mejor de los casos alcanzan en 2018 un saldo de más de

43.000 millones de dólares, lo que representa menos del 27 por ciento de la financiación total y, en segundo lugar, desde el punto de vista de la calidad de la deuda, hay que subrayar el pasivo corriente, cuyo montante va en aumento pero desciende en porcentaje sobre el pasivo total del 52,3 por ciento de 2015 al 42 por ciento de 2018, mientras que la deuda a largo plazo, aumenta del 27 por ciento y 17.476 millones de dólares en 2015 hasta el 31,2 por ciento y 50.708 millones de 2018.

Así, pues, se enderezan los recursos propios combinándose con un mayor uso de deuda a largo plazo para cubrir las inversiones en activos fijos y descargando la concentración de deuda en el corto plazo, lo que facilita que Amazon propenda hacia un equilibrio financiero a corto más idóneo, al reducirse la sombra del pasivo corriente, elevada en 2015 y 2016, sobre el activo corriente para mejorar su fondo de maniobra.

El *cash flow* por operaciones generado por Amazon en 2018 alcanzó 30.723 millones de dólares, muy por encima de los 18.365 millones de 2017 y de los 17.203 millones de 2016.

Facebook

Una visión sobre la creación de Zuckerberg

La empresa fundada por Mark Zuckerberg, Facebook, presenta unos guarismos despejados en lo tocante a su cuenta de resultados, con unas perspectivas altísimas de capacidad de facturación con sus más de 1.400 millones de usos diarios y enfocada hacia negocios de realidad virtual (véase la tabla 4.11).

Tabla 4.11 **Facebook**

	31-12-2013	31-12-2014	31-12-2015	31-12-2016	31-12-2017	31-12-2018
	m. m. $	m. m. $	m. m. $	m. m. $	m. m. $	m. m. $
Ventas netas	7.872	12.466	17.928	27.638	40.653	55.838
Resultado operativo	2.804	4.994	6.225	12.427	20.203	24.913
Resultado neto	1.500	2.940	3.688	10.217	15.934	22.112

De 2013 a 2018, Facebook multiplica por 7 sus ingresos, por casi 9 veces su resultado operativo y por 14,7 veces su resultado neto. El recorrido en términos económicos a lo largo de ese sexenio es sencillamente espectacular y confirma la prestancia de la compañía, pese a capear durante 2018 y 2019 con temporales desatados por la falta de intimidad y filtraciones de sus datos. Empero, éste es indudablemente el tesoro de Facebook: su capacidad de datos y su no finita influencia gracias a la información de que dispone sobre el común de los mortales.

¿En qué consiste el negocio de Facebook? Quizá, por explicarlo de una manera muy pedestre, es como el viejo correo de las cartas de toda la vida en versión muy moderna en cuanto a su formato, más sucinto y, hasta cierto punto, sustituye a la típica llamada telefónica. Ya sé que el tradicional correo de antaño, franqueado como procedía con sus sellos, el de aquellas cartas que uno recibe —o mejor dicho, recibía porque las misivas manuscritas, coloreadas con carmín o solidificando lágrimas de ternura o lloros de amor o desamores, ya no se estilan para desdicha también de los carteros de toda la vida—, a veces envueltas de sabor amargo y otras rebosantes de dulzura, se ha reemplazado por el incesante, en ocasiones impertinente, y casi agotador *e-mail*, el dichoso aunque imprescindible correo electrónico, acaparado entre Microsoft y Google. Sin embargo, la forma de comunicarnos se ha revolucionado con Facebook. Hoy hablamos de conectividad, de redes sociales, de la construcción de comunidades, de acercar el mundo, de salvar distancias, de estar muy próximos aunque físicamente nos encontremos muy alejados

Facebook, propiamente dicho, Instagram, Messenger y, de modo singular, WhatsApp, además de Oculus —el ecosistema de hardware, software y desarrolladores que permite juntar a personas de todo el mundo conectándose entre sí—, son en la hora presente las herramientas más inmediatas y usadas de comunicación entre las personas. La conectividad es, por ende, la piedra filosofal del negocio de Facebook, que ha sabido crear aplicaciones y productos muy útiles, atractivos, que facilitan conectarnos permanentemente y compartir nuestras vivencias con amigos, familiares, conocidos, usando dispositivos móviles, ordenadores y otras superficies. Entre todos participamos de opiniones, ideas, fotografías, vídeos, imágenes, e, inclusive, de intimidades, demasiados asuntos interiores que se ventilan a ojos de los demás.

Ingresos, gastos y resultados de la red social

Las cuentas de resultados de Facebook, sin llegar su cifra de negocios a esos volúmenes tan sobresalientes que facturan las otras grandes tecnológicas, presumen de una acentuada tendencia al alza en sus ingresos, unos gastos convenientes —denominador común en las tecnológicas, en las que su intensa digitalización facilita hacer ahorros sustanciales en comparación con el patrón de empresas clásicas o de la vieja economía—, y la obtención de unos resultados colmados (véase la tabla 4.12).

Tabla 4.12 **Facebook: cuentas de resultados de 2015 a 2018, en m. m. $**

Concepto	**31-12-2015**		**31-12-2016**		**31-12-2017**		**31-12-018**	
	m. m. $	**%**	**m. m. $**	**%**	**m. m. $**	**%**	**m. m. $**	**%**
Ventas netas	17.928	100	27.638	100	40.653	100	55.838	100
Coste de ventas	2.867	16,0	3.789	13,7	5.454	13,4	9.355	16,8
Margen bruto	15.061	84,0	23.849	86,3	35.199	86,6	46.483	83,2
Gastos operativos								
Investigación y desarrollo	4.816	26,9	5.919	21,4	7.754	19,1	10.273	18,4
Marketing y ventas	2.725	15,2	3.772	13,6	4.725	11,6	7.846	14,0
Generales y administrativos	1.295	7,2	1.731	6,3	2.517	6,2	3.451	6,2
Total gastos operativos	8.836	49,3	11.422	41,3	14.996	36,9	21.570	38,6
Resultado operativo	**6.225**	**34,7**	**12.427**	**45,0**	**20.203**	**49,7**	**24.913**	**44,6**
Otros resultados	-31	-0,2	91	0,3	391	1,0	448	0,8
Beneficio antes de impuestos	6.194	34,5	12.518	45,3	20.594	50,7	25.361	45,4
Impuesto sobre beneficios (provisión)	2.506	14,0	2.301	8,3	4.660	11,5	3.249	5,8
Resultado neto después de impuestos	**3.688**	**20,6**	**10.217**	**37,0**	**15.934**	**39,2**	**22.112**	**39,6**

Entre 2015 y 2018 se observa una intensificación persistente y sólida de su facturación. Su mercado principal se concentra en Estados Unidos, donde en 2018 ingresó 25.727 millones de dólares, superando los 19.065 millones de 2017 y los 13.432 millones de 2016; seguido de Europa, que Facebook trata como una unidad geográfica a efectos de segmentación, donde en 2018 facturó 13.631 millones de dólares —10.126 en 2017 y 6.792 en 2016—; luego Asia-Pacífico, con 11.733 millones —en 2017 fueron 7.921 y 5.037 en 2016—, y, por último, lo que la compañía agrupa como resto del mundo, con 4.747 millones ingresados —3.541 en 2017 y 2.377 en 2016.

¿Cómo genera sus ingresos Facebook? Por la venta de ubicaciones publicitarias a los vendedores, con lo cual los responsables de marketing de los anunciantes pueden llegar a sus públicos objetivos y potenciales consumidores atendiendo a una miríada de factores: edad, género, localización, intereses, comportamientos. Para ello, las campañas de marketing se canalizan comprando anuncios que aparecen en las aplicaciones de Facebook, ya sea en el propio Facebook o en Instagram, Messenger, portales y, es de suponer, que más pronto que tarde en WhatsApp. La compañía invierte en lo que será el futuro y lo hace con productos de hardware de consumo, en mayores esfuerzos de conectividad, en inteligencia artificial, en realidad aumentada, desarrollando tecnologías.

La contabilización de los ingresos de Facebook se registra al mostrarse los productos publicitarios en sus aplicaciones y los comercializadores pagan a Facebook directamente o a través de relaciones con agencias de publicidad o revendedores.

En el coste de ventas de Facebook, relativamente bajo, se ha dado alguna oscilación en el cuatrienio 2015-2018, aunque de hecho en ese postrer ejercicio se situaba un poco por encima de 2015. En consecuencia, el margen bruto ha ido variando, si bien en todo momento es holgado, superando el 83 por ciento de las ventas netas.

Dentro de los gastos, el capítulo de I+D es consistente, con 10.273 millones de dólares en 2018 y conservando ese empuje investigador del que hace gala la empresa de Mark Zuckerberg en todos esos ejercicios, destinando a tal cometido, cuando menos, más del 18 por ciento de su facturación —en 2015, cerca del 27 por ciento—. Otra nota específica, pues, de las grandes tecnológicas que otorga energía para el dominio mundial que ejercen, asegurándose simultáneamente su mañana, escrutando soluciones nacientes, insistiendo en más posibilidades de corte científico y técnico, en resumen, propuestas en clave tecnológica.

Los gastos de marketing y ventas son crecidos, aumentan en valor absoluto durante esos ejercicios y porcentualmente sobre las ventas, tras adelgazarse de 2015 a 2017, repuntan en 2018. La compañía, por tanto, gasta en promocionarse a pesar de que disfruta de un posicionamiento universal. Como no podía ser de otra manera, en Facebook también llama la atención el bajo nivel de sus gastos generales y de administración, que si en valor absoluto suben, en términos porcentuales sobre los ingresos están muy sostenidos.

El peso total de los gastos operativos, que se agranda en ese cuatrienio en su cuantía, disminuye acusadamente, en porcentaje, en los dos últimos ejercicios, por debajo del 40 por ciento sobre ventas. En consecuencia, el resultado operativo ofrece unos valores muy buenos que, tras recoger el impacto de otros resultados y encajar el impuesto sobre beneficios, desembocan en un beneficio neto progresivo y que en porcentaje roza el 40 por ciento sobre la facturación tanto en 2017 como en 2018.

Si en Facebook sobresale la buena marcha de sus ingresos, un dinámico resultado operativo y un beneficio neto con solvente aceleración, éste es el rasgo característico de la naturaleza económica de los servicios tecnológicos en su más refinada pureza.

No obstante, en 2018 y en 2019, como se apuntaba, sus fugas de datos, o filtraciones, se tradujeron en una seca bofetada en su cotización. Otrosí, es probable que a Facebook hoy le falte algo de chispa creativa para proseguir en el top de las más emblemáticas compañías tecnológicas. Y es que la presión a la que están sometidas estas empresas por los usuarios de sus propios servicios es cada vez más exigente. Costó dar el paso para utilizar las nuevas redes sociales, sobre todo por parte de las personas mayores, y ahora cada vez se demandan más novedades, formatos más evolucionados, soluciones más futuristas , pero Facebook persiste en su andadura por más que se le reproche la falta de un plus de agresividad.

Los balances de Facebook

En este caso, obviamos la mención a los balances sintéticos de Facebook, puesto que la panorámica de sus lustrosos balances resumidos es harto elocuente. El escenario patrimonial y financiero de Facebook es refulgente con sus lujosos capitales propios cercanos al 90 por ciento del total de los recursos con que se financia la compañía, una deuda a largo plazo casi simbólica y una deuda a corto plazo muy atada y controlada, operativa y de funcionamiento, mostrando una fornida posición de su activo circulante que se concentra en una liquidez excepcional, a tono con otras grandes tecnológicas, con más de 40.000 millones de dólares en 2017 y 2018 (véase el gráfico 4.7).

Gráfico 4.7 **Facebook Inc.: balances resumidos 2015-2018, en millones de dólares**

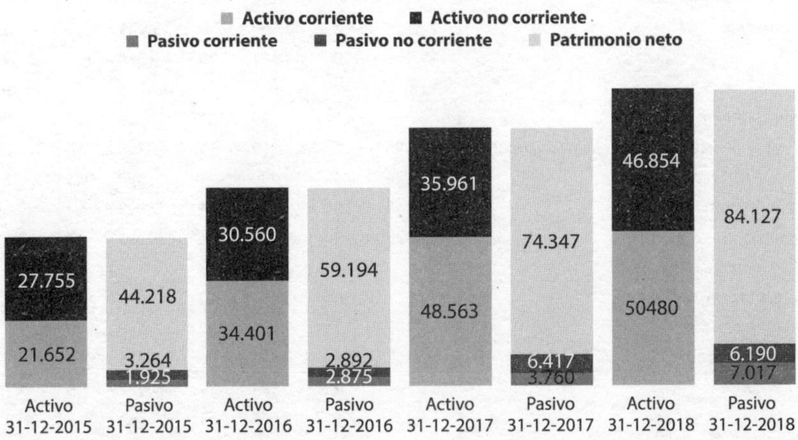

En el activo fijo, el inmovilizado material se ensancha y el monto del *goodwill*, fondo de comercio, es de calibre, por más que disminuya su peso porcentual sobre la inversión global. Precisemos que gran parte del saldo del fondo de comercio de Facebook se explica por la adquisición en 2014 de WhatsApp, por la que pagó 19.000 millones de dólares, de Instagram en 2012 por unos 1.000 millones, así como otras incorporaciones menores. De hecho, Facebook no compra las empresas en sí, sino el potencial de usuarios, y ésta es una vía para ir eliminando competencia al absorberla dentro de su estructura empresarial (véase la tabla 4.13).

Tabla 4.13 **Facebook: balances cerrados de 2015 a 2018, en m. m. $**

	Facebook 31-12-2015		Facebook 31-12-2016		Facebook 31-12-2017		Facebook 31-12-2018	
Activo	**m. m. $**	**%**	**m. m. $**	**%**	**m. m. $**	**%**	**m. m. $**	**%**
Efectivo y otros activos líquidos equivalentes	4.907	9,9	8.903	13,7	8.079	9,6	10.019	10,3
Inversiones financieras a corto plazo	13.527	27,4	20.546	31,6	33.632	39,8	31.095	31,9
Deudores comerciales y otras cuentas a cobrar	2.559	5,2	3.993	6,1	5.832	6,9	7.587	7,8
Existencias	-	0,0	-	0,0	-	0,0	-	0,0
Otros activos corrientes	659	1,3	959	1,5	1.020	1,2	1.779	1,8
Activo corriente	**21.652**	**43,8**	**34.401**	**53,0**	**48.563**	**57,5**	**50.480**	**51,9**
Inversiones financieras a largo plazo	-	0,0	-	0,0	-	0,0	-	0,0
Inmovilizado material	5.687	11,5	8.591	13,2	13.721	16,2	24.683	25,4
Fondo de comercio (*goodwill*)	18.026	36,5	18.122	27,9	18.221	21,6	18.301	18,8
Inmovilizado intangible	3.246	6,6	2.535	3,9	1.884	2,2	1.294	1,3
Otros activos no corrientes	796	1,6	1.312	2,0	2.135	2,5	2.576	2,6
Activo no corriente	**27.755**	**56,2**	**30.560**	**47,0**	**35.961**	**42,5**	**46.854**	**48,1**
Activo total	**49.407**	**100**	**64.961**	**100**	**84.524**	**100**	**97.334**	**100**
Pasivo	**m. m. $**	**%**	**m. m. $**	**%**	**m. m. $**	**%**	**m. m. $**	**%**
Periodificaciones a corto plazo	56	0,1	90	0,1	98	0,1	147	0,2
Acreedores comerciales y otras cuentas a pagar	196	0,4	302	0,5	380	0,4	820	0,8
Deudas a corto plazo	224	0,5	280	0,4	390	0,5	541	0,6
Otros pasivos corrientes	1.449	2,9	2.203	3,4	2.892	3,4	5.509	5,7
Pasivo corriente	**1.925**	**3,9**	**2.875**	**4,4**	**3.760**	**4,4**	**7.017**	**7,2**
Periodificaciones a largo plazo	-	0,0	-	0,0	-	0,0	-	0,0
Pasivos por impuesto diferido	-	0,0	-	0,0	-	0,0	-	0,0
Deudas a largo plazo	107	0,2	-	0,0	-	0,0	-	0,0
Otros pasivos no corrientes	3.157	6,4	2.892	4,5	6.417	7,6	6.190	6,4
Pasivo no corriente	**3.264**	**6,6**	**2.892**	**4,5**	**6.417**	**7,6**	**6.190**	**6,4**
Reservas	9.332	18,9	20.967	32,3	33.763	39,9	41.221	42,4
Capital	34.886	70,6	38.227	58,8	40.584	48,0	42.906	44,1
Patrimonio neto	**44.218**	**89,5**	**59.194**	**91,1**	**74.347**	**88,0**	**84.127**	**86,4**
Pasivo total	**49.407**	**100**	**64.961**	**100**	**84.524**	**100**	**97.334**	**100**

Para finalizar con Facebook, digamos que su *cash flow* operativo en 2018 se elevó a 29.274 millones de dólares y recompró acciones por importe de 1.976 millones.

5

Al calor del análisis comparativo de las cinco grandes tecnológicas

Energía en «I+D», hegemonía económica

Antes de proponer unas pocas pinceladas sobre el análisis económico-financiero comparativo entre las cinco mayores tecnológicas de Wall Street y al calor de esa atmósfera ir desgranando reflexiones de variada catadura, no será ocioso que nos planteemos esta pregunta: ¿por qué son ellas, las grandes tecnológicas estudiadas, las diosas empresariales enaltecidas y subidas a los altares bursátiles y no otras compañías?

Como es lógico, cabe toda suerte de explicaciones y razonamientos, algunas de los cuales se han ido desbrozando en las páginas precedentes, pero, entre otras características, sí conviene reincidir en un talante estimable: si entre Apple, Alphabet, Microsoft, Amazon y Facebook destinaron, en conjunto, 68.679 millones de dólares a investigación, desarrollo e innovación tecnológica en 2017, durante el ejercicio 2018 gastaron en I+D —como gasto contabilizado en sus respectivas cuentas de pérdidas y ganancias, al igual que en el período previo— 89.491 millones, el 11 por ciento de sus ingresos conjuntos, que sumaron 801.499 millones. Por más redundantes que seamos, de nuevo traemos a colación la referencia aludida en párrafos anteriores:

el esfuerzo en I+D de las cinco grandes tecnológicas equivale a 6,36 veces el que hizo toda España en 2017, que fue de 14.052 millones de euros, representativo del 1,20 por ciento de nuestro PIB. Ahí están las tecnológicas y aquí, nosotros. Hacia metas insólitas se dirigen ellas, mientras nosotros sacamos las sillas para tomar la fresca y comentar cómo diantre está el patio.

Se entiende así, al menos en parte, el quid que hace que esas grandes compañías sean las estrellas que brillan con luz propia en los cielos empresariales, asumiendo el rol de actores principales de la representación económica y disruptiva. Y, del mismo modo, es comprensible, sin paliativos, la mediocre desenvoltura de la economía española, indefectiblemente apegada al cortoplacismo y a los réditos políticos de las elecciones venideras, huérfanos de estadistas que conduzcan a nuestra gente hacia una especie de tierra prometida, sin que en España seamos capaces de otear el horizonte más allá de la siguiente cita electoral y de sus ulteriores y bizantinas componendas de vacuas alianzas y estériles coaliciones entre formaciones Ese vamos haciendo económico a la larga descolocará a España, encerrada en un callejón sin salida ante un futuro brumoso.

Tabla 5.1

Compañía	Ventas anuales ejercicio 2018 (m. m. $)	Gasto en I+D y tecnología 2018 gasto en cuenta de PYG (m. m. $)	Gasto en I+D sobre ventas netas en 2018 (%)
Apple Inc.	265.595	14.236	5%
Alphabet Inc.	136.819	21.419	16%
Microsoft Corp.	110.360	14.726	13%
Amazon Inc.	232.887	28.837	12%
Facebook Inc.	55.838	10.273	18%
Total	801.499	89.491	11%

Tras el recorrido hecho a través de las cinco grandes tecnológicas nos acercamos a nuestro destino, el punto de encuentro de todas ellas, donde comparamos algunos indicadores que resultan llamativos para describir las aristas de sus finanzas, aunque no únicamente enclaustrados en las coordenadas de las tecnológicas, sino proponiendo otras menciones que ayuden a entender mejor las constantes del pulso económico y financiero, en el espectro empresarial, del siglo XXI.

Endeudamiento, solvencia y liquidez

En el primer bloque, agrupamos aquellos indicadores y ratios que están relacionados con el endeudamiento, la solvencia y la liquidez, tomando como materia prima para tal fin los balances de las empresas. El análisis abarca desde 2015 a 2018 e incorpora las cinco compañías con la finalidad de formarnos una idónea composición de lugar y efectuar las comparaciones que resulten oportunas (véase la tabla 5.2).

Tabla 5.2 **Endeudamiento, solvencia y liquidez**

Indicador	Apple				Microsoft				Amazon			
	2015	2016	2017	2018	2015	2016	2017	2018	2015	2016	2017	2018
Solvencia global: activo total / deuda total	1,70	1,66	1,56	1,41	1,85	1,59	1,43	1,47	1,26	1,30	1,27	1,37
Coeficiente o ratio de endeudamiento: deuda total / patrimonio neto	1,43	1,51	1,80	2,41	1,18	1,69	2,33	2,13	3,84	3,32	3,74	2,73
Dependencia financiera: deuda total / activo total	0,59	0,60	0,64	0,71	0,54	0,63	0,70	0,68	0,79	0,77	0,79	0,73
Calidad del endeudamiento: deuda cp / deuda total	0,47	0,41	0,42	0,45	0,53	0,49	0,38	0,33	0,66	0,68	0,56	0,57
Solvencia corriente o ratio de liquidez: activo corriente / pasivo corriente	1,11	1,35	1,28	1,12	2,47	2,35	2,48	2,90	1,05	1,04	1,04	1,10
Solvencia inmediata o ratio tesorería: activo corriente – stock / pasivo corriente	1,08	1,33	1,23	1,09	2,41	2,31	2,44	2,86	0,75	0,78	0,76	0,85
Liquidez de primer grado: efectivo + inversiones financieras cp / deuda cp	0,52	0,85	0,74	0,57	1,94	1,91	2,06	2,29	0,58	0,59	0,54	0,60

Indicador	Alphabet				Facebook			
	2015	2016	2017	2018	2015	2016	2017	2018
Solvencia global: activo total / deuda total	5,44	5,89	4,40	4,22	9,52	11,26	8,31	7,37
Coeficiente o ratio de endeudamiento: deuda total / patrimonio neto	0,23	0,20	0,29	0,31	0,12	0,10	0,14	0,16
Dependencia financiera: deuda total / activo total	0,18	0,17	0,23	0,24	0,11	0,09	0,12	0,14
Calidad del endeudamiento: deuda cp / deuda total	0,71	0,59	0,54	0,63	0,37	0,50	0,37	0,53
Solvencia corriente o ratio de liquidez: activo corriente / pasivo corriente	4,67	6,29	5,14	3,92	11,25	11,97	12,92	7,19
Solvencia inmediata o ratio tesorería: activo corriente – stock / pasivo corriente	4,64	6,27	5,11	3,89	11,25	11,97	12,92	7,19
Liquidez de primer grado: efectivo + inversiones financieras cp / deuda cp	3,78	5,15	4,21	3,15	9,58	10,24	11,09	5,86

Salvoconducto a la felicidad financiera: ser solvente

La solvencia global es algo así como la madre del asunto, el meollo nuclear de las finanzas de cualquier empresa. Una primera y sana recomendación al iniciar la tarea de formular el análisis es la de palpar si estamos ante una empresa solvente o no solvente, o incluso insolvente. Por ello, optamos por presentar el denominado balance sintético sin más secreto que, visto en forma de representación gráfica, el de reflejar, por un lado, el activo total de la empresa, o sea, el conjunto de sus inversiones globales, sin entrar aún en contrastar la calidad de las mismas ni su composición, y, por el otro lado, la financiación total desglosada entre las dos grandes fuerzas que la definen: el patrimonio neto o recursos propios y la deuda total o financiación ajena, igualmente sin abundar en particularidades.

Con una simple ojeada se atisban las hechuras contables y financieras de la entidad que se va a analizar. Si la deuda total está acechando al activo y el patrimonio neto es minúsculo, entonces estamos pisando terreno pantanoso o, en el peor escenario posible, se está a punto de cruzar un campo minado que, en cualquier instante, puede estallar al encontrarse la solvencia global al borde de la precariedad. Cuando se transita por la cornisa, más o menos se intuye el siguiente y trágico acto: despeñarse por el precipicio. Por tanto, la solvencia global es un referente majestuoso para calibrar la cercanía o lejanía a la bancarrota

Centrémonos en los balances sintéticos de las cinco tecnológicas en el ejercicio 2018 (véase el gráfico 5.1).

Si comparamos lo que se tiene con lo que se debe, pronto se ve el percal de la solvencia global: activo total frente a deuda total, todo lo que se tiene *versus* todo lo que se debe. Cuando el valor de la solvencia global en una empresa oscila en torno a la unidad (1), y más cerca que lejos de ella, se disparan las alarmas al sufragarse el conjunto de las inversiones a través de financiación ajena.

La máxima preponderante de la solvencia es que con los activos que posee la empresa esté en condiciones normales—es decir, sin necesidad de enajenar activos, condonar o capitalizar

Gráfico 5.1 **Representaciones gráficas de los balances sintéticosde las cinco tecnológicas cerrados en el año 2018, en millones de dólares**

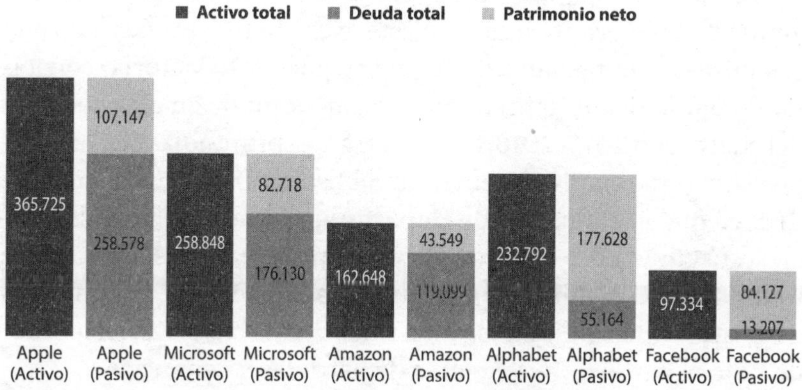

deudas y otros malabarismos mágicos que eviten el naufragio— de hacer frente al pago y liquidación de la totalidad de sus deudas. Cuando decimos que alguien es solvente, automáticamente imaginamos que tiene un patrimonio —en este caso, como sinónimo de activo— superior a sus obligaciones de pago y que con él responde de sobras al pago de éstas. Y si decimos de ese alguien que es más o menos solvente, estamos dando a entender que con lo que tiene cubre más o menos, igual por los pelos, de manera más bien apretada, sus deudas.

Los valores de la solvencia global en Facebook son de matrícula de honor y los de Alphabet de sobresaliente. Más terrenales y menos convincentes son los de Microsoft y los de Apple. Y un poco menos compactos los de Amazon.

Un valor muy bueno al escudriñar la solvencia global es el de 2, lo que se traduce en que el activo total dobla a la deuda global, comportando estabilidad financiera tanto hoy y en el corto plazo como a medio y largo plazo, a la vez que comodidad y solidez patrimonial.

No obstante, que la solvencia global se sitúe por debajo de 2 no implica necesariamente que la empresa atraviese un trance complicado. Es preciso, como hemos hecho con cada una de las tecnológicas, escarbar en sus cuentas para diagnosticar lo sano o enfermizo de su situación financiera, verificando la calidad de los activos y de sus pasivos.

Apple, por ejemplo, presenta una buena solvencia global, aunque a bote pronto quien no esté avezado ni familiarizado con sus números la tacharía de regular y poco satisfactoria, constatando por lo demás que su valor va empeorando en el transcurso del cuatrienio 2015-2018. Sin embargo, al profundizar en la composición de sus activos y entender la fisonomía de sus deudas, se deduce que la compañía de Cupertino, en cuestiones de solvencia, está curada de espantos. Porque Apple rezuma solvencia por todos sus poros, aunque para que tal afirmación sea rotunda es menester sumergirse en los intestinos de sus balances, sin perder de vista el garbo de sus cuentas de pérdidas y ganancias.

Ni qué decir tiene que los valores de la solvencia global de Facebook son casi celestiales, siguiendo los acordes de una vivificante melodía financiera, aun cuando se dé un pequeño retroceso en 2017 y 2018, fluctuando, no obstante, en lo que sería una zona *premiun* de solvencia global.

En menor medida, Alphabet presenta una solvencia global a prueba de bomba, aunque ligeramente recortada tanto en 2017 como en 2018.

En Microsoft sus valores son más ceñidos y, efectivamente, su ratio de solvencia se ajusta a la baja, pero también, al catar la calidad de su balance, se concluye que su medida es aceptable.

Nos queda Amazon. Su solvencia global es desigual, reforzándose en 2018. Eso, a simple vista, haría estar con el alma en vilo a los inversores, mas Wall Street está embelesado por el porte de la compañía y el poder de convicción de la gestión de Jeff Bezos, con la altísima capitalización bursátil de Amazon, lo que disipa las brumas. Amazon, como decíamos antes a modo de conclusión del análisis efectuado sobre la firma, despierta enormes expectativas por su arrollador paradigma de negocio. Se configura, cara al futuro más o menos inmediato, como el proveedor principal y omnipresente de todo lo que los hogares, sin descartar empresas, consumamos, adquiramos, usemos y gastemos en nuestras vidas. Amazon se presiente como ese aliado que nos acompañará en todo instante, sirviéndonos cuanto necesitemos. Si uno peina canas tal vez duda de que eso sea así, pero al paso que van las cosas, nunca digas que de esta agua no beberás porque el imperio del comercio *online* de momento no sabe de límites.

El desafío de Bezos, tanto en España como en el resto del mundo, mencionábamos antes, sirve de acicate al sector de la distribución y del gran consumo que se está armando con buena munición para plantar cara a la «cultura Amazon». Sin duda, la compañía de Seattle —cuyo casero de su sede central, Troy Block, tras pagar por ella 740 millones de dólares en 2019, a través de su empresa Pontegadea Inmobiliaria, es Amancio Ortega, principal accionista de Inditex— blande unos argumentos persuasivos que ponen en guardia a buena parte del clásico sector del *retail*, que vivía cómodamente asentado, sin más rivales que la competencia del barrio o de la ciudad o la noble pugna con los céntricos grandes almacenes, falto de impulsos renovadores y horarios de conveniencia, y ahora está despertando su capacidad de reacción para adaptarse y adecuarse al disruptivo decorado comercial.

Sin perjuicio de que en otros pasajes ulteriores nos centremos en puntos concretos sobre el conjunto de las empresas no financieras del selectivo IBEX 35 de la bolsa española, no estará de más que ilustremos lo que acabamos de explicar echando un vistazo a la situación de solvencia que se da en nuestro IBEX 35 a lo largo de los últimos años. De este modo, vamos comparando los ribetes económico-financieros de las grandes tecnológicas con la flor y nata de las empresas españolas en aras de contar con más elementos de juicio para calibrar la lectura que se está haciendo. Los balances sintéticos del conjunto de empresas no financieras del IBEX 35 los vemos en el gráfico 5.2.

Y los valores de la solvencia global de 2013 a 2018 correspondientes al conjunto de las empresas no financieras en la tabla 5.3.

Según los datos reportados a la Comisión Nacional del Mercado de Valores por dichas compañías relativos al segundo semestre del ejercicio 2018, presentemos el valor que en cada una de ellas toma el ratio de solvencia global (véase la tabla 5.4).

Gráfico 5.2 **Balance sintético agregado de las empresas del sector no financiero del IBEX 35 (m. m. €)**

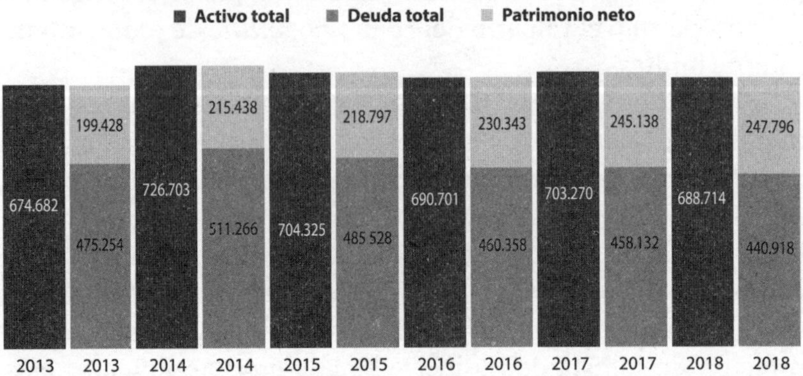

Tabla 5.3 **IBEX 35: sector no financiero**

	2013	2014	2015	2016	2017	2018
Activo total (m. m. €)	674.682	726.703	704.325	690.701	703.270	688.714
Deuda total (m. m. €)	475.254	511.266	485.528	460.358	458.132	440.918
Solvencia global: activo total / deuda total	1,42	1,42	1,45	1,50	1,54	1,56

Tabla 5.4 **IBEX 35**

II semestre 2018	Activo total	Deuda total	Solvencia global
	m. m. €	m. m. €	Activo total / deuda total
Acciona	14.938	11.442	1,31
Acerinox	4.608	2.488	1,85
ACS	34.295	28.240	1,21
Aena	14.899	8.875	1,68
Amadeus	10.130	6.938	1,46
Arcelormittal	79.693	41.171	1,94
Cellnex Telecom	5.133	4.518	1,14
Cie Automotive	3.664	2.615	1,40
Enagás	9.526	6.487	1,47
Ence	1.724	1.027	1,68
Endesa	31.656	22.475	1,41
Ferrovial	22.813	17.450	1,31

(Continúa)

Tabla 5.4 **IBEX 35**

II semestre 2018	Activo total	Deuda total	Solvencia global
	m. m. €	m. m. €	Activo total / deuda total
Grifols	12.477	7.780	1,60
IAG	28.034	21.315	1,32
Iberdrola	113.038	69.061	1,64
Inditex	21.684	7.001	3,10
Indra	4.041	3.364	1,20
Inm. Colonial	11.487	5.386	2,13
Mediaset	1.196	291	4,11
Meliá Hotels Intl.	3.475	2.091	1,66
Merlín Prop.	12.573	6.171	2,04
Naturgy	40.631	26.036	1,56
Red Eléctrica	11.262	7.901	1,43
Repsol	60.778	29.864	2,04
Siemens Gamesa	16.153	10.222	1,58
Técnicas Teunidas	3.725	3.366	1,11
Telefónica	114.047	87.067	1,31
Viscofan	1.034	276	3,74
Total	**688.714**	**440.918**	**1,56**

Templanza en el endeudamiento y mesura inversora

De varias maneras se enfoca el estudio del endeudamiento empresarial. La premisa capital en cualquier entidad es la de no asumir deuda excesiva. El origen de la deuda siempre hay que buscarlo en el activo de la empresa o en su cuenta de resultados, y no en otras excusas de mal pagador.

Activos cuantiosos son sinónimo de mucha inversión, ya sea en activo fijo, en activo circulante o en ambos a la vez. Algunas veces se paga por determinados activos el gusto y las ganas, o sea, se compran a precio de oro, caros, satisfaciéndose cantidades desorbitadas en tiempos de euforia desbordada y fantasía sin freno; o la desmesura se apodera de decisiones inversoras que inflan inquietantemente los activos. En tal caso, una de dos: o uno es muy rico y financia ese sobredimensionamiento con unos potentes recursos propios porque le sobra el dinero o, por el contrario, ineludiblemente tiene que pedir dinero prestado para costear tanta inversión.

Primer problema: hay mucha deuda porque hay demasiado activo. ¿Son productivos todos esos activos, generan rendimientos apropiados al volumen de inversión realizado o son como esos fichajes multimillonarios que luego se tornan en verdaderos fiascos a los que es tan dado el mercado futbolístico?

En el mundo del fútbol concurre un perfil inversor muy específico: la inversión emocional, la que se deja llevar por sentimientos y enamoramientos de futbolistas, bien sea por parte de directivos o por obra y gracia de entrenadores y directores deportivos, por los pálpitos de la enfervorizada afición o por los caprichos de la misma plantilla.

Si hay una muestra palmaria del sobredimensionamiento inversor, basta fijarse en el precio de coste de los culos que calientan banquillo en un partido entre grandes clubes o de los jugadores descartados para la convocatoria, sentados o no, en el palco. ¿Quién fue el lince que fichó a ese *crack*, más bien torpe crac, por el que se desembolsaron tantos y tantos millones de euros, cuyo coste salarial anual representa infinitas veces el sueldo del pobre currante que paga su entrada para ver el partido y que pese a todas las alabanzas que envolvieron su fichaje, el tío apenas juega, y cuando lo hace no para de decepcionar?

Un rápido vistazo a los balances sintéticos del conjunto de clubes integrantes de la Primera División de la Liga española de fútbol, la actual Liga Santander, nos pone en antecedentes respecto a una de las causas desencadenantes de lo que fue una extendida plaga de insolvencia en nuestro apasionante fútbol, que torpedeó a varios clubes históricos, hasta el punto de que algunos desaparecieron o se hundieron en las tinieblas de categorías inferiores.

Si nos remontáramos a temporadas anteriores a la 2009/10, el panorama aún era más desalentador. Inversiones descomedidas e imposibles de sufragar con recursos propios, abusando peligrosamente de la deuda, gastos desmadrados, derroche de ingresos cobrados por anticipado con proyección plurianual vinculados a la explotación de derechos televisivos y otros conceptos... La bancarrota de algunos clubes inevitablemente llegó. Fue necesario que la patronal del fútbol español, la Liga de Fútbol Profesional (LFP), bajo la égida de Javier Tebas, diera un virtuoso golpe sobre la mesa para corregir la marcha económica y financiera de los clubes españoles de Primera y Segunda División, muchos de ellos ahogados por sus mayúsculas deudas con Hacienda. El plan de viabilidad impulsado por la LFP funcionó y paulatinamente las finanzas de los clubes se han pacificado, influyendo con carácter tajante la centralización de los derechos de explotación televisiva de nuestro fútbol (véase el gráfico 5.3).

Gráfico 5.3 **Evolución de los balances sintéticos de los veinte clubes integrantes de la liga española, Primera División. Temporadas 2009/10-2017/18 (m. m. €)**

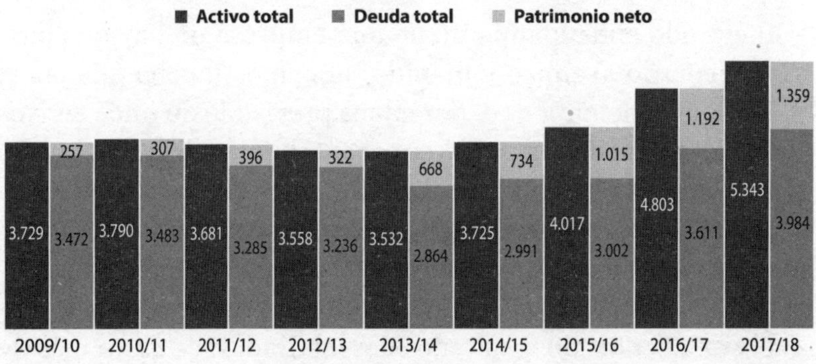

Al bajarse el telón de la temporada 2017/18, el panorama financiero del conjunto de clubes integrantes de la Liga Santander mejoraba. El activo no corriente ascendía a 3.789 millones de euros y el circulante a 1.554 millones, totalizando 5.343 millones de inversión conjunta por parte de los veinte clubes, que se financiaban mediante patrimonio neto por 1.359 millones, deuda a largo plazo por 1.469 millones y deuda a corto plazo por importe de 2.515 millones. El fondo de maniobra negativo subsiste como fragilidad de los clubes del fútbol español, como acontece en otros sectores con el fatídico desequilibrio financiero a corto plazo (véase el gráfico 5.4).

Gráfico 5.4 **Evolución de los balances resumidos de los veinte clubes integrantes de la liga española, Primera División. Temporadas 2009/10-2017/18 (m. m. €)**

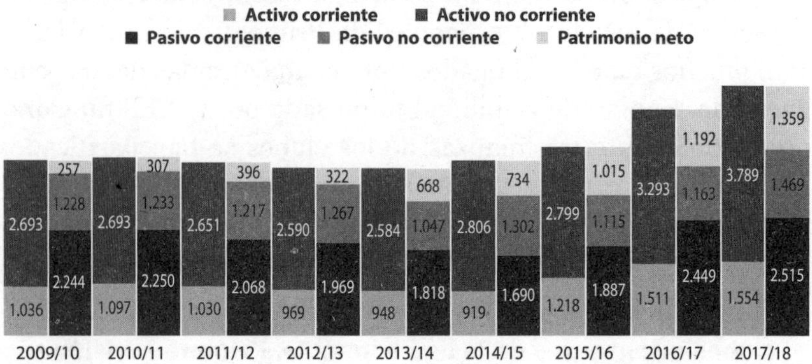

El elevado endeudamiento de una empresa no hay que buscarlo y acotarlo al típico y manido «tenemos mucha deuda...». No. La deuda violenta es el desenlace previsible de unos activos atrevidos, que no dan la talla o cuya rentabilidad deja mucho que desear, por ejemplo, aquel desdibujado futbolista que ni juega ni marca goles, de costoso fichaje... El epílogo, sin tapujos, es que simplemente se ha errado al invertir, o defecado, como acostumbro a decir en plan guasón. La deuda muchas veces es la lógica secuela de cuentas de resultados descuadradas: se gasta más de lo que se ingresa. Ésta es la otra cara del porqué de tantos y asfixiantes endeudamientos. Acá radica la otra gran deposición: al no disponer de capitales propios suficientes para cubrir esos desajustes en las cuentas de pérdidas y ganancias, apechugando con déficits más o menos mayúsculos que devoran y ponen en jaque al patrimonio neto, o porque la empresa, por los motivos que sea, está infracapitalizada, no hay más tutía que recurrir reiteradamente a endeudarse para tapar los agujeros que acarrean los malos resultados empresariales.

Puestos a formular disquisiciones, conviene incidir en que esas reglas sacrosantas del endeudamiento son aplicables a todo hijo de vecino y, por consiguiente, esas pautas no sólo son aplicables a empresas puras y duras ínsitas en la esfera del capitalismo exacerbado o no tan radical, sino en el contexto de las entidades sin ánimo de lucro, en las organizaciones no gubernamentales (ONG) En todo momento, el objetivo de una entidad, sea con ánimo de lucro o sin fines lucrativos, es el de generar excedentes positivos, contando con recursos propios con los que sortear los excesos de deuda, cimentando unas bases sólidas financieramente hablando para encarar el futuro sin ataduras crediticias que estrangulen ansias expansivas. Conviene machacar ese postulado del coeficiente de endeudamiento. Si en su día las grandes tecnológicas que analizamos hubieran partido cargando una mochila de endeudamiento descomunal, se habría aplacado o incluso abortado su imponente desarrollo.

De vez en cuando verso sobre esos extremos ante representantes de ONG, de entidades sin fines lucrativos, de clubes deportivos, explicándoles balances y cuentas de resultados de este tipo de entidades. Al igual que en cualquier empresa, la ONG (organización no gubernamental, identificada como entidad sin ánimo de lucro) se enfrenta a retos como la sostenibilidad y estabilidad económica, con la preocupación añadida de que sus recursos suelen depender de la financiación pública que, a la vista del sesgo descarriado de nuestras cuentas públicas, agita toda suerte de incertidumbres presupuestarias para las propias ONG —con la excusa del déficit público, los gobiernos de turno cortan el grifo de las ayudas—. Las ONG se ven forzadas a diversificar sus fuentes de financiación enfrentándose al dilema de cómo sufragar los costes derivados de sus proyectos a medio y largo plazo.

Procuro exhortar al auditorio a que reflexione acerca de las inversiones en activos y los apuros que se derivan a raíz de su sobredimensionamiento. Mesura inversora, medida en los activos, pacifismo comprador... Activos desmesurados dan lugar, a su vez, a recargados costes de mantenimiento. Pensemos, por ejemplo, en la obra pública construida en España en los últimos años. A veces han sido obras excelentes que han mejorado eficazmente nuestra red de infraestructuras. Por desgracia, en bastantes casos se han llevado a cabo obras públicas mal programadas, superfluas, abandonadas, infrautilizadas o igual, para colmo, tras ejecutarse el proyecto no se ha dotado de presupuesto para su explotación. Si ese gazapo nos lo tragamos porque se ha financiado con recursos propios, sufrimos, pero si tanta prodigalidad inversora se costea a base de deuda, como es el caso de no poca inversión pública en España, nos queda una carga de deuda insoportable, e impagable por demás, que degenera en un auténtico lastre para mover a la economía española, por todas las fatalidades que conlleva un disparatado endeudamiento. Mientras los tipos de interés por mor de la política monetaria acomodaticia del Banco Central Europeo no repunten y permanezcan en el rasante existente en 2019, y previsiblemente sin agudas variaciones en lo sucesivo, la deuda puede ser más o menos llevadera, pero a la que se revise tanta facilidad monetaria, el golpe producido por unos costes financieros más caros actuará como un torpedo en la línea de flotación de las finanzas públicas españolas o de las empresas que asumen empinadas cotas de endeudamiento.

Es conveniente predicar sobre los problemas de la deuda y aludir al fracaso del endeudamiento frívolo, en las funestas y costosas servidumbres de activos desquiciados. Se cuentan historias para no dormir que tienen su origen en la barrumbada inversora, en el deseo de poseer activos dadivosos. Es inexcusable rumiar acerca del rendimiento de los activos, tanto en su clave estrictamente económica como en su faceta social, metabolizando —y esto hay decirlo con rictus serio y contundente— que inversiones monumentales en activos implican inmovilizar recursos que no se podrán aplicar a otras finalidades: ni como activos necesarios ni como gastos de la actividad social o empresarial desempeñada. Y esos fondos atados a inversiones que no responden a las expectativas creadas, simplemente dejan de estar disponibles.

Si a la experiencia nos remitimos, se ha hecho mucha apología del apalancamiento, es decir, de usar y tirar de deuda para financiar inversiones. Si toda la belleza del *business plan* que algunos ejecutivos presentan con ahínco sobre el futuro de determinada empresa termina cristalizando, ¡miel sobre hojuelas! Sin embargo, la vida no suele ser de color de rosa y los tropiezos están a flor de piel. Si las fantasiosas puestas en escena de los planes de negocios optimistas sucumben en el encarnizado combate de la batalla empresarial, ni apalancamiento ni excusas que valgan...

En todo caso, algo es impepinable: hay que financiar inversiones en activos fijos y activos circulantes a fin de desarrollar la actividad empresarial. Ahí donde no llegan los recursos propios, es cuando aparece la deuda. Lo juicioso es que la estructura financiera tenga un coste del pasivo mínimo, asequible, y lo más armonioso es que los recursos propios, o patrimonio neto, representen, como mínimo, el 50 por ciento de la financiación total, deviniendo en un remanso de paz y sosiego financiero.

El coeficiente de endeudamiento relaciona la deuda total con el patrimonio neto. Lógicamente, se trata de que el valor del cociente sea inferior o como máximo igual a 1. De ser 1, la unidad, eso significa que hay igualdad entre la financiación ajena y la propia: empate de financiaciones. Si el cociente es inferior a 1, ganan los recursos propios: la empresa dispone de mayor financiación propia que ajena y esto es salvaguardia de presente y de futuro, dado que hay potencial de encaje en el supuesto de que en tiempos venideros se tuerzan las cosas, se produzcan posibles pérdidas, o bien porque, llegado el momento de dar serios pasos adelante materializados en inversiones de valía, existe capacidad de endeudamiento al poder financiarse con deuda sin que el coeficiente de endeudamiento se resienta gravemente.

¿Qué ocurre si el coeficiente de endeudamiento (deuda total/ patrimonio neto) supera la unidad, o sea, es mayor que 1? En principio, no es recomendable, aunque debe precisarse. Hay casos en los que el asunto no es embarazoso y supuestos en que sí lo es. Un coeficiente de endeudamiento superior a 1 es indicativo de que en la financiación empresarial predominan los recursos ajenos por encima de los propios; ergo, la entidad está endeudada. Si el valor resultante es bastante superior a 1, malo: hay demasiada deuda. Si el coeficiente de endeudamiento es muy superior a 1, el asunto se agrava.

No obstante, con motivo de una fase de expansión empresarial es factible que se prevea que durante los siguientes años tal coeficiente dejará de estar relajado y la financiación ajena irá ganando protagonismo. La clave consiste en que, una vez maduren las inversiones, los recursos que se generen, a modo de autofinanciación, se apliquen a ir rebajando la deuda y así gradualmente se retorne a un punto de equilibrio en cuanto al endeudamiento. Se recurre, a fin de cuentas, a la deuda para financiar inversiones y éstas, a su vez, en la medida que estén a pleno funcionamiento y rendimiento, producirán excedentes financieros con los que ir liquidando la deuda contraída a raíz del plan de crecimiento empresarial. La normalidad retornará

Centrémonos en las tecnológicas. Los coeficientes de endeudamiento de los años que analizamos de Alphabet y Facebook son muy buenos. En esta última, su valor en 2018 indica que por cada dólar de recursos propios sólo existen 16 centavos de deuda. Alphabet, en esa misma tesitura del coeficiente de endeudamiento, se desenvuelve con garantías: en 2018 por cada dólar de capitales propios manejaba tan sólo 31 centavos de deuda. Y tanto en una compañía como en la otra, sus valores concernientes al coeficiente de endeudamiento, a lo largo del cuatrienio estudiado, son más que aceptables, excelentes incluso, dando a entender que predomina una aplastante suficiencia de capitales propios con la cual se sostiene la casi totalidad de las inversiones.

En Apple, el coeficiente de endeudamiento empeora y si el valor que toma en 2017 (1,80) no es cómodo por más que se esgrima la calidad de sus activos y las explicaciones acerca del origen de su deuda financiera, al comprobar que por cada dólar de fondos propios se debitan 1,80 dólares, el de 2018 aún es más peliagudo, con 2,41. Por cada dólar de recursos propios, Apple maneja 2,41 dólares de deuda; la proporción no es la más atinada.

En esa misma línea se halla Microsoft, con un valor de su coeficiente de endeudamiento en 2017 que no es consistente: por cada dólar de recursos propios hay 2,33 dólares de deuda, menoscabándose tal coeficiente desde 2015. En 2018, aunque algo más contraído (2,13), el coeficiente de endeudamiento deja mucho que desear.

Y en Amazon, la verdad, el coeficiente de endeudamiento, durante esos años, fluctúa en una horquilla poco grata y expresiva de nutrida deuda y poco patrimonio neto, siempre por encima de 3, y concretado en el 3,74 en 2017, excepto en 2018, que desciende a 2,73.

Dicho lo cual, a propósito de Apple y Microsoft conviene salir en su defensa arguyendo su óptima realidad monetaria, con esa liquidez tan distintiva de sus activos. Y en descargo de Amazon, sendos alegatos: su firme desarrollo del negocio y las fundadas expectativas que se abren a su paso.

De nuevo, demos una mirada a las empresas no financieras del IBEX 35 a propósito del coeficiente de endeudamiento (véase la tabla 5.5).

Tabla 5.5

IBEX 35: sector no financiero	2013	2014	2015	2016	2017	2018
Deuda total (m. m. €)	475.254	511.266	485.528	460.358	458.132	440.918
Patrimonio neto (m. m. €)	199.428	215.438	218.797	230.343	245.138	247.706
Coeficiente de endeudamiento: deuda total / patrimonio neto	2,38	2,37	2,22	2,00	1,87	1,78

Y veamos el coeficiente de endeudamiento en cada una de las compañías no financieras integrantes del IBEX 35 al cierre del ejercicio 2018 (véase la tabla 5.6):

Tabla 5.6 **IBEX 35**

II semestre 2018	Deuda total	Patrimonio neto	Coeficiente de endeudamiento
	m. m. €	m. m. €	Deuda total/patrimonio neto
Acciona	11.442	3.495	3,27
Acerinox	2.488	2.119	1,17
ACS	28.240	6.056	4,66
Aena	8.875	6.024	1,47
Amadeus	6.938	3.192	2,17
Arcelormittal	41.171	38.522	1,07
Cellnex Telecom	4.518	615	7,34
Cie Automotive	2.615	1.049	2,49
Enagás	6.487	3.039	2,13
Ence	1.027	697	1,47
Endesa	22.475	9.181	2,45
Ferrovial	17.450	5.363	3,25
Grifols	7.780	4.697	1,66
IAG	21.315	6.720	3,17
Iberdrola	69.061	43.977	1,57
Inditex	7.001	14.682	0,48
Indra	3.364	678	4,96

(Continúa)

Tabla 5.6 **IBEX 35**

II semestre 2018	Deuda total	Patrimonio neto	Coeficiente de endeudamiento
	m. m. €	m. m. €	Deuda total/patrimonio neto
Indra	3.364	678	4,96
Inm. Colonial	5.386	6.102	0,88
Mediaset	291	905	0,32
Meliá Hotels Intl.	2.091	1.384	1,51
Merlín Prop.	6.171	6.402	0,96
Naturgy	26.036	14.595	1,78
Red Eléctrica	7.901	3.361	2,35
Repsol	29.864	30.914	0,97
Siemens Gamesa	10.222	5.931	1,72
Técnicas Teunidas	3.366	359	9,39
Telefónica	87.067	26.980	3,23
Viscofan	276	758	0,36
Total	**440.918**	**247.796**	**1,78**

¿Independencia o dependencia financiera? El caso de Dia

Existe otro ángulo desde el que contemplar o razonar acerca de la independencia financiera, de la misma solvencia global y del endeudamiento empresarial: en qué medida las deudas financian los activos totales. Aflora así la llamada «dependencia financiera». Cuanto mayor sea ésta, la empresa se encuentra más a merced de sus acreedores, lo cual deriva en una falta de independencia o autonomía financiera. Si en un momento dado a una entidad muy dependiente financieramente hablando se le corta el grifo de la financiación, ya sea bancaria, operativa o de su funcionamiento normal —proveedores y acreedores comerciales...—, podría colapsarse dejando de pagar puntualmente sus compromisos, lo que desembocaría de facto en el hundimiento a causa de la suspensión de pagos, esto es, en un estado de insolvencia provisional. Por eso es deseable que la deuda sea inferior al 50 por ciento del activo total. Y cuanto más baja, mejor, aunque sin llegar a extremismos, porque es congruente que los recursos propios con la deuda se conjuguen en dosis moderadas.

La cadena de distribución alimentaria DIA sufrió vicisitudes de índole financiera, con cambios en su propiedad y OPA de por medio. Sus números no han sido placenteros durante varios años. Por fin, el serial de Distribuidora Internacional de Alimentación, S. A., más conocida por su acrónimo, DIA, tocó a su fin, esperemos, durante el verano de 2019. Buena noticia para clientes, empleados, proveedores y acreedores. La refinanciación de DIA posibilitaba su continuidad. El análisis del acontecer económico y financiero de DIA a lo largo de los últimos ejercicios es una buena piedra de toque.

Trabajar con pocos recursos propios y desproporcionado endeudamiento, por más que se loen las excelencias del apalancamiento, supone caminar sobre un fino alambre con riesgos evidentes. En la medida en que los márgenes se encojan y los resultados empeoren o se tiñan de rojo, la vulnerabilidad del balance se agrava. Recurrir a deuda financiera como principal alternativa comporta un doble riesgo: poner la empresa al albur de sus acreedores y encajar el varapalo de los costes financieros a semblanza de brutal dentellada. En tales circunstancias, sólo resta un plan de rescate a través de un acuerdo con la banca, que, como está mandado, impone sus condiciones. Unos guarismos turbulentos se explican por la falta de acierto en las estrategias empresariales; por ahí van los tiros en la problemática de DIA (véase el gráfico 5.5).

Si observamos la dependencia financiera que tienen las cinco grandes tecnológicas, se corrobora lo dicho a propósito del coeficiente de endeudamiento. En Apple, la dependencia financiera se encauza por derroteros sinuosos, con sus pasivos exigibles en 2018 financiando el 71 por ciento de las inversiones totales. En Alphabet, pese a que aumente la dependencia financiera, ésta es secundaria, hasta el punto de que sólo el 24 por ciento de su activo en 2018 se financia a través de deuda. En Microsoft no son desahogados los cauces por los que discurre la dependencia financiera, más o menos en la línea de Apple: los activos dependen en un 68 por ciento de la financiación externa en 2018. En Amazon, sin ambages, su dependencia financiera se antoja excesiva: el 73 por ciento del activo está sufragado por recur-

Gráfico 5.5 **Distribuidora Internacional de Alimentación, S. A. (DIA). Balances sintéticos consolidados 2012-2018, en millones de €**

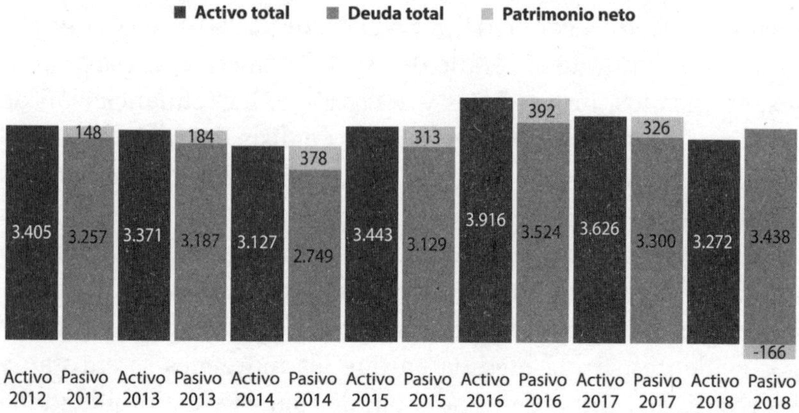

sos ajenos y ésta es la tónica imperante en los años estudiados. Facebook vuelve a dar el do de pecho con el mínimo valor de su dependencia financiera: su deuda cubre únicamente el 14 por ciento del activo total en 2018.

¿Qué perspectiva ofrece el conjunto de empresas no financieras del IBEX 35? Progresivamente, la alta dependencia financiera que mostraban tales empresas ha ido disminuyendo y en 2018 se acercan a un porcentaje asumible (véase la tabla 5.7).

Tabla 5.7 **IBEX 35: sector no financiero**

	2013	2014	2015	2016	2017	2018
Deuda total (m. m. €)	475.254	511.266	485.528	460.358	458.132	440.918
Activo total (m. m. €)	674.682	726.703	704.325	690.701	703.270	688.714
Dependencia financiera: deuda total / activo total	70,44 %	70,35 %	68,94 %	66,65 %	65,14 %	64,02 %

Si nos fijamos en la situación particular de las compañías pertenecientes al IBEX 35 al cierre de 2018, veremos su grado de dependencia financiera (véase la tabla 5.8).

Tabla 5.8 **IBEX 35**

II semestre 2018	Deuda total	Activo total	Dependencia financiera
	m. m. €	m. m. €	Deuda total/activo total
Acciona	11.442	14.938	76,60 %
Acerinox	2.488	4.608	54,00 %
ACS	28.240	34.295	82,34 %
Aena	8.875	14.899	59,57 %
Amadeus	6.938	10.130	68,49 %
Arcelormittal	41.171	79.693	51,66 %
Cellnex Telecom	4.518	5.133	88,01 %
Cie Automotive	2.615	3.664	71,37 %
Enagás	6.487	9.526	68,09 %
Ence	1.027	1.724	59,56 %
Endesa	22.475	31.656	71,00 %
Ferrovial	17.450	22.813	76,49 %
Grifols	7.780	12.477	62,36 %
IAG	21.315	28.034	76,03 %
Iberdrola	69.061	113.038	61,10 %
Inditex	7.001	21.684	32,29 %
Indra	3.364	4.041	83,23 %
Inm. Colonial	5.386	11.487	46,88 %
Mediaset	291	1.196	24,36 %
Meliá Hotels Intl.	2.091	3.475	60,17 %
Merlín Prop.	6.171	12.573	49,08 %
Naturgy	26.036	40.631	64,08 %
Red Eléctrica	7.901	11.262	70,15 %
Repsol	29.864	60.778	49,14 %
Siemens Gamesa	10.222	16.153	63,28 %
Técnicas Teunidas	3.366	3.725	90,37 %
Telefónica	87.067	114.047	76,34 %
Viscofan	276	1.034	26,71 %
Total	**440.918**	**688.714**	**64,02 %**

Calidad del endeudamiento: Mercadona e Inditex

A este indicador, normalmente no se le presta una gran atención. La calidad del endeudamiento concreta cómo y dónde se concentra la deuda. Si ésta siente predilección por el corto plazo, esto es, que se acumula acá, malo porque en el plazo máximo de un año —¡que pasa en volandas!— habrá que pagar toda esa deuda corriente que campa por el balance. Si, en cambio, la deuda se reparte entre el corto y el largo plazo, mucho mejor, ya que un pasivo exigible plácido evita sobresaltos al repartirse los vencimientos de la deuda.

La deuda a largo plazo es aquella que hay que liquidar a más de un año y contar con ese plazo prudencial de tiempo oxigena financieramente. De ahí lo de la calidad: cuanta menos deuda a corto plazo haya —siempre hablando en condiciones normales y sin abusar de situaciones extremas—, tanto mejor.

Ahora bien, reseñemos un par de acotaciones sobre el particular. En primer lugar, hay empresas que atendiendo a la actividad que desarrollan, tal vez no precisen de deuda a largo plazo porque además están muy bien capitalizadas. Mercadona, en este y otros sentidos, es un paradigma empresarial con sus finanzas: su deuda converge en el corto plazo, si bien la misma obedece a deuda de funcionamiento, comercial y operativa, casi sin endeudamiento a largo plazo, contando con la poderosa contribución de sus recursos propios, que equivalían, al cierre de 2018, al 61 por ciento de la financiación total de la compañía presidida por Juan Roig, cuya cuota de mercado en el sector de la distribución alimentaria en España, en 2019, es de más del 26 por ciento.

Su activo fijo, como consecuencia de las inversiones realizadas y de la expansión de Mercadona por todo el territorio nacional y Portugal, ha crecido, pero su activo circulante se concentra en el negocio operativo, con pingüe liquidez.

En segundo lugar, a veces se repara en empresas que apenas trabajan con deuda a largo plazo. Esta circunstancia se debe a que no existe necesidad de la misma debido a su casuística económica, como ocurre en la propia Mercadona, aunque en otros casos esa ausencia de exigible a largo plazo responde a la imposibilidad de endeudarse de tal manera y, consecuentemente, no hay más remedio que acrecentar la deuda con vencimiento a corto plazo que, según sea, adquiere ribetes peligrosos.

Echemos una ojeada, para ilustrar este enfoque, a los balances resumidos de Mercadona correspondientes al período 2013-2018. Balances bien estructurados, con acento inversor en los momentos idóneos, construidos sobre el pilar de una financiación propia que actúa como protagonista clave, acompasando la deuda pese a que ésta, por las características del negocio, se aglutine en el corto plazo (véase el gráfico 5.6).

Gráfico 5.6 **Mercadona: balances resumidos 2013-2018, en millones de euros**

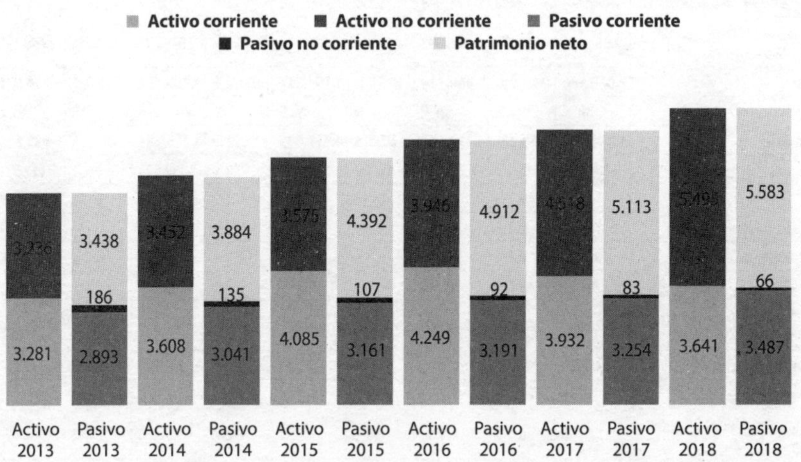

La deuda a corto plazo de Mercadona, que lleva la voz cantante dentro del exigible en el transcurso de los años que recoge el gráfico precedente, es inferior al activo circulante. Algo crucial en el sector de la distribución alimentaria, cuya divisa más extendida es la de trabajar con fondo de maniobra negativo (véase la tabla 5.9).

Tabla 5.9 **Mercadona. Balances de situación 2014-2018**

	Dic 2014		Dic 2015		Dic 2016		Dic 2017		Dic 2018	
Activo	**m. €**	**%**	**m. €**	**%**	**m. €**	**%**	**m. €**	**%**	**m. €**	**%**
Activo no corriente	**3.452.266**	**48,9%**	**3.575.406**	**46,7%**	**3.945.720**	**48,2%**	**4.518.292**	**53,5%**	**5.494.407**	**60,1%**
Inmovilizado intangible	95.289	1,3%	107.091	1,4%	114.689	1,4%	101.724	1,2%	139.828	1,5%
Inmovilizado material	2.912.943	41,3%	3.106.235	40,6%	3.281.678	40,0%	3.810.645	45,1%	4.676.918	51,2%
Inversiones inmobiliarias	0	0,0%	0	0,0%	71.010	0,9%	81.809	1,0%	83.783	0,9%
Inversiones en empresas del grupo y asociadas a l.P.	69.505	1,0%	65.656	0,9%	73.422	0,9%	105.110	1,2%	234.304	2,6%
Inversiones financ. a largo plazo	335.975	4,8%	250.901	3,3%	357.665	4,4%	363.801	4,3%	298.625	3,3%
Activos por impuesto diferido	38.554	0,5%	45.523	0,6%	47.256	0,6%	55.203	0,7%	60.949	0,7%
Activo corriente	**3.608.120**	**51,1%**	**4.084.708**	**53,3%**	**4.248.917**	**51,8%**	**3.932.262**	**46,5%**	**3.642.168**	**39,9%**
Existencias	612.458	8,7%	654.578	8,5%	716.407	8,7%	747.835	8,8%	704.439	7,7%
Deudores comerciales y otras cuentas a cobrar	74.522	1,1%	92.834	1,2%	117.005	1,4%	134.608	1,6%	119.939	1,3%
Otros deudores	74.522	1,1%	92.834	1,2%	117.005	1,4%	134.608	1,6%	119.939	1,3%
Inversiones en empresas del grupo y asociadas a c.P.	920	0,0%	700	0,0%	7.125	0,1%	9.145	0,1%	0	0,0%
Inversiones financ. a corto plazo	33.068	0,5%	73.960	1,0%	95.395	1,2%	183.070	2,2%	111.583	1,2%
Periodificaciones a corto plazo	3.738	0,1%	5.643	0,1%	11.175	0,1%	8.365	0,1%	7.017	0,1%
Efectivo y otros activos líquidos equivalentes	2.883.414	40,8%	3.256.993	42,5%	3.301.810	40,3%	2.849.239	33,7%	2.699.190	29,5%
Total activo	**7.060.386**	**100,0%**	**7.660.114**	**100,0%**	**8.194.637**	**100,0%**	**8.450.554**	**100,0%**	**9.136.575**	**100,0%**
Pasivo	**m. €**	**%**	**m. €**	**%**	**m. €**	**%**	**m. €**	**%**	**m. €**	**%**
Patrimonio neto	**3.884.206**	**55,0%**	**4.392.263**	**57,3%**	**4.911.843**	**59,9%**	**5.113.282**	**60,5%**	**5.583.359**	**61,1%**
Fondos propios	3.881.935	55,0%	4.390.647	57,3%	4.910.752	59,9%	5.112.613	60,5%	5.582.931	61,1%
Capital	15.921	0,2%	15.921	0,2%	15.921	0,2%	15.921	0,2%	15.921	0,2%
Capital escriturado	15.921	0,2%	15.921	0,2%	15.921	0,2%	15.921	0,2%	15.921	0,2%
Prima de emisión	1.736	0,0%	1.736	0,0%	1.736	0,0%	1.736	0,0%	1.736	0,0%
Reservas	3.399.582	48,2%	3.840.208	50,1%	4.335.398	52,9%	4.851.294	57,4%	5.051.299	55,3%
(Acciones y participaciones en patrimonio propias)	-78.563	-1,1%	-78.563	-1,0%	-78.563	-1,0%	-78.563	-0,9%	-78.563	-0,9%
Resultado del ejercicio	543.259	7,7%	611.345	8,0%	636.260	7,8%	322.225	3,8%	592.538	6,5%
Ajustes por cambios de valor	-9	0,0%	-39	0,0%	0	0,0%	0	0,0%	0	0,0%
Subvenciones, donaciones y legados recibidos	2.280	0,0%	1.655	0,0%	1.091	0,0%	669	0,0%	428	0,0%
Pasivo no corriente	**135.498**	**1,9%**	**106.888**	**1,4%**	**91.743**	**1,1%**	**82.803**	**1,0%**	**66.479**	**0,7%**
Provisiones a largo plazo	17.166	0,2%	12.182	0,2%	6.773	0,1%	6.099	0,1%	6.142	0,1%
Deudas a largo plazo	11.029	0,2%	12.021	0,2%	18.499	0,2%	20.371	0,2%	13.354	0,1%
Otras deudas a largo plazo	11.029	0,2%	12.021	0,2%	18.499	0,2%	20.371	0,2%	13.354	0,1%
Pasivos por impuesto diferido	107.303	1,5%	82.685	1,1%	66.471	0,8%	56.333	0,7%	46.983	0,5%
Pasivo corriente	**3.040.682**	**43,1%**	**3.160.963**	**41,3%**	**3.191.051**	**38,9%**	**3.254.469**	**38,5%**	**3.486.737**	**38,2%**
Acreedores comerciales y otras cuentas a pagar	3.040.682	43,1%	3.160.963	41,3%	3.191.051	38,9%	3.254.469	38,5%	3.486.737	38,2%
Proveedores	2.096.411	29,7%	2.224.644	29,0%	2.266.580	27,7%	2.344.878	27,7%	2.421.575	26,5%
Otros acreedores	944.271	13,4%	936.319	12,2%	924.471	11,3%	909.591	10,8%	1.065.162	11,7%
Total patrimonio neto y pasivo	**7.060.386**	**100,0%**	**7.660.114**	**100,0%**	**8.194.637**	**100,0%**	**8.450.554**	**100,0%**	**9.136.575**	**100,0%**
Exigible total	3.176.180	45,0%	3.267.851	42,7%	3.282.794	40,1%	3.337.272	39,5%	3.553.216	38,9%

El contrapunto a esa perspectiva favorable que brinda Mercadona lo pone DIA (véase el gráfico 5.7 y las tablas 5.10 y 5.11).

Gráfico 5.7 **DIA, S. A. Balances resumidos consolidados 2012-2018 (millones de euros)**

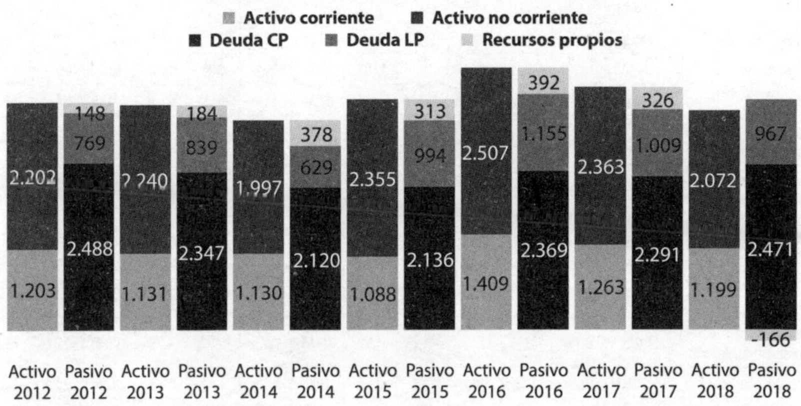

Tabla 5.10 **DIA. Balances consolidados 2012-2018. Activo**

	2012		2013		2014		2015		2016		2017		2018	
Millones de euros	**m. m. €**	**%**	**m. m. €**	**%**	**m. m. €**	**%**	**m. m. €**	**%**	**m. m. €**	**%**	**m. m. €**	**%**	**m. m. €**	**%**
ACTIVO NO CORRIENTE	**2.202,12**	**64,7%**	**2.239,75**	**66,4%**	**1.996,98**	**63,9%**	**2.355,10**	**68,4%**	**2.507,26**	**64,0%**	**2.362,86**	**65,2%**	**2.072,44**	**63,3%**
1. Inmovilizado intangible:	461,34	13,6%	500,00	14,8%	497,21	15,9%	592,83	17,2%	595,32	15,2%	595,84	16,4%	540,06	16,5%
a) Fondo de comercio	422,97	12,4%	454,39	13,5%	464,64	14,9%	558,06	16,2%	557,82	14,2%	553,13	15,3%	492,77	15,1%
b) Otro inmovilizado intangible	38,38	1,1%	45,61	1,4%	32,57	1,0%	34,76	1,0%	37,51	1,0%	42,71	1,2%	47,30	1,4%
2. Inmovilizado material	1.618,63	47,5%	1.601,65	47,5%	1.270,36	40,6%	1.372,01	39,9%	1.469,08	37,5%	1.363,96	37,6%	1.268,60	38,8%
4. Inversiones contab. método partic.	1,30	0,0%	0,79	0,0%	0,00	0,0%	0,09	0,0%	0,19	0,0%	0,97	0,0%	9,18	0,3%
5. Activos financieros no corrientes	66,29	1,9%	79,64	2,4%	81,53	2,6%	118,69	3,4%	128,40	3,3%	148,10	4,1%	181,25	5,5%
6. Activos por impuesto diferido	54,55	1,6%	57,67	1,7%	147,89	4,7%	271,48	7,9%	314,27	8,0%	253,98	7,0%	73,35	2,2%
ACTIVO CORRIENTE	**1.202,53**	**35,3%**	**1.130,84**	**33,6%**	**1.130,01**	**36,1%**	**1.087,53**	**31,6%**	**1.409,07**	**36,0%**	**1.263,32**	**34,8%**	**1.199,37**	**36,7%**
1. Activos no corrientes mantenidos para la venta	13,88	0,4%	6,10	0,2%	0,01	0,0%	0,00	0,0%	0,00	0,0%	39,66	1,1%	168,74	5,2%
2. Existencias	527,07	15,5%	544,87	16,2%	553,12	17,7%	562,49	16,3%	669,59	17,1%	569,64	15,7%	531,66	16,2%
3. Deudores comerciales y otras cuentas a cobrar:	259,77	7,6%	287,31	8,5%	351,53	11,2%	340,33	9,9%	340,78	8,7%	286,93	7,9%	240,45	7,3%
a) Clientes por ventas y prestaciones de servicios	179,56	5,3%	209,66	6,2%	244,59	7,8%	221,19	6,4%	260,86	6,7%	221,85	6,1%	192,28	5,9%
b) Otros deudores	0,00	0,0%	0,00	0,0%	0,00	0,0%	69,47	2,0%	71,09	1,8%	64,72	1,8%	38,03	1,2%
c) Activos por impuesto corriente	80,22	2,4%	77,65	2,3%	106,94	3,4%	49,66	1,4%	8,83	0,2%	0,37	0,0%	10,14	0,3%
4. Otros activos financieros corrientes	36,09	1,1%	16,41	0,5%	18,51	0,6%	22,27	0,6%	25,95	0,7%	19,50	0,5%	11,32	0,3%
5 Otros activos corrientes	15,30	0,4%	14,11	0,4%	7,84	0,3%	7,82	0,2%	8,14	0,2%	7,39	0,2%	7,36	0,2%
6. Efectivo y otros act. líquidos. equiv.	350,43	10,3%	262,04	7,8%	199,00	6,4%	154,63	4,5%	364,60	9,3%	340,19	9,4%	239,84	7,3%
TOTAL ACTIVO	**3.404,64**	**100,0%**	**3.370,59**	**100,0%**	**3.126,99**	**100,0%**	**3.442,63**	**100,0%**	**3.916,33**	**100,0%**	**3.626,17**	**100,0%**	**3.271,81**	**100,0%**

Tabla 5.11 **DIA. Balances consolidados - Pasivo y patrimonio neto**

	2012		2013		2014		2015		2016		2017		2018	
	m. m. €	%	m. m. €	%	m. m. €	%	m. m. €	%	m. m. €	%	m. m. €	%	m. m. €	%
Patrimonio neto	**147,66**	**4,3%**	**183,64**	**5,4%**	**377,57**	**12,1%**	**313,23**	**9,1%**	**392,10**	**10,0%**	**325,98**	**9,0%**	**-166,06**	**-5,1%**
A.1 Fondos propios	**166,26**	**4,9%**	**222,37**	**6,6%**	**423,40**	**13,5%**	**406,88**	**11,8%**	**451,84**	**11,5%**	**426,92**	**11,8%**	**-92,68**	**-2,8%**
1. Capital	67,93	2,0%	65,11	1,9%	65,11	2,1%	62,25	1,8%	62,25	1,6%	62,25	1,7%	62,25	1,9%
• Capital escriturado	67,93	2,0%	65,11	1,9%	65,11	2,1%	62,25	1,8%	62,25	1,6%	62,25	1,7%	62,25	1,9%
2. Prima de emisión	618,16	18,2%	618,16	18,3%	618,16	19,8%	0,00	0,0%	0,00	0,0%	0,00	0,0%	0,00	0,0%
3. Reservas	-624,62	-18,3%	-659,65	-19,6%	-553,06	-17,7%	87,32	2,5%	261,11	6,7%	304,68	8,4%	246,70	7,5%
4. Menos: Acciones y participaciones en patrimonio propias	-62,77	-1,8%	-23,32	-0,7%	-58,86	-1,9%	-53,56	-1,6%	-66,57	-1,7%	-60,36	-1,7%	-55,86	-1,7%
7. Resultado del ejercicio atribuido a la entidad dominante	157,88	4,6%	209,26	6,2%	329,23	10,5%	299,22	8,7%	174,04	4,4%	109,58	3,0%	-352,59	-10,8%
9. Otros instrumentos de patrimonio neto	9,68	0,3%	12,81	0,4%	22,83	0,7%	11,65	0,3%	21,01	0,5%	10,77	0,3%	6,82	0,2%
A.1 Otro resultado global acumulado	**-14,16**	**-0,4%**	**-38,73**	**-1,1%**	**-45,78**	**-1,5%**	**-93,63**	**-2,7%**	**-59,68**	**-1,5%**	**-100,83**	**-2,8%**	**-73,38**	**-2,2%**
1. Partidas que pueden reclasificarse post. al rtdo. ejercicio	0,00	0,0%	-38,73	-1,1%	-45,78	-1,5%	-93,63	-2,7%	-59,68	-1,5%	-100,83	-2,8%	-73,38	-2,2%
• Operaciones de cobertura	-0,65	0,0%	-0,82	0,0%	0,06	0,0%	0,05	0,0%	0,09	0,0%	-0,06	0,0%	0,01	0,0%
• Diferencias de conversión	-13,52	-0,4%	-37,91	-1,1%	-45,84	-1,5%	-93,68	-2,7%	-59,77	-1,5%	-100,78	-2,8%	-73,39	-2,2%
Patrimonio neto atrib. a entidad dominante (A.1+ A.2)	**152,10**	**4,5%**	**183,64**	**5,4%**	**377,62**	**12,1%**	**313,24**	**9,1%**	**392,16**	**10,0%**	**326,08**	**9,0%**	**-166,06**	**-5,1%**
A.3 Intereses minoritarios	**-4,44**	**-0,1%**	**0,00**	**0,0%**	**-0,05**	**0,0%**	**-0,02**	**0,0%**	**-0,06**	**0,0%**	**-0,10**	**0,0%**	**0,00**	**0,0%**
B) Pasivo no corriente	**769,25**	**22,6%**	**839,47**	**24,9%**	**628,92**	**20,1%**	**993,55**	**28,9%**	**1.155,01**	**29,5%**	**1.009,20**	**27,8%**	**967,27**	**29,6%**
1. Subvenciones	0,00	0,0%	2,75	0,1%	2,04	0,1%	1,31	0,0%	0,79	0,0%	0,49	0,0%	0,29	0,0%
2. Provisiones no corrientes	100,63	3,0%	72,57	2,2%	86,10	2,8%	51,50	1,5%	45,84	1,2%	42,56	1,2%	45,91	1,4%
3. Pasivos financieros no corrientes:	553,11	16,2%	706,17	21,0%	538,03	17,2%	937,55	27,2%	1.064,27	27,2%	963,95	26,6%	921,07	28,2%
• Deudas con entidades de crédito y obligaciones	547,77	16,1%	694,95	20,6%	532,53	17,0%	920,95	26,8%	1.062,27	27,1%	961,95	26,5%	919,07	28,1%
• Otros pasivos financieros	5,34	0,2%	11,22	0,3%	5,50	0,2%	16,60	0,5%	2,00	0,1%	2,00	0,1%	2,00	0,1%
4. Pasivos por impuesto diferido	115,51	3,4%	57,98	1,7%	2,75	0,1%	3,19	0,1%	44,11	1,1%	2,21	0,1%	0,00	0,0%
PASIVO CORRIENTE	**2.487,73**	**73,1%**	**2.347,49**	**69,6%**	**2.120,50**	**67,8%**	**2.135,85**	**62,0%**	**2.369,22**	**60,5%**	**2.290,99**	**63,2%**	**2.470,61**	**75,5%**
1. Pasivos vinculados a activos no corrientes para la venta	22,18	0,7%	31,06	0,9%	0,10	0,0%	0,00	0,0%	0,00	0,0%	65,18	1,8%	23,11	0,7%
2. Provisiones corrientes	0,00	0,0%	0,00	0,0%	0,00	0,0%	0,00	0,0%	0,00	0,0%	0,00	0,0%	0,00	0,0%
3. Pasivos financieros corrientes:	581,31	17,1%	369,01	10,9%	336,10	10,7%	519,96	15,1%	315,38	8,1%	418,38	11,5%	930,00	28,4%
• Deudas con entidades de crédito y obligaciones	418,60	12,3%	174,61	5,2%	199,91	6,4%	374,28	10,9%	180,73	4,6%	269,52	7,4%	766,58	23,4%
• Otros pasivos financieros	162,71	4,8%	194,40	5,8%	136,19	4,4%	145,68	4,2%	134,64	3,4%	148,87	4,1%	163,42	5,0%
4. Acreedores comerciales y otras cuentas a pagar:	1.884,24	55,3%	1.947,42	57,8%	1.784,30	57,1%	1.615,89	46,9%	2.053,85	52,4%	1.807,43	49,8%	1.517,50	46,4%
• Proveedores	1.586,58	46,6%	1.608,16	47,7%	1.551,27	49,6%	1.376,94	40,0%	1.754,39	44,8%	1.574,46	43,4%	1.286,55	39,3%
• Otros acreedores	290,45	8,5%	320,57	9,5%	224,29	7,2%	234,85	6,8%	283,95	7,3%	222,06	6,1%	230,28	7,0%
• Pasivos por impuesto corriente	7,21	0,2%	18,70	0,6%	8,75	0,3%	4,11	0,1%	15,51	0,4%	10,91	0,3%	0,66	0,0%
5. Otros pasivos corrientes	0,00	0,0%	0,00	0,0%	0,00	0,0%	0,00	0,0%	0,00	0,0%	0,00	0,0%	0,00	0,0%
Total pasivo y patrimonio neto	**3.404,64**	**100,0%**	**3.370,59**	**100,0%**	**3.126,99**	**100,0%**	**3.442,63**	**100,0%**	**3.916,33**	**100,0%**	**3.626,17**	**100,0%**	**3.271,81**	**100,0%**

La liquidez que acumula Mercadona, sumando efectivo e inversiones financieras temporales, le depara una cobertura holgada sobre el exigible a corto plazo. Así, en 2013 contaba con liquidez por 2.583 millones de euros (39 por ciento del activo total) para atender los 2.893 millones de deuda a corto plazo; en 2014, 2.883 millones (41 por ciento del activo) frente a 3.041 millones de pasivo corriente; en 2015, su liquidez de 3.332 millones (43 por ciento del activo) sobrepasaba los 3.161 millones de endeudamiento a corto e, incluso, la deuda total, cifrada en 3.286 millones, al igual que en 2016 cuando con su liquidez de 3.404 millones (41 por ciento del activo) cubría toda su deuda a corto plazo y también la deuda a largo plazo; en 2017, año en el que las inversiones se aceleran, los 3.041 millones que lucía de liquidez (36 por ciento del activo) afrontaban con garantías la suma del pasivo circulante, 3.254 millones, y, ya en 2018, con 2.810 millones de liquidez (31 por ciento del activo total) respondía sin dificultades a sus compromisos a corto plazo, que ascendían a 3.487 millones.

Esos mismos comentarios son extensivos a otro portaaviones de la industria española, consolidado como enseña mundial por excelencia: Inditex. La empresa de Amancio Ortega combina perfectamente, casi al 50-50, su inversión entre activo fijo y circulante, su patrimonio neto es el baluarte de su estructura financiera, con un exigible a largo plazo siempre moderado y con una deuda a corto muy asumible y controlada, que con su liquidez —efectivo más inversiones financieras temporales— cubre en todo momento.

La liquidez de Inditex superaba los 4.000 millones de euros, tanto en 2013 como en 2014, se elevaba a 5.312 millones en 2015, era de 6.153 millones en 2016, de 6.409 millones en 2017 y de 7.795 millones en 2018. En definitiva, ningún resquicio de duda a pesar de que la calidad del endeudamiento de la compañía de Arteixo, a simple vista, pudiera tildarse de bastante alta (véase el gráfico 5.8).

Puestos a hablar de Inditex, aprovechemos para presentar sus balances del ejercicio de 2018, junto con los de dos de sus principales competidores: H&M y GAP (véase la tabla 5.12).

Gráfico 5.8 **Inditex: balances resumidos 2013-2018, en millones de euros**

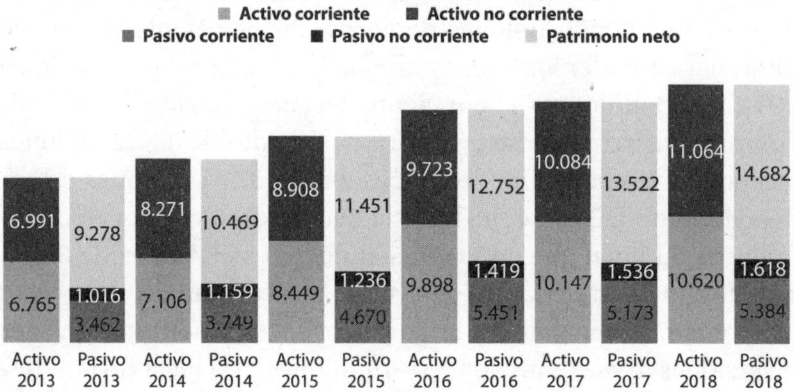

Retomemos, tras ese inciso que testimonia las saneadas finanzas de dos de nuestros máximos exponentes del sector de la distribución, Mercadona e Inditex, nuestro discurso en torno a la calidad del endeudamiento. Normalmente, la financiación a largo plazo, a más de un año, se localiza en deuda financiera y, en particular, en deuda con entidades de crédito, así como en deuda inherente a operaciones relacionadas con inversiones en activos fijos.

¿Qué tal la calidad del endeudamiento en las cinco tecnológicas? Muy bien en Apple, que maneja de forma propicia los tiempos de su deuda y además con la protección que le proporciona su inmensa liquidez.

En Alphabet, en principio, podría decirse que no es tan buena como la de Apple, pero la pregunta es si Alphabet necesita, con la estructura que ofrece su balance, su elevada liquidez y las hechuras de su pasivo, echar mano de la deuda a largo plazo. Realmente no, en absoluto, a la vista de su situación pasada y presente. Cuestión distinta sería que Alphabet abordara inversiones de peso y que decidiera sufragarlas apelando al endeudamiento a largo plazo, si bien su sólido volumen de recursos propios no hace prever hoy en día tal coyuntura.

Tabla 5.12 **Balance a fin de ejercicio 2018 en m. m. €**

	Inditex		H&M		GAP	
Activo	**m. m. €**	**%**	**m. m. €**	**%**	**m. m. €**	**%**
Activo no corriente	**11.064**	**51,0%**	**5.544**	**48,2%**	**3.311**	**47,2%**
Inmovilizado intangible	1.016	4,7%	932	8,1%	175	2,5%
Inmovilizado material	8.359	38,5%	4.113	35,7%	2.539	36,2%
Inversiones financieras a largo plazo	267	1,2%	132	1,1%	466	6,6%
Activos por impuesto diferido	858	4,0%	368	3,2%	132	1,9%
Otros activos no corrientes	564	2,6%	0	0,0%	0	0,0%
Activo corriente	**10.620**	**49,0%**	**5.967**	**51,8%**	**3.706**	**52,8%**
Existencias	2.716	12,5%	3.655	31,8%	1.858	26,5%
Deudores comerc. y otras cuentas a cobrar	928	4,3%	909	7,9%	500	7,1%
Inversiones financieras a corto plazo	1.929	8,9%	0	0,0%	269	3,8%
Efectivo y otros activos líquidos equivalentes	4.866	22,4%	1.123	9,8%	942	13,4%
Otros activos corrientes	181	0,8%	279	2,4%	137	2,0%
Total activo	**21.684**	**100,0%**	**11.511**	**100,0%**	**7.017**	**100,0%**
Pasivo	**m. m. €**	**%**	**m. m. €**	**%**	**m. m. €**	**%**
Patrimonio neto	**14.682**	**67,7%**	**5.673**	**49,3%**	**3.097**	**44,1%**
Capital	94	0,4%	20	0,2%	17	0,2%
Reservas	14.588	67,3%	5.653	49,1%	3.081	43,9%
Pasivo no corriente	**1.618**	**7,5%**	**1.553**	**13,5%**	**2.024**	**28,8%**
Provisiones a largo plazo	229	1,1%	43	0,4%	0	0,0%
Deudas a largo plazo	5	0,0%	1.017	8,8%	1.089	15,5%
Pasivos por impuesto diferido	312	1,4%	493	4,3%	103	1,5%
Otros pasivos a largo plazo	1.072	4,9%	0	0,0%	833	11,9%
Pasivo corriente	**5.384**	**24,8%**	**4.285**	**37,2%**	**1.895**	**27,0%**
Provisiones a corto plazo	0	0,0%	0	0,0%	0	0,0%
Deudas a corto plazo	84	0,4%	1.268	11,0%	0	0,0%
Acreedores comerciales y otras ctas. a pagar	5.253	24,2%	2.466	21,4%	1.003	14,3%
Otros pasivos a corto plazo	47	0,2%	551	4,8%	893	12,7%
Total patrimonio neto y pasivo	**21.684**	**100,0%**	**11.511**	**100,0%**	**7.017**	**100,0%**

Microsoft, en la misma línea que Apple, maneja con destreza la calidad de su financiación ajena y en ningún caso la deuda a corto plazo, que se va descargando de forma inquietante, máxime si recordamos su espléndida liquidez, agobia.

Amazon es harina de otro costal, eso sí, constatando que en 2017 y 2018 frena el peso de la deuda con vencimiento a corto plazo. Las características del tipo de negocio de Amazon propician esa calidad del endeudamiento.

Y Facebook, con su buen quehacer en lides financieras, controla con tino la calidad de su endeudamiento, que sin duda es de lo más templado, con un valor de 0,37, en 2017: por cada 100 dólares de deuda—sólo 37 los debe a menos de un año—, y en 2018 deja de ser tan espectacular, con un valor del 0,53.

Vayamos a la referencia del IBEX 35 y, primero, insertemos la representación gráfica de los balances resumidos de las compañías no financieras en el intervalo 2013-2018. La tónica persistente en esos años es la de un predominio de la deuda a largo plazo, más pronunciado últimamente, por lo que la calidad del endeudamiento es buena. Esa presencia descollante de exigible a largo plazo en tales compañías se debe a la concentración de deuda financiera, que en 2018 ascendía en total, incluyendo largo y corto plazo, a 223.801 millones de euros, lo que equivale al 51 por ciento de la deuda total del sector no financiero del IBEX. De esa deuda financiera, 192.916 millones correspondía a deuda con entidades de crédito. La deuda no financiera, por su parte, sumaba 217.118 millones de euros, totalizando así los 440.918 millones de deuda contraída por dichas empresas (véase el gráfico 5.9).

Gráfico 5.9 **Balance resumido agregado de las empresas del sector no financiero del IBEX 35 (m. m. €)**

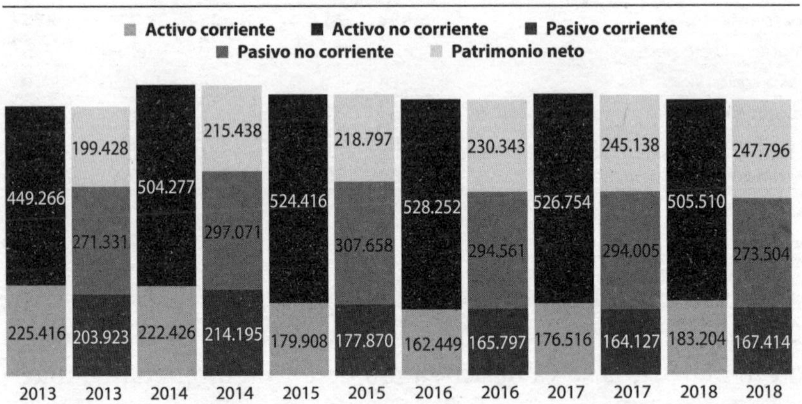

En consecuencia, la calidad del endeudamiento mejora en el sentido de descargar de presión el corto plazo (véanse las tablas 5.13 y 5.14).

Tabla 5.13 **IBEX 35: sector no financiero**

	2013	2014	2015	2016	2017	2018
Pasivo corriente (m. m. €)	203.923	214.195	177.870	165.797	164.127	167.414
Deuda total (m. m. €)	475.254	511.266	485.528	460.358	458.132	440.918
Calidad del endeudamiento: pasivo corriente / deuda total	42,91 %	41,90 %	36,63 %	36,01 %	35,83 %	37,97 %

Tabla 5.14 **IBEX 35**

II semestre 2018	Pasivo corriente	Deuda total	Calidad del endeudamiento
	m. m. €	m. m. €	Pasivo corriente / Deuda total
Acciona	5.574	11.442	48,71 %
Acerinox	1.262	2.488	50,72 %
ACS	19.784	28.240	70,06 %
Aena	1.498	8.875	16,88 %
Amadeus	2.693	6.938	38,81 %
Arcelormittal	20.485	41.171	49,75 %
Cellnex Telecom	510	4.518	11,28 %
Cie Automotive	1.223	2.615	46,76 %
Enagás	576	6.487	8,88 %
Ence	444	1.027	43,20 %
Endesa	7.694	22.475	34,23 %
Ferrovial	7.297	17.450	41,82 %
Grifols	1.257	7.780	16,16 %
IAG	11.051	21.315	51,85 %
Iberdrola	16.116	69.061	23,34 %
Inditex	5.383	7.001	76,89 %
Indra	1.801	3.364	53,54 %
Inm. Colonial	442	5.386	8,21 %
Mediaset	254	291	87,21 %
Meliá Hotels Intl.	707	2.091	33,82 %
Merlín Prop.	177	6.171	2,86 %
Naturgy	7.006	26.036	26,91 %
Red Eléctrica	1.564	7.901	19,80 %
Repsol	12.810	29.864	42,89 %
Siemens Gamesa	7.104	10.222	69,49 %
Técnicas Teunidas	2.880	3.366	85,55 %
Telefónica	29.649	87.067	34,05 %
Viscofan	174	276	62,91 %
Total	**167.414**	**440.918**	**37,97 %**

De la solvencia corriente o ratio de liquidez a un vistazo a la distribución alimentaria

Este ratio, que cada maestrillo denomina según su librillo, es el que indica la solvencia a corto plazo relacionando dos magnitudes decisivas para la cordura financiera y alejar fantasmas de desequilibrios: por un frente, el activo corriente o circulante, es decir, aquellos conceptos de la inversión cuyo fin es ser o convertirse en dinero en el plazo máximo de un año, y, por el otro flanco, el pasivo corriente o circulante, a la postre, el exigible o deudas a corto plazo que han de pagarse en el plazo máximo de un año.

Esta explicación previa conduce automáticamente a la exégesis de que, en buena lid, el activo circulante tiene que ser superior al exigible a corto plazo para que se dé equilibrio financiero. De lo contrario, no es descartable que surjan tensiones más pronto que tarde. De ser así, el duende perverso de la suspensión de pagos planea por ahí. Concretando: asoman riesgos de insolvencia temporal.

Por ende, ya tenemos la receta apropiada: que el activo circulante supere a la deuda a corto plazo. Dos preguntas brotan en seguida: ¿siempre tiene que cumplirse ese aserto?, ¿sobre qué valores es recomendable que se mueva el ratio de liquidez o de solvencia normal o corriente?

Es posible que la actividad de la empresa se concentre en la venta de bienes o en la prestación de servicios que se cobran muy pronto de sus clientes —al contado o prácticamente al contado, como en los supermercados y comercios de venta al menor— y se pague a los proveedores en un plazo habitual de un mes, dos meses o tres meses, atendiendo a la manera de operar, usos, costumbres y condiciones del sector. En tal caso, la velocidad a la que el activo circulante se va convirtiendo en dinero líquido es rápida e inferior al plazo de pago convenido con proveedores. En consecuencia, aun cuando a simple vista se detecte una especie de desequilibrio, si las deudas a corto plazo son superiores al activo circulante, no siempre hay que temer...

Nunca hay que precipitarse al analizar estados financieros

limitándolo sólo a unos ratios y contentándose con ver si sus valores responden al estándar fijado o recomendable. No. En cada empresa, en cada sector, según decíamos, hay que conocer su «modus operandi» y la casuística de su actividad económica para poder enjuiciar *comme il faut* los valores de los ratios.

¿Qué valor es aconsejable que tome el ratio de liquidez o solvencia corriente? Por lo menos, y con carácter general, que sea superior a 1, porque de lo contrario, excepciones muy peculiares al margen, los pasivos a corto plazo estarían superando a los activos y eso podría causar sacudidas financieras. Partiendo de esa premisa, hemos de ver a qué se dedica la empresa y si ésta necesita tener o no mucho o poco stock.

Así, en empresas cuyos niveles de existencias sean bajos o tal vez inexistentes, nunca hay que alarmarse cuando el valor del ratio esté ligeramente por encima de uno: eso significa que el grueso de su activo circulante se concentra en realizable —cuentas a cobrar, inversiones financieras a corto plazo— y en dinero.

Ahora bien, si la actividad empresarial exige disponer de un volumen más o menos considerable de stock, entonces sí que será conveniente que el valor del ratio de liquidez sea bastante superior a 1. De ahí que los versados en la materia recomienden un valor, en tales circunstancias, que oscile entre 1,5 y 3. Esa franja vendría a ser la de un margen de seguridad por si, llegado el caso, hubiera que vender stock para hacer *cash* y liquidar deuda.

Abramos otro paréntesis. En el segundo trimestre de 2019, el gran consumo en España crecía menos de un 1 por ciento, con el canal tradicional o especialista como principal afectado. La caída del gasto de productos de gran consumo del 4 por ciento en tal trimestre iba a parar a la distribución moderna, esto es, en línea. Los productos frescos son los dinamizadores del mercado y causantes de las tendencias vigentes. En la distribución alimentaria, Mercadona, haciendo hincapié en los productos frescos, tenía a mediados de 2019 una cuota de mercado del 26,1 por ciento; Carrefour, apostando igualmente por los frescos y los productos ecológicos, tenía una cuota del 8,7 por ciento; DIA, cuya cuota de mercado en 2016 era del 8,9 por ciento, retrocedía en el segundo trimestre de 2019 al 6,6 por ciento, sin duda a causa de su conflictiva situación, con un desafío clave para reimpulsar su negocio como sería su política de precios; el peso de Lidl era, en junio de 2019, del 5,6 por ciento; el de Eroski del 4,9 por ciento y la cuota de Auchan era del 3,5 por ciento.

¿Influyen, en lo que es esa panorámica del sector de la distribución alimentaria, las finanzas de los grandes actores? Echemos un vistazo a los balances y cuentas de resultados de las cuatro mayores referencias en el ejercicio 2017 (véanse las tablas 5.15 y 5.16).

Tabla 5.15 **Balance a fin de ejercicio en m. m. €**

	Mercadona 2017		DIA 2017		Eroski 2017		Carrefour 2017	
Activo	**m. m. €**	**%**	**m. m. €**	**%**	**m. m. €**	**%**	**m. m. €**	**%**
Activo no corriente	**4.518**	**53,5%**	**2.363**	**65,2%**	**2.622**	**73,6%**	**28.996**	**60,6%**
Inmovilizado intangible	101	1,2%	596	16,4%	1.232	34,6%	9.341	19,5%
Inmovilizado material	3.811	45,1%	1.364	37,6%	804	22,6%	13.097	27,4%
Inversiones inmobiliarias	82	1,0%	0	0,0%	68	1,9%	410	0,9%
Inversiones financieras a largo plazo	469	5,5%	76	2,1%	329	9,2%	5.175	10,8%
Activos por impuesto diferido	55	0,7%	254	7,0%	180	5,0%	636	1,3%
Otros activos no corrientes	0	0,0%	73	2,0%	9	0,3%	337	0,7%
Activo corriente	**3.932**	**46,5%**	**1.263**	**34,8%**	**939**	**26,4%**	**18.817**	**39,4%**
Existencias	748	8,8%	570	15,7%	490	13,8%	6.690	14,0%
Deudores comerciales / Cuentas a cobrar	135	1,6%	287	7,9%	190	5,3%	3.640	7,6%
Inversiones financieras a corto plazo	192	2,3%	19	0,5%	72	2,0%	4.027	8,4%
Otros activos corrientes	8	0,1%	47	1,3%	34	1,0%	867	1,8%
Efectivo y activos líquidos equivalentes	2.849	33,7%	340	9,4%	153	4,3%	3.593	7,5%
Total activo	**8.450**	**100,0%**	**3.626**	**100,0%**	**3.561**	**100,0%**	**47.813**	**100,0%**
Pasivo	**m. m. €**	**%**	**m. m. €**	**%**	**m. m. €**	**%%**	**m. m. €**	**%**
Patrimonio neto	**5.113**	**60,5%**	**326**	**9,0%**	**235**	**6,6%**	**12.158**	**25,4%**
Capital	16	0,2%	62	1,7%	389	10,9%	1.937	4,1%
Reservas	4.775	56,5%	154	4,3%	-187	-5,3%	10.583	22,1%
Resultado del ejercicio	322	3,8%	110	3,0%	33	0,9%	-362	-0,8%
Pasivo no corriente	**83**	**1,0%**	**1.009**	**27,8%**	**2.187**	**61,4%**	**12.581**	**26,3%**
Provisiones a largo plazo	6	0,1%	43	1,2%	16	0,4%	3.003	6,3%
Deudas a largo plazo	20	0,2%	962	26,5%	2.139	60,1%	9.089	19,0%
Pasivos por impuesto diferido	57	0,7%	2	0,1%	15	0,4%	489	1,0%
Otros pasivos no corrientes	0	0,0%	2	0,1%	17	0,5%	0	0,0%
Pasivo corriente	**3.254**	**38,5%**	**2.291**	**63,2%**	**1.139**	**32,0%**	**23.074**	**48,3%**
Deudas a corto plazo	0	0,0%	359	9,9%	60	1,7%	3.886	8,1%
Acreedores comerciales / Cuentas a pagar	3.254	38,5%	1.867	51,5%	1.079	30,3%	16.364	34,2%
Otros pasivos corrientes	0	0,0%	65	1,8%	0	0,0%	2.824	5,9%
Total patrimonio neto y pasivo	**8.450**	**100,0%**	**3.626**	**100,0%**	**3.561**	**100,0%**	**47.813**	**100,0%**

Tabla 5.16 **Cuentas de resultados a fin de ejercicio 2017 (millones de €)**

	Mercadona		DIA		Eroski		Carrefour	
	m. m. €	%	m. m. €	%	m. m. €	%	m. m. €	%
Ventas netas	21.012	100,0%	8.621	100,0%	4.792	100,0%	78.897	100,0%
Coste de ventas	16.087	76,6%	6.809	79,0%	3.577	74,6%	62.760	79,5%
Margen bruto	4.925	23,4%	1.812	21,0%	1.215	25,4%	16.137	20,5%
Gastos de explotación	4.582	21,8%	1.690	19,6%	1.338	27,9%	16.853	21,4%
Gastos de personal	2.732	13,0%	809	9,4%	668	13,9%	8.599	10,9%
Otros gastos de explotación	1.492	7,1%	645	7,5%	575	12,0%	6.687	8,5%
Amortización del inmovilizado	358	1,7%	236	2,7%	95	2,0%	1.567	2,0%
Resultado previo de explotación	343	1,6%	122	1,4%	-123	-2,6%	-716	-0,9%
Otros ingresos de explotación	61	0,3%	156	1,8%	275	5,7%	2.722	3,5%
Resultado de explotación	**404**	**1,9%**	**278**	**3,2%**	**152**	**3,2%**	**2.006**	**2,5%**
Resultado financiero	6	0,0%	-61	-0,7%	-64	-1,3%	-445	-0,6%
Resultado ordinario	**410**	**2,0%**	**217**	**2,5%**	**88**	**1,8%**	**1.561**	**2,0%**
Otros resultados	-8	0,0%	-52	-0,6%	-23	-0,5%	-1.305	-1,7%
Beneficio antes de impuestos	**402**	**1,9%**	**165**	**1,9%**	**65**	**1,4%**	**256**	**0,3%**
Impuesto sobre beneficios	-80	-0,4%	-55	-0,6%	-32	-0,7%	-618	-0,8%
Resultado neto después de impuestos	**322**	**1,5%**	**110**	**1,3%**	**33**	**0,7%**	**-362**	**-0,5%**

Un vistazo a los indicadores de endeudamiento, solvencia y liquidez de Mercadona, DIA, Eroski y Carrefour, relativos a 2016 y 2017, resulta ilustrativo (véase la tabla 5.17).

Tanto en 2016 como en 2017, Mercadona presentaba una solvencia más robusta que sus competidores, su coeficiente de endeudamiento era impecable, la dependencia financiera notable, la calidad del endeudamiento confirmaba la casi nula presencia de deuda a largo plazo debido a su fuerte capitalización, esto es, sus buenos recursos propios. De las cuatro empresas en liza, Mercadona era la única que presentaba fondo de maniobra positivo, su solvencia inmediata gozaba de unos valores más recios que los de sus competidores, su liquidez de primer grado también era exquisita y su ratio de disponibilidad confirmaba la robustez de sus fondos monetarios, o sea, de su liquidez. Otrosí, la ausencia de deuda financiera y con entidades de crédito situaba a la empresa de Juan Roig a salvo de titubeos en cuanto a la capacidad de devolución de préstamos, a la par que sin problemas de ninguna clase en lo tocante a la cobertura de gastos financieros a través de su resultado de explotación simplemente porque

Tabla 5.17 **Indicadores de endeudamiento, solvencia y liquidez**

	Mercadona		DIA		Eroski		Carrefour	
	2016	2017	2016	2017	2016	2017	2016	2017
Solvencia global Activo total / Deuda total	2,50	2,53	1,11	1,10	1,06	1,07	1,33	1,34
Coeficiente o ratio de endeudamiento Deuda total / Patrimonio neto	0,67	0,65	8,99	10,12	17,03	14,16	3,07	2,93
Dependencia financiera Deuda total / Activo total	0,40	0,39	0,90	0,91	0,94	0,93	0,75	0,75
Calidad del endeudamiento Deuda cp / Deuda total	0,97	0,97	0,67	0,69	0,34	0,34	0,68	0,65
Solvencia corriente o ratio de liquidez Activo corriente / Pasivo corriente	1,33	1,21	0,59	0,55	0,89	0,82	0,76	0,82
Solvencia inmediata o ratio de tesorería Activo corriente-stock / Pasivo corriente	1,11	0,98	0,31	0,30	0,46	0,39	0,48	0,53
Liquidez de primer grado Efectivo + inversiones financieras cp / Deuda cp	1,06	0,93	0,16	0,16	0,19	0,20	0,30	0,33
Disponibilidad Disponible / Pasivo corriente	1,03	0,87	0,15	0,15	0,14	0,13	0,13	0,16
Fondo de maniobra (1) Fondo de maniobra / Importe neto cifra negocios	0,05	0,03	-0,11	-0,12	-0,03	-0,04	-0,08	-0,05
Fondo de maniobra (2) Fondo de maniobra / Activo total	0,13	0,08	-0,25	-0,28	-0,04	-0,06	-0,12	-0,09
Capacidad de devolución de préstamos Flujo de caja (bdi + amortizaciones) / Préstamos	-	-	0,33	0,28	0,04	0,06	0,18	0,09
Cobertura de gastos financieros Resultado de explotación (baii) / Gastos financieros	-	-	4,74	4,22	1,23	1,91	2,28	2,25
Coste de la deuda gastos Financieros / Préstamos	-	-	5,16%	5,35%	4,23%	3,63%	7,68%	6,86%

Mercadona no incurre en tales gastos. Finalmente, su coste de la deuda, al estar desembarazada de gastos financieros y de préstamos, es inexistente.

Esas cualidades dan alas a Mercadona a la hora de tomar decisiones, tanto para mantenerse al frente del sector como para abordar su expansión. Ésta pasa por su incipiente negocio en línea, la llamada «Colmena», nacida *ex novo* en el seno de Mercadona, pero con independencia, es decir, no se trata de una transformación de la web de Mercadona —de lo que vulgarmente decimos «Mercadona internet»—, sino de un traje a la medida del contexto digital. La renovación de sus tiendas, iniciada en 2017, supone otro envite para la compañía valenciana, junto con su mayor implicación en el comercio de productos frescos. Y el paso de su internacionalización, bien diseñado y pautado, incrustándose en, e imbuyéndose de, la idiosincrasia lusa, aperturando sus primeros centros comerciales durante el verano de 2019 en Portugal, constituía su otro reto trascendental.

Para hacer frente a esos desafíos, Mercadona se encuentra en inmejorables condiciones. Ese músculo financiero aporta dinamismo, al tiempo que le permite tomar decisiones sin agobios ni tiranteces ni, tampoco, a contrarreloj. Un buen balance, por consiguiente, equivale a credenciales de envergadura para prosperar y expandirse.

Posteriormente hablaremos, en sus correspondientes epígrafes, de otros aspectos relativos a estas cuatro compañías, pero apresurémonos ahora a incidir en lo dicho: con plena seguridad se colige que una primorosa situación patrimonial y una salud financiera como un roble son pasaportes para la prosperidad económica.

¿Cómo se comportan las cinco grandes tecnológicas en estos menesteres del ratio de liquidez o solvencia corriente? La verdad es que en general lo hacen francamente bien. Son compañías cuyos responsables saben gestionar muy bien sus finanzas y manejan con distinción el corto plazo con un plus adicional: las tecnológicas, dejando de lado a Amazon, apenas tienen existencias en sus activos, o si las tienen, son en grado muy bajo. Eso les permite concentrar sus activos corrientes, como se ha visto, hacia la liquidez, ya sea en saldos de deudores o, primordialmente, en inversiones financieras temporales y dinero. Consiguientemente, pese a que el valor del ratio de liquidez o de solvencia corriente *prima facie* fuera susceptible de calificarse como de apurado en alguna tecnológica, no se divisan problemas de ningún tipo. Ya ha quedado dicho que las tecnológicas, de nuevo haciendo abstracción de Amazon, lucen abundante liquidez en su activo circulante. En suma, sin penumbras que acechen por ese flanco.

Situándonos en 2018, en Apple su activo corriente es 1,12 veces su pasivo corriente; en Alphabet, 3,92 veces; en Microsoft, 2,90 veces; en Amazon es donde el valor se ve más tensionado, con 1,10, y, finalmente, en Facebook deslumbra alcanzando un valor de 7,19.

En lo que hace referencia al IBEX 35, la solvencia corriente, muy ajustada entre 2014 y 2015 y por debajo de la unidad en 2016, se ha rehecho en 2017 y 2019 aunque sus valores no sean muy tranquilizadores (véase la tabla 5.18).

Tabla 5.18 **IBEX 35: sector no financiero**

	2013	2014	2015	2016	2017	2018
Activo corriente (m. m. €)	225.416	222.426	179.908	162.449	176.516	183.204
Pasivo corriente (m. m. €)	203.923	214.195	177.870	165.797	164.127	167.414
Solvencia corriente: activo corriente / pasivo corriente	1,11	1,04	1,01	0,98	1,08	1,09

El detalle de la solvencia corriente para cada compañía en 2018 es el siguiente (véase la tabla 5.19):

Tabla 5.19 **IBEX 35**

II semestre 2018	Activo corriente	Pasivo corriente	Solvencia corriente
	m. m. €	m. m. €	Activo corriente / Pasivo corriente
Acciona	4.936	5.574	0,89
Acerinox	2.474	1.262	1,96
ACS	20.969	19.784	1,06
Aena	1.113	1.498	0,74
Amadeus	1.371	2.693	0,51
Arcelormittal	28.362	20.485	1,38
Cellnex Telecom	654	510	1,28
Cie Automotive	1.159	1.223	0,95
Enagás	1.611	576	2,80
Ence	524	444	1,18
Endesa	5.655	7.694	0,73
Ferrovial	10.758	7.297	1,47
Grifols	3.483	1.257	2,77
IAG	10.093	11.051	0,91
Iberdrola	13.342	16.116	0,83
Inditex	10.620	5.383	1,97
Indra	2.336	1.801	1,30
Inm. Colonial	262	442	0,59
Mediaset	421	254	1,66
Meliá Hotels Intl.	715	707	1,01
Merlín Prop.	358	177	2,03
Naturgy	8.330	7.006	1,19
Red Eléctrica	1.959	1.564	1,25
Repsol	17.294	12.810	1,35
Siemens Gamesa	7.349	7.104	1,03
Técnicas Teunidas	3.210	2.880	1,11
Telefónica	23.340	29.649	0,79
Viscofan	506	174	2,91
Total	**183.204**	**167.414**	**1,09**

Ratio de tesorería o de solvencia inmediata

De acuerdo con lo explicado, acostumbramos a perseverar en el ratio de tesorería que resulta de comparar el activo corriente menos las existencias —o lo que es lo mismo: el realizable más el disponible— con la deuda a corto plazo. Acá sí, lo más entonado es que el valor del llamado ratio de tesorería ronde la unidad, tome un valor cercano a 1. Mercadona, como acabamos de presentar, personifica muy bien, dentro del sector de la distribución, en el cual las existencias tienen un peso específico considerable en el activo circulante, las pautas apropiadas de ese ratio.

El ratio de tesorería es conocido igualmente como de solvencia inmediata y su interpretación es la de verificar en qué medida el activo circulante, sin necesidad de acudir a la venta del stock, se basta para hacer frente a las deudas a corto plazo. En las empresas puramente comerciales, como las de la distribución alimentaria, el stock da mucho juego y llega a eclipsar a las restantes rúbricas del circulante. De ahí, pues, la trascendencia de que su protagonismo sea moderado, posibilidad que reafirma Mercadona frente a su competencia con un saldo porcentual de su stock respecto al activo total inferior al de DIA, Eroski y Carrefour.

Es, desde luego, al examinar el ratio de tesorería cuando se exhiben con toda su firmeza los arrestos monetarios de las tecnológicas, incluyendo en esta ocasión a Amazon, en la que es remarcable su valor de 1,10 en 2018, hasta el punto de que casi iguala a Apple, de 1,12.

Tabla 5.20 **IBEX 35: sector no financiero**

	2013	2014	2015	2016	2017	2018
Activo corriente - stock (m. m. €)	192.090	189.334	148.904	129.472	139.692	142.945
Pasivo corriente (m. m. €)	203.923	214.195	177.870	165.797	164.127	167.414
Solvencia inmediata: activo corriente - stock / pasivo corriente	0,94	0,88	0,84	0,78	0,85	0,85

Así pues, tanto Apple como Amazon, con sus respectivos activos corrientes sin incluir el stock, cubren en el transcurso del cuatrienio 2015-2018 la totalidad de la deuda a corto plazo.

Tabla 5.21 **IBEX 35**

II semestre 2018	Activo corriente - stock	Pasivo corriente	Solvencia inmediata
	m. m. €	m. m. €	Activo corriente - stock / Pasivo corriente
Acciona	4.021	5.574	0,72
Acerinox	1.455	1.262	1,15
ACS	20.102	19.784	1,02
Aena	1.106	1.498	0,74
Amadeus	1.371	2.693	0,51
Arcelormittal	10.245	20.485	0,50
Cellnex Telecom	650	510	1,28
Cie Automotive	753	1.223	0,62
Enagás	1.586	576	2,75
Ence	481	444	1,08
Endesa	4.182	7.694	0,54
Ferrovial	10.164	7.297	1,39
Grifols	1.534	1.257	1,22
IAG	9.583	11.051	0,87
Iberdrola	10.896	16.116	0,68
Inditex	7.904	5.383	1,47
Indra	2.025	1.801	1,12
Inm. Colonial	215	442	0,49
Mediaset	411	254	1,62
Meliá Hotels Intl.	688	707	0,97
Merlín Prop.	357	177	2,02
Naturgy	7.480	7.006	1,07
Red Eléctrica	1.924	1.564	1,23
Repsol	12.904	12.810	1,01
Siemens Gamesa	5.850	7.104	0,82
Técnicas Teunidas	3.187	2.880	1,11
Telefónica	21.648	29.649	0,73
Viscofan	222	174	1,28
Total	**142.945**	**167.414**	**0,85**

En Alphabet la plenitud de este ratio ofrece unos valores óptimos, aunque reculando. En Microsoft, la cobertura es vigorosa a la par que sostenida. Y en Facebook roza un estado pletórico a guisa de nirvana.

La ojeada de rigor al IBEX desvela que, en general, sus empresas no trabajan con altas cifras de existencias, decantándose los activos circulantes por un componente más líquido, detalle que rebaja el posible tono intimidatorio que se percibía de la lectura estricta del ratio de solvencia corriente. Por ende, la solvencia inmediata en las compañías no financieras del IBEX 35 fluctúa dentro de una franja de valores recomendables (véase la tabla 5.20).

El detalle por empresas se muestra en la tabla 5.21.

Ratio de disponibilidad o liquidez de primer grado

En esta otra cara de la liquidez a corto plazo, el propósito es el de confirmar en qué grado el dinero del que dispone la empresa, lo que damos en llamar tesorería según el activo del balance —para entendernos, el concepto de efectivo y otros activos líquidos equivalentes—, incluyendo las inversiones financieras a corto plazo al considerar que son de disposición inmediata y no están sujetas a restricciones —si así fuera, las obviaríamos—, cubre la deuda a corto plazo. ¿Podrá pagar la empresa sin problemas las facturas que sus proveedores le presenten? ¿Se atenderán puntualmente los impuestos y la Seguridad Social? ¿Se liquidará el préstamo bancario sin demoras? O, por el contrario, ¿se vivirán momentos de pánico cuando tenga que pagarse a los acreedores, nos retrasaremos, daremos largas o, empero, nos mostraremos lozanos y rebosantes cuando éstos se presenten con las facturas?

Antes se ha tenido oportunidad de ahondar en la resistencia, incluso braveza, monetaria que destilan los activos de las tecnológicas, con una trabada reciedumbre entre el disponible y las inversiones financieras temporales, lo que les proporciona un mullido colchón dinerario. En consecuencia, la significación de este ratio ya se ha resaltado y ahora nos limitamos a poner letra a la música.

En Apple, la liquidez de primer grado arroja unos valores aceptables que indican que con su *cash* —incluyendo aquí las susodichas inversiones financieras temporales— cubría en 2017 el 74 por ciento de sus deudas a corto plazo, aunque en 2018 se delata un ligero empeoramiento: sólo cubre el 57 por ciento. Comparando la situación de Apple con Alphabet, cuyo ratio de disponibilidad alcanza un valor de 4,21 en 2017 y de 3,15 en 2018, *ipso facto* se ve que ésta se encuentra en una posición imponderable; cierto. No obstante, no orillemos las cuantiosas sumas de dinero que Apple canaliza a través de sus inversiones financieras a largo plazo y que en estos momentos no computamos.

Lo básico, subrayemos, es captar la esencia de esos valores del ratio de disponibilidad o de liquidez de primer grado en ambas compañías. Apple, al concluir el ejercicio 2018, con su dinero disponible podía liquidar el 57 por ciento de la deuda a corto plazo —en 2017, el 74 por ciento—, mientras Alphabet tenía un *cash* que suponía 3,15 veces su deuda a corto plazo en 2018 —4,21 veces en 2017—. ¡Inmejorables valores, sin duda!

Pasemos a Microsoft, admirable con un valor de 2,29 en 2018: por cada dólar de deuda a corto plazo contaba, como respuesta, con 2,29 dólares en *cash*. Saltemos a Amazon, con un formato de negocio algo distinto al de las restantes tecnológicas, pero un buen valor del ratio: por cada 100 dólares de deuda a corto plazo dispone de dinero por 60 dólares, es decir, que cubre más de la mitad de su deuda a corto con el dinero disponible. Y en Facebook, el ratio de liquidez de primer grado es intachable: por cada dólar que debe a menos de un año cuenta, en 2018, con 5,86 dólares en efectivo, algo inferior a 2016 y 2017.

Reforcemos lo expuesto sobre la magnífica liquidez de las cinco grandes tecnológicas, enfatizando un pormenor. Si sumamos el efectivo y activos líquidos equivalentes de las cinco empresas en el ejercicio 2018, el montante total asciende a 96.329 millones de dólares. Si hacemos lo mismo con las inversiones financieras a corto plazo, el monto se eleva a 295.244 millones de dólares. Y si agregamos las inversiones financieras a largo plazo, el saldo total de las mismas es de 186.520 millones. En junto, la cuantía global que entre las cinco grandes tecnológicas acumulan en dinero contante y sonante es de 578.093 millones de dólares. Para hacerse una idea, esa cantidad equivale al 48 por ciento del producto interior bruto de España en 2018, que fue de 1.202.193 millones de euros.

¿Qué visos ofrece en las compañías no financieras del IBEX 35 el ratio de disponibilidad o liquidez de primer grado? (véase la tabla 5.22).

Tabla 5.22 **IBEX 35: sector no financiero**

	2013	2014	2015	2016	2017	2018
Tesorería + activos financieros corrientes (m. m. €)	100.153	98.220	56.739	57.993	64.874	63.388
Pasivo corriente (m. m. €)	203.923	214.195	177.870	165.797	164.127	167.414
Liquidez de primer grado: tesorería + activos financieros corrientes / pasivo corriente	0,49	0,46	0,32	0,35	0,40	0,38

La liquidez de primer grado en el IBEX 35 está lejos de los valores que toman en las tecnológicas. El tipo de negocio de unas y otras es dispar, excepto casos concretos, y eso se plasma en la calidad de los activos corrientes. Con todo, no se puede decir, ni mucho menos, que la disponibilidad de nuestras compañías del IBEX 35 sea mala; el problema es que venimos, en este recorrido que estamos haciendo, de un perímetro, el tecnológico, que en esos compases del *cash* es de ensueño (véase la tabla 5.23).

Bien, hasta aquí se ha efectuado una síntesis de las explicaciones relativa a los indicadores de endeudamiento, solvencia y liquidez a propósito de las cinco grandes tecnológicas, entremezclando otros episodios que resultaran clarificadores y facilitaran una visión más completa y razonamiento. Encaramos la siguiente etapa.

Gestión de activos, rentabilidad e indicadores operativos

Rentabilidad y gestión de activos

A fin de situarnos en este bloque que abordamos, convendría tener a mano los balances resumidos y las cuentas de resultados de las cinco grandes tecnológicas correspondientes a los cuatro ejercicios examinados, para dibujar nítidamente las coordenadas a través de las que nos moveremos durante los próximos minutos. Serán instantes en los que interpretaremos una pequeña batería de indicadores que refuerzan el análisis que estamos efectuando (véase la tabla 5.24).

Tabla 5.23 **IBEX 35**

II semestre 2018	Tesorería + Activos financieros corrientes	Pasivo corriente	Liquidez de primer grado
	m. m. €	m. m. €	Tesorería + Activos financieros corrientes / Pasivo corriente
Acciona	1.896	5.574	0,34
Acerinox	858	1.262	0,68
ACS	8.484	19.784	0,43
Aena	651	1.498	0,43
Amadeus	580	2.693	0,22
Arcelormittal	2.056	20.485	0,10
Cellnex Telecom	457	510	0,90
Cie Automotive	361	1.223	0,30
Enagás	1.184	576	2,06
Ence	351	444	0,79
Endesa	1.455	7.694	0,19
Ferrovial	4.085	7.297	0,56
Grifols	1.088	1.257	0,87
IAG	6.429	11.051	0,58
Iberdrola	3.979	16.116	0,25
Inditex	6.814	5.383	1,27
Indra	934	1.801	0,52
Inm. Colonial	70	442	0,16
Mediaset	168	254	0,66
Meliá Hotels Intl.	313	707	0,44
Merlín Prop.	178	177	1,01
Naturgy	2.144	7.006	0,31
Red Eléctrica	821	1.564	0,53
Repsol	6.738	12.810	0,53
Siemens Gamesa	2.600	7.104	0,37
Técnicas Teunidas	755	2.880	0,26
Telefónica	7.900	29.649	0,27
Viscofan	40	174	0,23
Total	**63.388**	**167.414**	**0,38**

Rentabilidad económica

Examinemos en primer lugar la llamada **rentabilidad económica**. En pocas palabras, a través de este perfil de la rentabilidad se ve qué rendimiento es capaz de obtener una empresa con relación a la inversión efectuada; es decir, por cada 100 dólares, o euros, invertidos en activos empresariales, cuánto se gana me-

Tabla 5.24 **Gestión de activos, rentabilidad e indicadores operativos**

Indicador	Apple				Microsoft				Amazon			
	2015	2016	2017	2018	2015	2016	2017	2018	2015	2016	2017	2018
Rentabilidad económica (en %): Rtdo. operativo (explotación) / Activo total	24,53	18,66	16,34	19,39	10,41	10,42	9,26	13,54	3,45	5,02	3,13	7,64
Rentabilidad financiera (en %): Resultado neto / Patrimonio neto	44,74	35,62	36,07	55,56	15,23	23,33	29,29	20,03	4,45	12,29	10,95	23,13
Rotación del activo: Ventas netas / Activo total	0,80	0,67	0,61	0,73	0,54	0,44	0,37	0,43	1,65	1,63	1,35	1,43
Cobertura de la deuda en función de los ingresos: Ventas netas / Deuda total	1,37	1,11	0,95	1,03	0,99	0,70	0,53	0,63	2,08	2,12	1,72	1,96
Facturación por empleado (miles $): Ventas netas / Número de empleados	2.125	1.859	1.864	2.012	793	748	725	842	464	398	314	360
Beneficio neto por empleado (miles $): Resultado neto (B DI) / Número empleados	483	394	393	431	103	147	171	126	3	7	3	16

Indicador	Alphabet				Facebook			
	2015	2016	2017	2018	2015	2016	2017	2018
Rentabilidad económica (en %): Rtdo. operativo (explotación) / Activo total	13,13	14,16	13,25	11,31	12,60	19,13	23,90	25,60
Rentabilidad financiera (en %): Resultado neto / Patrimonio neto	13,59	14,01	8,30	17,30	8,34	17,26	21,43	26,28
Rotación del activo: Ventas netas / Activo total	0,51	0,54	0,56	0,59	0,36	0,43	0,48	0,57
Cobertura de la deuda en función de los ingresos: Ventas netas / Deuda total	2,76	3,17	2,47	2,48	3,46	4,79	3,99	4,23
Facturación por empleado (miles $): Ventas netas / Número de empleados	1.213	1.253	1.384	1.385	1.413	1.621	1.619	1.569
Beneficio neto por empleado (miles $): Resultado neto (B DI) / Número empleados	264	270	158	311	291	599	635	621

diante la actividad económica desarrollada. Para ello, el resultado que manejamos es el resultado de explotación o, de conformidad en este caso con la presentación que hacen las empresas tecnológhicas, el resultado operativo.

Estamos hablando de lo que es el beneficio antes de intereses e impuestos —preferentemente, excluyendo los resultados extraordinarios, por su carácter atípico en el funcionamiento normal de la entidad, y los resultados financieros, cuyo origen naturalmente viene dado por cuál sea la estructura del pasivo empresarial—, que comparamos con el monto total de los activos, expresando el cociente en porcentaje.

Eso nos lleva a decir que por cada 100 dólares invertidos en Apple en el ejercicio concluido en 2015, la compañía presidida por Tim Cook ganaba 24,53 dólares en concepto de rentabilidad económica. ¡No está nada mal en lo que para Apple fue un año culminante! Después, en 2016 la rentabilidad económica de Apple se contrajo al 18,66 por ciento y en 2017 se encogía al 16,34 por ciento, para rehacerse en 2018 al 19,39 por ciento. Sin embargo, pese a ese retroceso, hay que destacar que los valores correspondientes a la rentabilidad económica de Apple son francamente buenos.

A la rentabilidad económica, en los ambientes financieros más sofisticados, se la conoce también por ROI, acrónimo del inglés *Return on Investments*, que de hecho relaciona exactamente el mismo beneficio antes de intereses e impuestos (BAII) con el activo total. No obstante, puntualicemos. Muchas veces cuando se habla del ROI es indispensable conocer qué conceptos se incluyen en el BAII. La literatura contable, máxime de resultas de la promulgación del Plan General de Contabilidad vigente en España, suele incurrir en un lapsus de apreciación harto significativo al incluir como resultado de explotación aquellas ganancias y pérdidas que son extraordinarias, es decir, que no forman parte de lo que es la auténtica explotación de la actividad económica de la compañía. Se hace imprescindible, por tanto, perfilar la configuración de la cuenta de resultados, qué es y cómo se forma el resultado de explotación puro, digamos que el de pata negra, sin aditivos ni colorantes en forma de resultados excepcionales, sin retoques ni sofisticaciones, y éste tiene que ser el BAII sin que se computen en él, a efectos de un análisis coherente y procedente del que extraer conclusiones correctas, plusvalías y/o minusvalías extrañas, que son excepcionales y que en condiciones normales se producen en la vida de la empresa puntualmente, de vez en cuando, revistiendo un carácter extraordinario al no tener lugar en lo que constituye su operativa normal, habitual y recurrente. No deben mezclarse, pues, los resultados derivados de la actividad ordinaria y rutinaria que se generan usualmente en la marcha empresarial con las ganancias o pérdidas que emergen a raíz de sucesos extraordinarios, como son, por ejemplo, los inherentes a desinversiones de activos fijos o a otras singularidades que concurren en el acaecer de una entidad.

Eso implica, a nuestro modo de ver, que la magnitud del BAII proceda identificarla con el resultado recurrente de la actividad empresarial y, en consecuencia, la rentabilidad económica tiene que calcularse comparando ese resultado de explotación, auténtico y sin potingues, con los activos totales, que son, en última instancia, la inversión total que la empresa ha ejecutado para funcionar.

En Alphabet, su rentabilidad económica se mueve en ese trienio dentro de una banda estable, por encima del 13 por ciento, e incluso llega a superar el 14 por ciento y desciende en 2018 al 11,31 por ciento. En Microsoft es algo más baja, sobrepasando el 10 por ciento en 2015 y 2016, bajando en 2017 al 9,26 por ciento y remontando en 2018 con el 13,54 por ciento.

Amazon es la compañía de las cinco tecnológicas que peor comportamiento acredita en términos de rentabilidad económica, con valores bajos entre 2015 y 2017, aunque en 2018 imprime un vuelco cosechando el 7,64 por ciento, lo que pone más en solfa el valor de la rentabilidad económica que, según las previsiones barajadas en los corros bursátiles, tiene recorrido.

Y Facebook, como casi siempre, rompe registros con unos muy buenos valores en lo tocante a su rentabilidad económica: en 2015, por cada 100 dólares invertidos en la empresa de Mark Zuckerberg se ganaban, a través de su actividad, 12,60 dólares, en 2016 eran 19,13 dólares, en 2017 casi 24 dólares y en 2018 cerca de los 26 dólares. Así que el ranking de rentabilidad económica está liderado por Facebook y Apple.

Rentabilidad financiera

Hemos abordado una medida de la rentabilidad, pero hay más facetas. La **rentabilidad financiera** es otro de sus ángulos. Bajo este prisma, estamos relacionando el beneficio neto después de impuestos con la inversión que los propietarios, socios o accionistas de la empresa han realizado y que, en concreto, se refleja en el patrimonio neto o recursos propios.

La interrogación vendría a ser de este calibre: nosotros, dueños de la empresa y en consecuencia sus socios o accionistas, que hemos puesto tanto dinero en ella —que es, en definitiva, el montante del patrimonio neto o recursos propios o capitales propios—, ¿cuánto nos rinde?, ¿qué beneficio neto después de impuestos obtenemos?, ¿cuánto ganamos limpio de polvo y paja?

A efectos de la inversión hecha por los accionistas en la compañía, se incluyen tanto las aportaciones directas efectuadas por los propietarios a la empresa, desembolsando el importe de las acciones que integran la cifra de capital social, así como posteriores ampliaciones y otras prestaciones pecuniarias o en especie que hayan hecho a título de patrimonio neto —por ejemplo, la prima de emisión de acciones u otros tipos de aportaciones, entre otras, las que se destinan a compensar pérdidas—, como indirectamente, esto es, por la vía de las reservas y demás beneficios retenidos en la empresa que, al cabo, son las ganancias no distribuidas y que se ha decidido por parte de la junta general de accionistas o socios que remansen en la empresa. Por consiguiente, los accionistas han renunciado a retirar más dinero en forma de dividendos con la finalidad de robustecer los fondos propios, potenciar la financiación propia, que no ajena, de la compañía y acotar los niveles de deuda para ganar fluidez capitalizadora o, más llanamente, empoderarse a través de la autofinanciación de enriquecimiento.

También aquí la influencia del anglicismo está presente en nuestras vidas porque a menudo los expertos prefieren hablar del ROE (*Return on Equity*) en lugar de rentabilidad financiera. Sea como fuere, este indicador apunta de pleno a lo que es el carácter lucrativo de toda compañía mercantil y a la rentabilidad que obtiene el accionista al haber invertido en ella.

Desde luego, una de las mejores decisiones que el común de los mortales pudo haber tomado en su día fue la de engrosar las filas de los accionistas de Apple. Fijémonos en la rentabilidad financiera de la empresa presidida por Tim Cook. En 2015, cada 100 dólares de inversión hecha por sus accionistas —patrimonio neto— generaban una ganancia de casi 45 dólares; ergo, se está ante una refinada y casi exclusiva rentabilidad en los mercados. En 2016, la rentabilidad financiera aflojaba al 35,62 por ciento y en 2017 repuntaba al 36,07 por ciento. Pero en 2018, la satisfacción del accionariado de Apple —entre el que aparece la figura de Warren Buffett, con una participación henchida— explota de júbilo. ¡Olé por esa lustrosa rentabilidad!, porque cosechar una rentabilidad financiera del 55,56 por ciento constituye todo un récord en el embriagador universo de las finanzas. Es, en este extremo, cuando Apple marca diferencias muy solventes y convincentes, rubricando su certera gestión, a la que sólo cabe ensalzar como de paradigmática.

Y en cuanto a la de Microsoft, sobresale su briosa mejora al pasar del 15,23 por ciento en 2015 a más del 29 por ciento en 2017, con una ligera contracción en 2018 al 20,03 por ciento.

En otro plano, un poco más modesto, no debe menospreciarse la rentabilidad financiera de Alphabet, salvo en 2017, cuando sufrió un bajón, más aún si consideramos la posterior rentabilidad financiera de 2018 del 17,30 por ciento.

Y como evolución ciertamente favorable y convincente sobre la rentabilidad financiera, hay que dejar constancia de la de Amazon, minúscula en 2015 con el 4,45 por ciento y que se acelera ulteriormente alcanzando en 2018 el 23,13 por ciento, tras una progresión entrecortada. Ahora bien, en Amazon no hay que soslayar el liviano peso de su patrimonio neto, del 20 por ciento de la financiación total y que en 2018 raya el 27 por ciento. El apalancamiento, en consecuencia, juega a favor de la rentabilidad financiera. La encrucijada, con frecuencia, es discernir que es más conveniente para la entidad: estar capitalizada y menos endeudada y, por consiguiente, que su rentabilidad financiera sea más modesta, o, en contraste, optar por apalancarse para impulsar tal rentabilidad.

Facebook, por su parte, camina con sutileza por la senda de la rentabilidad financiera: del 8,34 por ciento de 2015 al 21,43 por ciento de 2017, para recalar en el 26,28 por ciento de 2018.

Rotación del activo

Otro indicador muy interesante es el de la **rotación del activo**, que relaciona las ventas netas con el activo total. Aquí se verifica el número de vueltas que la inversión total realizada por la empresa —los activos totales— da en función de las ventas, cuestionándonos si la rotación del activo es la adecuada. Si ésta es alta, la respuesta es afirmativa, buena señal, al evidenciarse que se saca el máximo jugo a la inversión realizada. Si es baja, malo...

La rotación del activo suelo explicarla a mis alumnos con la parábola del *zumero*. Pensemos en un exprimidor de naranjas casero y el zumo que se obtiene con una naranja: más zumo es que el exprimidor funciona óptimamente e hicimos una buena inversión —un exprimidor bueno dura muchísimos años y su producción de zumos es copiosa—; menos zumo, es que nos equivocamos al comprar ese exprimidor que deja mucho que desear... ¿La rotación del activo es baja? Una de dos: o se ingresa por debajo de lo que debería ingresarse, con lo cual flojean las ventas, o nos hemos liado la manta a la cabeza haciendo inversiones excesivas que a la hora de la verdad no están a la altura esperada o no aciertan con su apropiado reflejo en la cifra de negocios que mueve la empresa.

Más que limitarnos a decir que la rotación de nuestro activo es de tal o cual valor, es primordial ahondar en si la misma ofrece unos valores razonables a lo que se espera. Esto implica saber invertir con sensatez, sin cometer disparates, porque en ocasiones para facturar mucho no es necesario invertir en exceso, aunque siempre dependerá de a qué se dedique la empresa.

Centrémonos en Apple. Su rotación del activo en esos cuatro años no es mala, disminuye y se recupera un poco en 2018; ergo, o faltan ventas, es decir, esos activos tendrían que desprender más energía facturadora, o sobran inversiones; dicho en palabras más llanas, se han plantado árboles que aún no han madurado. En cualquier caso, no soslayemos el hecho de que Apple amasa unos impresionantes saldos de dinero que le permitirían, entre otras posibilidades, liquidar deudas —aunque con los tipos de interés bajos no es la receta más apropiada—, repartir aún más dividendos a sus accionistas —si bien la salida de *cash* debilitaría su incomparable tesoro de los saldos de dinero que acumula—, o invertir en nuevos negocios —cosa que siempre está sobre la mesa de la plana mayor de Apple para ir tomando posiciones; sin ir más lejos, Apple TV+. Eso quiere decir que, aunque la rotación de los activos de Apple no sea espectacular, sí conviene contextualizarla atendiendo a su filosofía.

En Alphabet estamos en las mismas: rotación más o menos aceptable pero mejorable. Y lo recién indicado a propósito de Apple es extensivo para la madre de Google.

En Microsoft, la rotación de los activos tiende a la baja, por más que en 2018 se rehaga y una vez más habría que apelar a la evolución de sus ventas y a andar con pies de plomo en lo que respecta al volumen de sus activos. Aquí se aprecia esa falta de gancho a la que antes se aludía. Sin embargo, en descargo de Microsoft está su flamante trayectoria en los postreros ejercicios a través de sus servicios en la nube y redes sociales. En condiciones normales, en los próximos años Microsoft irá incrementando la rotación de sus activos. Y tanto en Microsoft como en Alphabet, al igual que en Apple, no olvidemos sus abultados saldos de *cash*.

En cambio, Amazon, cuyas ventas se van disparando, consigue unos valores en la rotación de sus activos realmente ventajosos, pese a que en 2017 se desacelere para resurgir algo en 2018. Esa circunstancia, no obstante, es absolutamente coherente con la tendencia patrimonial de la empresa de Seattle: en 2015 sus activos totales ascendían a casi 65.000 millones de dólares, en 2016 a 83.000, en 2017 se incrementan en 48.000 millones para totalizar al cierre del ejercicio 131.310 y en 2018 su empeño inversor coloca su activo total sobre 163.000 millones de dólares.

Facebook se alinea con las anteriores tecnológicas en cuanto al perfil más plano de la rotación de los activos. Idénticos comentarios a los efectuados son aplicables a la compañía de Zuckerberg.

Hasta aquí, una perspectiva crítica, mas suavizada. El quid de la rotación de estas grandes tecnológicas gravita en que retienen considerables sumas de dinero que están vinculadas a sus actividades y que son la llave para hacer más negocio. Seguramente, como deslizábamos, las tecnológicas podrían recortar sus altos volúmenes de liquidez o, en el caso particular de Apple, desinvertir parte de sus colocaciones de dinero a largo plazo.

Sí, por supuesto, y hasta repartir más dividendos, ajustar a la mínima expresión deudas o recomprar más acciones. Pero eso mermaría su musculatura para estar en condiciones de acometer más proyectos, para seguir investigando, desarrollando, para hacerse con otras empresas que las complementen A buen seguro, con menos dinero no estarían en condiciones de garantizar la sostenibilidad de su esfuerzo investigador o se verían compelidas a finiquitar actividades en curso y proyectos en ciernes por escasez de financiación, que es uno de los males que malhadadamente condena a empresas que esgrimen todos sus afanes investigadores y la falta de financiación llega a abortar. Contar con cuantiosas sumas de liquidez, para las tecnológicas, como para cualquier otra compañía —Mercadona, Inditex...—, es un visado de quilates para vislumbrar su futuro posicionamiento, un arma muy punzante con la que ir enfilando más etapas y expandirse, abriendo otras rutas

Hagamos otra referencia a los líderes del sector de la distribución alimentaria en 2016 y 2017. ¿Qué cariz toman en esas empresas los indicadores de gestión de activos, rotaciones y plazos en 2016 y 2017? (véase la tabla 5.25).

Tabla 5.25 **Indicadores de gestión de activos: rotaciones y plazos**

	Mercadona		DIA		Eroski		Carrefour	
	2016	**2017**	**2016**	**2017**	**2016**	**2017**	**2016**	**2017**
Rotación del activo Ingresos explotación / Activo total	2,42	2,49	2,26	2,38	1,36	1,35	1,57	1,65
Rotación del activo no corriente Ventas netas (incn) / Activo no corriente	5,02	4,66	3,54	3,65	1,91	1,83	2,58	2,72
Rotación del activo corriente Ventas netas (incn) / Activo corriente	4,66	5,34	6,29	6,82	4,77	5,10	4,00	4,19
Rotación de stocks Consumos (coste de ventas) / Existencia media	21,58	21,97	11,27	10,99	6,95	7,01	9,07	9,14
Plazo de existencias [Existencia media / consumos (coste de ventas)] x 365	16,96	16,61	32,48	33,22	52,64	52,05	40,34	39,92
Plazo de cobro a clientes [Clientes / ventas netas (incn)] x 365	0,00	0,00	7,10	8,29	3,56	4,19	6,41	6,63
Plazo de pago a proveedores (Proveedores/compras) x 365	55,05	53,10	91,09	82,16	79,12	79,42	91,68	88,20

En el capítulo de rotaciones del activo, Mercadona ofrece unos mejores valores y de forma relevante sobresalen en lo concerniente a la rotación del stock y el período de almacenamiento, mucho más corto que su competencia. Una peculiaridad reside, como se ve, en el plazo de cobro. Y un punto culminante es el del plazo de pago a proveedores, que en número de días es mucho más breve en Mercadona que en sus competidores. Precisamente, la política de proveedores es otro de los frentes donde Mercadona aborda una seria reforma. Si en su día la figura del interproveedor de Mercadona marcó una época y un cambio de planteamiento empresarial de hondo calado, entre otras cosas porque supuso romper a veces con fabricantes de primerísimo nivel y posicionamiento mundial, prescindiendo de marcas muy conocidas y arriesgándose al elevar a los altares la marca blanca —con Hacendado como franquicia—, que hasta entonces había sido plato de segunda mesa para la mayoría de cadenas de distribución, la nueva orientación de la compañía de Tabernes Blanques es la de trabajar abriéndose a toda clase de proveedores. Otra vez más, Juan Roig da otro giro copernicano en su quehacer.

Cobertura de la deuda en función de los ingresos

Cambiemos de tercio. Una primera y más o menos acertada impresión sobre el diagnóstico acerca de la salud de una empresa, viene dada por la **cobertura de la deuda en función de los ingresos** que genera. Por experiencia propia y ajena, lo recomendable, sin duda, es que este indicador se mueva a la altura o por encima de 1. La razón es muy simple: de ser así, la facturación cubre la totalidad de la deuda y esto es un síntoma de que financieramente las cosas van bien. Por el contrario, cuando la cifra de ventas de una empresa está muy por debajo de la suma total de sus deudas, mal vamos

Hablemos de las tecnológicas. Apple, con sus ventas, cubre de sobras la totalidad de su deuda en 2015 y 2016, pero en 2017 esa cobertura se queda en 0,95, para retomar en 2018 una buena proporción. ¿Los ingresos anuales de Apple son suficientes para plantar cara a la totalidad de la deuda? Respuesta afirmativa, exceptuando 2017, donde faltó una pizca. Sin embargo, apelamos otra vez a que hay que saber interpretar la política de endeudamiento de Apple para enjuiciar ese valor de 0,95 del ejercicio 2017, que se salva en 2018 al cubrir a través de sus ingresos el 103 por ciento de la deuda total.

Alphabet y Facebook, respectivamente, en su línea habitual brillan radiantes con este indicador al comparar sus cifras de facturación con las de sus respectivas deudas. Ambas presentan una franja de valores excepcionales. ¿Prima la cohesión entre lo que se ingresa y la deuda contraída? Evidentemente sí. Así las cosas, el horizonte aparece despejado a corto y medio plazo.

Microsoft, en cambio, renquea un poco, digamos que anda algo flojilla. En 2015 casi cubría su deuda total con sus ingresos, pero en 2016 y 2017 va perdiendo viveza, y en 2018 más o menos discurre por un sendero similar.

Y Amazon, en este frente de la cobertura de la deuda a través de su facturación, da una visión muy compacta pese a su tendencia regresiva con valores tolerables y, tras el desliz de 2017, progresando.

Facturación y beneficio por empleado

Explicados los ratios precedentes, es el momento de fijarse en dos indicadores que resultan muy elocuentes a la hora de comparar distintas empresas.

El primero de ellos es el referido a la **facturación por empleado**. Las cifras hablan por sí solas en Apple, Alphabet y Facebook, con una facturación por empleado que deja al lector embobado, con unos guarismos arrebatadores a modo de acicalado cuadro que transmite toda la fuerza artística de la economía disruptiva. Microsoft, en ese apartado de la facturación por empleado, revela menor intensidad y Amazon, por sus propias características y tipo de negocio, amén de la cualificación de sus efectivos humanos, no reluce tanto como las anteriores.

Un buen número de cavilaciones se agitan en este punto. Para conseguir una cifras de facturación per cápita como las de esas tecnológicas, es premisa ineludible disponer del fuste de la calidad y utilidad de los productos y servicios que ofrece una compañía, su creatividad, su imparable innovación, el conjunto de costosos y exigentes esfuerzos investigadores, los insistentes procesos de desarrollo, renovados y animosos ímpetus empresariales, contar con un equipo humano rebosante de talento y siempre preparado para arremangarse, que bullan tormentas de ideas, no acotarse en zonas de confort de la actividad que hoy rindan sus compensaciones, sino atreverse en otras andaduras a las que lanzarse y torear trabas..., y, por encima de todo, exhibir un balance fornido, enseñar una cuenta de resultados pletórica, hacer alarde de unas finanzas de pizarra. De lo contrario, difícilmente es factible encarar lances cuya suerte está plagada de incógnitas, siendo imposible enfrentarse a encrucijadas que marquen la navegación empresarial. Ésta es la diferencia entre grandes y compactas empresas, y no sólo por cuestión de tamaño, sino por su estado de salud financiera y económica, y las empresas que flaquean, debiluchas y timoratas, vulnerables, que no están pertrechadas para emprender nuevas caminatas y que, ante las disyuntivas que aparezcan, adolecen de capacidad de reacción.

En las cuatro primeras —Apple, Alphabet, Microsoft y Facebook—, los salarios medios se encuentran a años luz del salario medio en España, que según el Instituto Nacional de Estadística fue de 23.646,50 euros en 2017, y cuyo sueldo más frecuente estuvo en torno a 17.482 euros. Baste decir que el salario medio en ese hábitat tecnológico que conforma Silicon Valley, allá en el norte de California, ronda los 127.000 euros anuales.

La productividad laboral de esas compañías es esplendorosa. El modelo de negocio de Amazon le lleva a presentar unos guarismos más terrenales, tal cual sucede con el segundo indicador en el que ahora nos fijamos: el del **beneficio neto por empleado**, que en la empresa de Bezos pisa terreno deslizante con unos guarismos muy cortos, justo todo lo contrario de lo que acontece en Apple y, sobre todo, en Facebook, y con menos fragor en Alphabet y Microsoft.

Viremos por unos instantes al ya mencionado sector de la

distribución alimentaria y demos otra ojeada a las enseñas más destacadas en 2016 y 2017 al hilo de los indicadores de rentabilidad, autofinanciación y operativos (véase la tabla 5.26).

Tabla 5.26 **Indicadores de rentabilidad, autofinanciación e indicadores operativos**

	Mercadona		DIA		Eroski		Carrefour	
	2016	2017	2016	2017	2016	2017	2016	2017
Rentabilidad económica (en %) (ROI) Resultado de explotación (BAII) / Activo total	9,51%	4,68%	7,76%	7,67%	3,25%	4,29%	4,81%	4,20%
Rentabilidad financiera (en %) (ROE) Resultado neto (BDI) / Patrimonio neto	12,95%	6,30%	44,38%	33,60%	-10,62%	14,14%	7,45%	-2,98%
Cobertura de la deuda por ingresos Ventas netas (INCN) / Deuda total	6,04	6,31	2,52	2,61	1,44	1,44	2,08	2,21
Capacidad de autofinanciación sobre activo Flujo caja (BDI + amortizaciones) / Activo total	0,12	0,08	0,10	0,10	0,02	0,04	0,05	0,03
Capacidad de autofinanciación sobre ventas Flujo caja (BDI + amortizaciones) / Ventas netas	0,05	0,03	0,05	0,04	0,02	0,03	0,03	0,02
Facturación por empleado Ventas netas (INCN) / Número de empleados	248.889 €	248.701 €	207.833 €	207.454 €	154.357 €	150.189 €	199.518 €	208.214 €
Beneficio neto por empleado Resultado neto (BDI) / Número de empleados	7.997 €	3.814 €	4.078 €	2.636 €	-666 €	1.041 €	2.327 €	-955 €
Coste laboral per cápita Gastos de personal / Número de empleados	31.450 €	32.331 €	19.830 €	19.467 €	20.913 €	20.921 €	21.450 €	22.693 €
Productividad laboral Ventas netas (INCN) / Gastos de personal	7,92	7,71	10,48	10,66	7,38	7,18	9,30	9,18

En cuanto a la rentabilidad económica, Mercadona, que gozaba de mejor posición en 2016, retrocede en 2017 como consecuencia de los costes de renovación de sus tiendas en que incurrió, contabilizados en gran parte como gasto del ejercicio en su cuenta de pérdidas y ganancias. La rentabilidad económica de DIA en 2016 y 2017 muestra fuelle y, en cambio, en Eroski y Carrefour —téngase en cuenta que los datos manejados de esta última compañía son los consolidados a nivel mundial, no sólo de su negocio en España— es más baja.

La rentabilidad financiera de DIA es la más alta de las cuatro compañías debido a su acusado apalancamiento. En Mercadona descendía en 2017, en Eroski se enderezaba en ese mismo año y en Carrefour mermaba.

Las cuatro compañías cubren sobradamente con sus ingresos la totalidad de sus deudas. La capacidad de autofinanciación sobre el activo de Mercadona en 2016 y de DIA en ambos ejercicios es consistente. La facturación por empleado de Mercadona se impone sobre la de sus rivales, de igual modo que en el beneficio por empleado. El coste laboral per cápita de Mercadona se halla muy por encima de sus competidores. En cuanto a productividad laboral, DIA, buena parte de cuyo negocio se canaliza en formato de franquicias, es la que presenta mejores valores.

Un vistazo a nuestro IBEX 35 para concluir

A lo largo de las páginas anteriores, hemos hablado largo y tendido viajando por el ancho mundo, pisando tierras de Occidente, que son nuestro referente —casi seguro que en posteriores ediciones de este libro, miraremos hacia parajes orientales debido al ritmo con el que van las cosas por allá, con el garbo asiático y los rumbosos dineros del Golfo que fluyen incesantemente hacia inversiones en nuestro viejo y envejecido continente—, iniciando nuestro periplo en Wall Street, adonde hemos volado despegando desde la barcelonesa Diagonal, visitando, entre otros lugares, Cupertino, el Condado de Santa Clara, Redmond, Seattle... En nuestra gira hemos visitado Nebraska, pasado por París, País Vasco, Valencia, Arteixo y, aunque de refilón, se ha tocado una retahíla de países que mencionábamos en esta exposición.

Pongamos que todo eso, imaginariamente, sucedía una mañana del mes de septiembre, justo cuando el curso académico arrancaba. En esa media vuelta a la Tierra, hemos tenido oportunidad de conocer un poco más a fondo a los gigantes empresariales de la era tecnológica, a quienes comandan en la economía disruptiva y nuestras referencias se han inspirado con genuino aroma norteamericano, sintiendo esa brecha europea, e inconscientemente hemos palpado la ausencia de grandes empresas españolas en el panorama internacional, indicio que es vivo espejo del protagonismo poco puntero de nuestra economía, que deambula en el ranking por producto interior bruto de las primeras potencias en la decimocuarta posición, y cediendo posiciones. A fin de cuentas, un país es lo que son sus empresas.

Luego hemos recalado en conocidas empresas españolas que han servido de testimonio para entender la necesidad de evolución de sus estructuras y, al mismo tiempo, para constatar que nuestros líderes funcionan de una manera edificante y que aquí, en España, hay madera empresarial y más que habría si el hábitat político y económico fuera propicio. Y en toda esa disertación, prolija, sólo nos hemos referido al fútbol aludiendo a la templanza que va tomando el endeudamiento de nuestra Liga y, de pasada, para hablar de la pronunciada divergencia de facturación entre el Fútbol Club Barcelona, el Barça, y el Real Club Deportivo Espanyol, mi Espanyol, a título de ejemplo entre el espíritu global y el alma local, respectivamente. Prometo que, en próximas ocasiones, versaré sobre las finanzas del fútbol, que para mí siguen impregnadas de una erótica embriagadora, si bien en esta ocasión entendía que la economía futbolística no terminaba de encajar más allá de aquellas breves alusiones.

Con intensidad, nos hemos adentrado en la sustancia económica y financiera de grandes empresas y, llegados a este punto, disponemos de una perspectiva amplia que permite razonar sobre la esencia de las claves de sus negocios, sin trufar de morbo interioridades. ¡Ojalá sea así, pues de lo contrario todo lo aquí narrado habrá sido en vano!

No estará de más, antes de despedirnos, recalar por estos lares y con la intención de contar con más bagaje, aderezarlo, dando una ojeada superficial a lo más granado de nuestras compañías que cotizan en Bolsa y concretamente a las empresas no financieras del IBEX 35, con la única pretensión de aportar un poco más de luz a nuestro estudio. En puntos concretos, hemos acudido a ellas para perfilar un poco más algunos matices del análisis llevado a cabo, sirviéndonos para contrastar determinadas magnitudes. Es de recibo que profundicemos más en nuestras primeras sociedades, que forman en cierto modo el núcleo duro de lo más escogido de nuestro tejido empresarial.

En los últimos años se han producido variaciones significativas dentro del selectivo de la bolsa española, pero sin sonoros aspavientos. La lectura consecuente es de doble filo: de un lado, se observa estabilidad entre las grandes compañías españolas cotizadas, con lo cual aquellas que años atrás marcaban el paso hoy siguen haciéndolo; de otro lado, se echa en falta la aparición de nuevos actores en el escenario empresarial, síntoma inequívoco de que en nuestro país se carece de bravura rompedora y que salta a la vista lo acomodados que nos encontramos, sin ímpetus fogosos en el plano económico y tampoco en la faceta empresarial. Es el típico vamos haciendo (véase la tabla 5.27).

Tabla 5.27 **Composición histórica del IBEX 35, 2013 -2018**

IBEX 35 (31-12-2013)	IBEX 35 (31-12-2014)	IBEX 35 (31-12-2015)	IBEX 35 (31-12-2016)	IBEX 35 (31-12-2017)	IBEX 35 (31-12-2018)
Abertis	Abengoa Cl.b	Abertis	Abertis	Abertis	Acciona
Acciona	Abertis	Acciona	Acciona	Acciona	Acerinox
ACS	Acciona	Acerinox	Acerinox	Acerinox	ACS
Amadeus	ACS	ACS	ACS	ACS	Aena
Arcelormittal	Amadeus	Aena	Aena	Aena	Amadeus
Banco Popular	Arcelormittal	Amadeus	Amadeus	Amadeus	Arcelormittal
Banco Sabadell	Banco Popular	Arcelormittal	Arcelormittal	Arcelormittal	Banco Sabadell
Bankia	Banco Sabadell	Banco Popular	Banco Popular	Banco Sabadell	Bankia
Bankinter	Bankia	Banco Sabadell	Banco Sabadell	Bankia	Bankinter
BBVA	Bankinter	Bankia	Bankia	Bankinter	BBVA
Bme	BBVA	Bankinter	Bankinter	BBVA	CaixaBank
Caixabank	Bme	BBVA	BBVA	CaixaBank	Cellnex Telecom
Dia	CaixaBank	CaixaBank	CaixaBank	Cellnex Telecom	Cie Automotive
Ebro Foods	Dia	Dia	Cellnex Telecom	Dia	Enagás
Enagás	Enagás	Enagás	Dia	Enagás	Ence
Fcc	Endesa	Endesa	Enagás	Endesa	Endesa
Ferrovial	Fcc	Fcc	Endesa	Ferrovial	Ferrovial
Gamesa	Ferrovial	Ferrovial	Ferrovial	Gas Natural	Grifols
Gas Natural	Gamesa	Gamesa	Gamesa	Grifols	IAG
Grifols	Gas Natural	Gas Natural	Gas Natural	IAG	Iberdrola
Iag	Grifols	Grifols	Grifols	Iberdrola	Inditex
Iberdrola	IAG	IAG	IAG	Inditex	Indra
Inditex	Iberdrola	Iberdrola	Iberdrola	Indra	Inm. Colonial
Indra	Inditex	Inditex	Inditex	Inm. Colonial	Mapfre
Jazztel	Indra	Indra	Indra	Mapfre	Mediaset
Mapfre	Jazztel	Mapfre	Mapfre	Mediaset	Meliá Hotels Intl.
Mediaset	Mapfre	Mediaset	Mediaset	Meliá Hotels Intl.	Merlín Prop.
Ohl	Mediaset	Merlín Prop.	Meliá Hotels Intl.	Merlín Prop.	Naturgy
Red Eléctrica	Ohl	Ohl	Merlín Prop.	Red Eléctrica	Red Eléctrica
Repsol	Red Eléctrica	Red Eléctrica	Red Eléctrica	Repsol	Repsol
Sacyr	Repsol	Repsol	Repsol	Santander	Santander
Santander	Sacyr	Sacyr	Santander	Siemens Gamesa	Siemens Gamesa
Técnicas Reunidas	Santander	Santander	Técnicas Reunidas	Técnicas Reunidas	Técnicas Reunidas
Telefónica	Técnicas Reunidas	Técnicas Reunidas	Telefónica	Telefónica	Telefónica
Viscofan	Telefónica	Telefónica	Viscofan	Viscofan	Viscofan

Al hilo de esa ausencia de brío empresarial, argumentemos un par de detalles. Mientras las grandes tecnológicas ven aumentar sus volúmenes de facturación con apostura de año en año, exceptuando momentos puntuales, nuestras primeras compañías parecen estancadas en cuanto a sus cifras de negocios. Tanto es así que, si tomamos la empresa que lidera el sector no financiero del IBEX 35, desde 2014, ArcelorMittal, se advierte cómo sus ingresos de explotación, por las causas que sean, han cedido, con un ligero repunte en 2018, y lo mismo sucede con un conglomerado de la talla de Telefónica, al igual que con otros nombres propios que frecuentan la parte noble del parqué de la aristocracia bursátil; sus ingresos de explotación en 2018 son inferiores a los que obtenían en 2013 (véase la tabla 5.28).

Que los ingresos de explotación de ArcelorMittal, que ascendían a 65.301 millones de euros en 2014, sean en 2018 de 66.404 millones, revela un aumento diminuto de los mismos. Que Telefónica facturara en 2013 una cuantía de 58.314 millones de euros y que en 2018 ingrese 50.074 millones, es un recorte de magnitud. Que las ventas de Repsol, nuestra primera petrolera, fueran en 2018 de 50.945 millones de euros cuando en 2013 sumaban 56.490 millones, es otro golpe seco. Y así sucesivamente, al repasar el montante de los ingresos de explotación de la mayoría de las empresas no financieras del IBEX 35, constatamos un estancamiento, nada reconfortante y más bien inquietante, en el importe neto de sus cifras de negocios.

Si giramos la vista atrás y miramos la senda que hemos pisado, para ver por dónde se tiene que andar, Apple, que facturaba 171.000 millones de dólares en 2013, en 2018 ingresaba 266.000 millones. Por su parte, las ventas netas de Alphabet en 2013 alcanzaban 56.000 millones de dólares y en 2018 sumaban 137.000 millones. La incombustible Microsoft de Bill Gates generaba unos ingresos de explotación en 2013 por 78.000 millones de dólares y en 2018 su importe era de 110.000 millones. La campante Amazon, con Jeff Bezos oficiando de sumo sacerdote, vendió en 2013 por un total de 74.000 millones de dólares; en 2018, 233.000 millones. Y Facebook, cuyo importe de la cifra de negocios en 2013 ascendía a 7.872 millones de dólares, facturó en 2018 56.000 millones.

Tabla 5.28 **Ingresos de explotación IBEX 35**

2013		2014		2015		2016		2017		2018	
II Semestre	**m. m. €**	**II Semestre**	**m. m. €**	**II Semestre**	**m. m. €**	**II Semestre**	**m. m. €**	**II Semestre**	**m. m. €**	**II Semestre**	**m. m. €**
Telefónica	58.314	Arcelormittal	65.301	Arcelormittal	58.398	Arcelormittal	53.876	Arcelormittal	57.266	Arcelormittal	66.404
Arcelormittal	57.603	Telefónica	51.677	Telefónica	48.714	Telefónica	53.442	Telefónica	53.318	Repsol	50.945
Repsol	56.490	Repsol	47.225	Repsol	41.605	Repsol	35.677	Repsol	42.377	Telefónica	50.074
Acs	38.952	Acs	35.542	Acs	35.352	Acs	32.431	Acs	35.205	Acs	36.888
Iberdrola	33.715	Iberdrola	30.877	Iberdrola	32.463	Iberdrola	30.460	Iberdrola	32.447	Iberdrola	36.322
Gas Natural	25.182	Gas Natural	24.997	Gas Natural	26.272	Gas Natural	23.449	Inditex	25.336	Inditex	26.145
Iag	18.632	Endesa	21.456	Iag	22.938	Inditex	23.311	Gas Natural	23.544	Naturgy	24.505
Inditex	16.724	Iag	20.249	Inditex	20.900	Iag	22.659	Iag	23.028	Iag	24.459
Dia	9.987	Inditex	18.117	Endesa	20.234	Endesa	18.923	Endesa	20.104	Endesa	20.290
Ferrovial	8.176	Ferrovial	8.811	Ferrovial	9.709	Ferrovial	10.765	Ferrovial	12.218	Siemens Gamesa	9.278
Fcc	7.052	Dia	8.116	Dia	9.022	Dia	8.979	Dia	8.776	Acciona	7.965
Acciona	6.954	Abengoa Cl.b	7.339	Acciona	6.779	Acciona	6.523	Acciona	7.859	Ferrovial	5.738
Abertis	4.654	Acciona	6.847	Fcc	6.694	Abertis	4.931	Siemens Gamesa	6.642	Amadeus	5.528
Ohl	4.545	Fcc	6.598	Ohl	5.169	Amadeus	4.914	Amadeus	5.323	Acerinox	5.041
Amadeus	3.444	Abertis	4.888	Abertis	4.377	Téc. Reunidas	4.793	Abertis	5.321	Grifols	4.626
Sacyr	3.222	Ohl	4.549	Amadeus	4.336	Gamesa	4.688	Téc. Reunidas	5.068	Téc. Reunidas	4.396
Indra	2.983	Amadeus	3.755	Acerinox	4.250	Grifols	4.159	Acerinox	4.655	Aena	4.225
Téc. Reunidas	2.854	Grifols	3.416	Téc. Reunidas	4.195	Acerinox	3.982	Grifols	4.428	Cie Automotive	3.189
Grifols	2.809	Téc. Reunidas	3.154	Grifols	4.023	Aena	3.731	Aena	3.986	Indra	3.183
Gamesa	2.414	Indra	3.013	Gamesa	3.567	Indra	2.753	Indra	3.063	Red Eléctrica	2.023
Ebro Foods	1.965	Sacyr	2.990	Aena	3.472	Red Eléctrica	1.994	Red Eléctrica	2.037	Meliá Hotels	1.831
Red Eléctrica	1.793	Gamesa	2.905	Sacyr	3.060	Meliá Hotels	1.805	Meliá Hotels	1.885	Enagás	1.342
Enagás	1.308	Red Eléctrica	1.872	Indra	2.899	Enagás	1.218	Enagás	1.385	Inm. Colonial	1.056
Jazztel	1.044	Enagás	1.227	Red Eléctrica	1.972	Mediaset	992	Inm. Colonial	1.219	Mediaset	981
Mediaset	825	Jazztel	1.176	Enagás	1.222	Merlín Prop.	808	Mediaset	996	Cellnex Telecom	898
Viscofan	772	Mediaset	928	Mediaset	971	Viscofan	744	Viscofan	795	Ence	845
Bme	308	Bme	342	Merlín Prop.	531	Cellnex Telecom	705	Cellnex Telecom	789	Viscofan	809
Total	372.722	Total	387.368	Total	383.123	Total	362.711	Merlín Prop.	468	Merlín Prop.	597
								Total	389.538	Total	399.584

En un contexto más doméstico, Inditex, con ingresos de explotación en 2013 inferiores a 17.000 millones de euros, saltaba en 2018 a 26.145 millones; y Mercadona, que en 2013 presentaba un saldo de sus ventas netas de 18.000 millones de euros, cerraba 2018 con más de 22.000 millones.

En otro orden, ha quedado patente el acrecentamiento patrimonial de las cinco grandes tecnológicas, moldeado por unos activos de mayor grosor. Pues bien, si nos fijamos en la dimensión patrimonial de los actores patrios del IBEX 35, se infiere una mueca de resignación validada por la compañía que copa el podio de los activos de las empresas no financieras del IBEX 35 desde 2013 a 2018: Telefónica, cuyo componente tecnológico es indudable, pese a ser un descollante protagonista del mutante e innovador campo de las telecomunicaciones, con una acusada vitola internacional, ostenta unos activos al cierre de 2018 inferiores a los cinco ejercicios precedentes, sin que ninguna otra compañía le haya adelantado en volumen de activos (véase la tabla 5.29).

Algo falla acá, cuando, como se ha visto, los activos de Apple saltan de 290.000 millones de dólares en 2015 a 366.000 millones en 2018; los de Microsoft, en esos mismos años, pasan de 174.000 millones a casi 260.000 millones; los de Amazon, en el mismo período, de 65.000 millones a 163.000 millones; los de Alphabet, en idéntico intervalo de tiempo, de 147.000 millones a 233.000 millones, y los de Facebook, que en 2015 no llegaban a 50.000 millones de dólares, en 2018 casi se doblan, con 97.000 millones.

El desencaje en el plano de los activos, interpretados éstos como la medida de la inversión, deja en evidencia un cariacontecido retrato de las principales empresas españolas como botón de muestra de una economía muy discreta, carente de ambición y, lo que es peor, vacua de pasión, desprovista de emoción.

Germina, bajo ese decorado, la frustración para quienes descaradamente pretenden atajar por el sendero del optimismo, iluminado por el faro de la ilusión, afanándose al calor de la cultura del esfuerzo en hallar la prosperidad económica. Y como sus referencias, las de los espíritus emprendedores, aquende no son las mismas que allende, un buen número de jóvenes y menos jóvenes, al patentizar que esta España, la de los debates bizantinos y soluciones etéreas, se les queda pequeña y muy angosta, y que nuestra titubeante Europa permanece acotada, en punto muerto, cuando no dando marcha atrás, encadenada a rememorar glorias pretéritas, congratulándose de fabricar toneladas de

Tabla 5.29 **Ingresos de explotación IBEX 35**

2013	Activo	2014	Activo	2015	Activo	2016	Activo	2017	Activo	2018	Activo
II Semestre	**m. m. €**	**II Semestre**	**m. m. €**	**II Semestre**	**m. m. €**	**II Semestre**	**m. m. €**	**II Semestre**	**m. m. €**	**II Semestre**	**m. m. €**
Telefónica	118.862	Telefónica	122.299	Telefónica	122.974	Telefónica	123.641	Telefónica	115.066	Telefónica	114.047
Iberdrola	92.411	Iberdrola	93.771	Iberdrola	104.664	Iberdrola	106.706	Iberdrola	110.689	Iberdrola	113.038
Arcelormittal	81.436	Arcelormittal	81.689	Arcelormittal	70.585	Arcelormittal	71.285	Arcelormittal	71.122	Arcelormittal	79.693
Repsol	65.086	Repsol	51.889	Repsol	63.077	Repsol	64.849	Repsol	59.857	Repsol	60.778
Gas Natural	44.945	Gas Natural	50.328	Gas Natural	48.132	Gas Natural	47.114	Gas Natural	47.322	Naturgy	40.631
Acs	39.771	Acs	39.321	Acs	35.280	Acs	33.373	Acs	31.881	Acs	34.295
Bme	38.904	Bme	33.949	Endesa	29.245	Abertis	31.186	Endesa	31.037	Endesa	31.656
Abertis	28.134	Endesa	30.696	Iag	28.229	Endesa	30.964	Abertis	29.831	Iag	28.034
Ferrovial	22.820	Abertis	27.769	Abertis	25.739	Iag	27.372	Iag	27.262	Ferrovial	22.813
Iag	20.775	Ferrovial	25.473	Ferrovial	25.384	Ferrovial	23.397	Ferrovial	22.990	Inditex	21.684
Acciona	16.784	Abengoa Cl.b	25.247	Inditex	17.357	Inditex	19.621	Inditex	20.231	Siemens Gamesa	16.153
Fcc	15.602	Iag	23.651	Aena	17.023	Acciona	17.408	Acciona	17.147	Acciona	14.938
Inditex	13.756	Acciona	16.143	Acciona	15.778	Aena	15.514	Siemens Gamesa	16.467	Aena	14.899
Ohl	13.680	Inditex	15.377	Ohl	15.289	Merlín Prop.	10.919	Aena	15.307	Merlín Prop.	12.573
Sacyr	13.143	Ohl	14.230	Fcc	12.862	Red Eléctrica	10.550	Merlín Prop.	12.005	Grifols	12.477
Red Eléctrica	9.420	Fcc	14.023	Red Eléctrica	10.598	Grifols	10.130	Grifols	10.920	Inm. Colonial	11.487
Enagas	7.211	Sacyr	11.810	Sacyr	10.561	Enagás	9.248	Red Eléctrica	10.918	Red Eléctrica	11.262
Grifols	5.841	Red Eléctrica	10.558	Grifols	9.602	Amadeus	7.774	Inm. Colonial	10.508	Amadeus	10.130
Amadeus	5.427	Grifols	8.450	Enagás	7.752	Gamesa	5.895	Enagás	9.573	Enagas	9.526
Gamesa	4.759	Enagás	7.712	Amadeus	7.004	Acerinox	4.455	Amadeus	7.883	Cellnex Telecom	5.133
Indra	3.865	Amadeus	6.165	Merlín Prop.	6.916	Dia	3.916	Acerinox	4.404	Acerinox	4.608
Dia	3.371	Gamesa	4.252	Gamesa	4.641	Téc. Reunidas	3.599	Cellnex Telecom	4.056	Indra	4.041
Ebro Foods	2.773	Indra	3.481	Acerinox	4.126	Indra	3.332	Téc. Reunidas	3.886	Téc. Reunidas	3.725
Téc. Reunidas	2.363	Dia	3.127	Téc. Reunidas	3.613	Meliá Hotels	3.323	Indra	3.867	Cie Automotive	3.664
Mediaset	1.735	Téc. Reunidas	2.439	Dia	3.443	Cellnex Telecom	2.895	Dia	3.626	Meliá Hotels	3.475
Jazztel	1.020	Mediaset	1.486	Indra	3.064	Mediaset	1.303	Meliá Hotels	3.221	Ence	1.724
Viscofan	791	Jazztel	1.369	Mediaset	1.386	Viscofan	931	Mediaset	1.235	Mediaset	1.196
Total	674.682	Total	726.703	Total	704.325	Total	690.701	Viscofan	961	Viscofan	1.034
								Total	703.270	Total	688.714

burocracia, recargándose con administrativismo, explotando estériles filones políticos; jóvenes y menos jóvenes, decía, toman las de Villadiego y se lanzan a intrépidas aventuras en pos de realizar sus sueños. Si el presente europeo, en nuestros días, está plagado de interrogantes, lo acontecedero se empaña con espinosas incógnitas.

¿Hasta qué punto esas coloraciones destapan esa carencia de ímpetu empresarial en España? De mayor calado es cuestionarse los orígenes de tal plató, recapacitando sobre nuestro modelo productivo en el contexto de la economía española. El estancamiento real del progreso —basta contemplar, de un lado, el teatro político y, de otro, la trayectoria seguida por nuestro PIB— denota una falta de adecuación a la economía moderna, a esas influyentes corrientes que florecen en Norteamérica y en Asia, que van derramándose y extendiéndose hacia todo el globo. En Europa seguimos en nuestros trece, aferrados a nuestra idiosincrasia, apegados a lo antiguo, sin visos de que salten a la cancha de los negocios flamantes figuras con coraje apto para remozar antiguas filosofías e incitar aspiraciones y, de paso, promover una revolución forzosa para impedir que la economía del Viejo Continente y, en especial la de España, se quede fuera de juego.

Los balances agregados y resumidos del conjunto de empresas no financieras del IBEX 35, entre los años 2013 y 2018, responden a la siguiente configuración (véase la tabla 5.30):

Tabla 5.30 **Balances resumidos agregados de las empresas no financieras del IBEX 35: período 2013-2018 (millones de euros)**

	2013		2014		2015		2016		2017		2018	
	m. m. €	%	m. m. €	%	m. m. €	%	m. m. €	%	m. m. €	%	m. m. €	%
Activo no corriente	449.266	67	504.277	69	524.416	74	528.252	76	526.754	75	505.510	73
Activo corriente	225.416	33	222.426	31	179.908	26	162.449	24	176.516	25	183.204	27
Activo total	674.682	100	726.703	100	704.325	100	690.701	100	703.270	100	688.714	100
Patrimonio neto	199.428	30	215.438	30	218.797	31	230.343	33	245.138	35	247.796	36
Pasivo no corriente	271.331	40	297.071	41	307.658	44	294.561	43	294.005	42	273.504	40
Pasivo corriente	203.923	30	214.195	29	177.870	25	165.797	24	164.127	23	167.414	24
Total patrimonio neto y pasivo	674.682	100	726.703	100	704.325	100	690.701	100	703.270	100	688.714	100
Deuda total (lp+cp)	475.254	70	511.266	70	485.528	69	460.358	67	458.132	65	440.918	64

Y las cuentas de resultados correspondientes a esos mismos años son de este tenor (véanse las tablas 5.31 y 5.32):

Tabla 5.31 **Cuentas de resultados agregadas de las empresas del sector no financiero del IBEX 35: período 2013-2018 (millones de euros)**

IBEX 35: empresas no financieras	2013		2014		2015		2016		2017		2018	
	m. m. €	%	m. m. €	%	m. m. €	%	m. m. €	%	m. m. €	%	m. m. €	%
Ingresos de explotación	372.722	100,0	387.368	100,0	383.123	100,0	362.711	100,0	389.538	100,0	399.584	100,0
Gastos de explotación	-338.881	-90,9	-353.571	-91,3	-357.352	-93,3	-323.921	-89,3	-346.903	-89,1	-354.431	-88,7
Resultado de explotación	**33.840**	**9,1**	**33.797**	**8,7**	**25.771**	**6,7**	**38.790**	**10,7**	**42.635**	**10,9**	**45.153**	**11,3**
Resultado financiero	-11.995	-3,2	-11.835	-3,1	-11.857	-3,1	-9.157	-2,5	-7.235	-1,9	-6.711	-1,7
Resultado ordinario	**21.845**	**5,9**	**21.962**	**5,7**	**13.915**	**3,6**	**29.633**	**8,2**	**35.400**	**9,1**	**38.442**	**9,6**
Otros resultados	-5.452	-1,5	3.374	0,9	1.262	0,3	3.184	0,9	1.412	0,4	-3.552	-0,9
Resultado antes IS	**16.394**	**4,4**	**25.336**	**6,5**	**15.177**	**4,0**	**32.817**	**9,0**	**36.812**	**9,5**	**34.890**	**8,7**
Impuesto s/ beneficios	4.444	1,2	4.896	1,3	4.239	1,1	7.773	2,1	5.649	1,5	7.104	1,8
Resultado del ejercicio	**11.950**	**3,2**	**20.440**	**5,3**	**10.938**	**2,9**	**25.044**	**6,9**	**31.163**	**8,0**	**27.786**	**7,0**

Los indicadores relativos a rentabilidad y gestión de activos del conjunto de compañías no financieras del IBEX 35 en el transcurso del período 2013-2018 se sintetizan en la tabla 5.32.

Punto final. Concluimos estos párrafos invitando a una sosegada introspección para calibrar si ocasionalmente se dan opulencias bursátiles y sublimes capitalizaciones en determinados valores al oír el pregón de exultaciones inversionistas o atribuibles a la agitación desenfrenada a que predisponen los mentideros del parqué, con otra certeza que incita a ello: las bajas rentas obtenidas en los depósitos bancarios causadas por una política monetaria sumamente acomodaticia —que, según parece, ha venido para quedarse—, contrapuestas con las perspectivas favorables que inversores de relieve, entre los que se cuentan fondos de prestancia, conjeturan en títulos concretos y los horizontes de cielos muy despejados que se auguran para compañías muy atrayentes.

Por eso comparamos las cinco grandes tecnológicas señalando cinco referencias a la fecha de cierre de los ejercicios 2017 y 2018: el beneficio neto, el patrimonio neto, la capitalización bursátil, el PER y el porcentaje que la capitalización bursátil representa sobre el patrimonio neto. (Tabla 5.33)

Tabla 5.32 **IBEX 35: sector no financiero**
(en millones de euros, excepto porcentajes y rotaciones)

	2013	2014	2015	2016	2017	2018
Rentabilidad económica						
Resultado de explotación	33.840	33.797	25.771	38.790	42.635	45.153
Activo total	674.682	726.703	704.325	690.701	703.270	688.714
Rentabilidad económica: Resultado explotación / Activo total	**5,02%**	**4,65%**	**3,66%**	**5,62%**	**6,06%**	**6,56%**
Rentabilidad financiera						
Resultado del ejercicio	11.950	20.440	10.938	25.044	31.163	27.786
Patrimonio neto	199.428	215.438	218.797	230.343	245.138	247.796
Rentabilidad financiera: Resultado del ejercicio / Patrimonio neto	**5,99%**	**9,49%**	**5,00%**	**10,87%**	**12,71%**	**11,21%**
Rotación del activo						
Ingresos de explotación	372.722	387.368	383.123	362.711	389.538	399.584
Activo total	674.682	726.703	704.325	690.701	703.270	688.714
Rotación del activo: ingresos de explotación / Activo total	**0,55**	**0,53**	**0,54**	**0,53**	**0,55**	**0,58**
Cobertura de la deuda en función de los ingresos						
Ingresos de explotación	372.722	387.368	383.123	362.711	389.538	399.584
Deuda total	475.254	511.266	485.528	460.358	458.132	440.918
Cobertura de la deuda a través de ingresos: ingresos de explotación / Deuda total	**78,43%**	**75,77%**	**78,91%**	**78,79%**	**85,03%**	**90,63%**
Por cada 1 € de deuda se ingresan	**0,78**	**0,76**	**0,79**	**0,79**	**0,85**	**0,91**
Facturación por empleado						
Ingresos de explotación (m. m. €)	372.722	387.368	383.123	362.711	389.538	399.584
Plantilla media (personas)	1.149.299	1.225.608	1.176.423	1.107.269	1.151.113	1.076.660
Facturación per cápita (€): ingresos de explotación / Plantilla media	**324.303**	**316.062**	**325.668**	**327.573**	**338.401**	**371.133**
Beneficio neto por empleado						
Resultado del ejercicio (m. m. €)	11.950	20.440	10.938	25.044	31.163	27.786
Plantilla media	1.149.299	1.225.608	1.176.423	1.107.269	1.151.113	1.076.660
Beneficio por empleado (€): Resultado del ejercicio / Plantilla media	**10.398**	**16.678**	**9.297**	**22.618**	**27.072**	**25.807**

El intrigante ruido del silencio se adueña del aula de la facultad. Los alumnos fijan su vista con fruición en esos datos, mientras musitan a propósito de la comparación de las tecnológicas con nuestro IBEX 35. Sugiero a los estudiantes que deliberen y extraigan sus propias conclusiones. Cada cual, según su criterio, inferirá lo que crea oportuno, madurará si rige la coherencia en esos guarismos de cada una de las cinco grandes tecnológicas escudriñadas, dará rienda suelta a sus cábalas y, después, extramu-

Tabla 5.33 **Patrimonio neto, resultado neto y capitalización bursátil en millones de dólares a 31 de diciembre de 2017 y 2018**

Ejercicio cerrado en 2017	Beneficio neto, millones $	Patrimonio neto, millones $	Capitalización bursátil, millones $	PER: Capitalización / Beneficio	% Capitalización vs. Patrimonio neto
Apple	48.351	134.047	872.628	18,05	650,99%
Alphabet (Google)	12.662	152.502	680.663	53,76	446,33%
Microsoft	21.204	72.394	662.046	31,22	914,50%
Amazon	3.033	27.709	564.041	185,97	2.035,59%
Facebook	15.934	74.347	422.491	26,52	568,27%
Ejercicio cerrado en 2018	**Beneficio neto, millones $**	**Patrimonio neto, millones $**	**Capitalización bursátil, millones $**	**PER: Capitalización / Beneficio**	**% Capitalización vs. Patrimonio neto**
Apple	59.531	107.147	749.943	12,59	699,91%
Alphabet (Google)	30.736	177.628	724.602	23,57	407,93%
Microsoft	16.571	82.718	786.498	47,46	950,81%
Amazon	10.073	43.549	735.793	73,04	1.689,57%
Facebook	22.112	84.127	376.334	17,01	447,34%

ros, los universitarios entablarán su rico debate sentados en las mesas del bar o encerrados en las aulas de estudio de la facultad, forjando la raza de economistas de estirpe.

Sigilosamente, para no interrumpir la trascendental meditación de los chavales, a quienes aliento en su tesón, voy saliendo de la clase y me despido en voz baja hasta la próxima sesión dejando que hagan volar libremente su imaginación y piensen con raciocinio analítico.